"国家金融学"系列教材／陈云贤 主编

国家金融体系定位

GUOJIA JINRONG TIXI DINGWEI

赵慧敏 等 编著

 中山大学出版社
SUN YAT-SEN UNIVERSITY PRESS

·广州·

版权所有　翻印必究

图书在版编目（CIP）数据

国家金融体系定位/赵慧敏等编著. —广州：中山大学出版社，2021.10
（"国家金融学"系列教材/陈云贤主编）
ISBN 978 - 7 - 306 - 07295 - 5

Ⅰ. ①国…　Ⅱ. ①赵…　Ⅲ. ①金融体系—教材　Ⅳ. ①F830. 2

中国版本图书馆 CIP 数据核字（2021）第 171088 号

出　版　人：王天琪
策划编辑：嵇春霞
责任编辑：王　睿
封面设计：曾　婷
责任校对：井思源
责任技编：何雅涛
出版发行：中山大学出版社
电　　话：编辑部 020 - 84110283，84113349，84111997，84110779，84110776
　　　　　发行部 020 - 84111998，84111981，84111160
地　　址：广州市新港西路 135 号
邮　　编：510275　　传　　真：020 - 84036565
网　　址：http：//www. zsup. com. cn　E-mail：zdcbs@ mail. sysu. edu. cn
印　刷　者：佛山市浩文彩色印刷有限公司
规　　格：787mm×1092mm　1/16　17.5 印张　305 千字
版次印次：2021 年 10 月第 1 版　2021 年 10 月第 1 次印刷
定　　价：58.00 元

如发现本书因印装质量影响阅读，请与出版社发行部联系调换

"国家金融学"系列教材

主　编　陈云贤

副主编　李善民　李广众　黄新飞

编　委　（按姓氏笔画排序）

　　　　王　伟　王彩萍　韦立坚　杨子晖

　　　　李小玲　李广众　张一林　周天芸

　　　　赵慧敏　黄新飞

"国家金融学"系列教材

总　序

　　国家金融与国家金融学，是两个需要清晰界定的概念和范畴。在现实中，当我们谈到金融时，大多是指国际金融或公司金融。有关国家金融的文章或书籍要在国外发表或出版，编辑提出的第一个问题往往是它与公共财政有什么区别。在理论上，现有的金融学科大致可划分为：以汇率和利率决定机制为主的国际金融学和货币金融学[①]，以资产价格决定机制为主的公司金融学和投资学[②]——还没有国家金融学。换句话说，现有的金融学研究大多聚焦于技术细节，即使有与国家金融相关的研究，也主要散见于对政策或市场的解读之中，理论性较弱且不成体系。而笔者所探讨的国家金融是聚焦于一国金融发展中最核心、最紧迫的问题，在此层面采取的政策与措施事关一国金融的健康稳定和经济的繁荣发展。因此，此处提出的国家金融学，是以现代金融体系下国家金融的行为及其属性为研究对象，从金融市场的要素、组织、法制、监管、环境和基础设施六个方面来探讨国家金融行为、维护国家金融秩序、提升国家金融竞争力。

　　关于现代金融体系，国内外理论界有"三体系论""四要素论"和"五构成论"等不同表述。"三体系论"认为，金融体系可大致划分为三个体系：一是金融的宏观调控和监管体系，二是金融的市场体系，三是金融的机构体系。其中，金融的市场体系包括交易对象、交易主体、交易工

[①]　参见陈雨露主编《国际金融》（精编版），中国人民大学出版社2008年版，前言。

[②]　参见王重润主编《公司金融学》，东南大学出版社2010年版，第1～8页。

具和交易价格。① "四要素论"认为，金融市场由四个要素构成：一是金融市场的参与者，包括政府部门、工商企业、金融机构和个人；二是金融工具，其特征包括偿还性、流动性、风险性和收益性；三是金融市场的组织形式，包括在固定场所内的集中交易方式、分散交易方式和场外交易方式；四是金融市场的管理，包括中央银行及有关监管当局的管理。② "五构成论"认为，金融市场的构成要素有五个：一是金融市场主体，即金融市场的交易者；二是金融市场工具，即金融交易的载体，金融市场工具可以理解为金融市场工具持有人对发行人的债权或权益；三是金融市场中介，通常是指为资金融通提供媒介服务的专业性金融机构或取得专业资格的自然人；四是金融市场组织方式，是指能够使金融市场成为现实的市场并正常运转的制度安排，主要集中在市场形态和价格形成机制两方面；五是金融市场监管，即对金融活动进行监督和调控等。它们在金融体系中共同发挥着作用。③ 与上述的"三体系论""四要素论""五构成论"相比，笔者更强调现代金融体系功能结构的系统性，并在其中探索国家金融行为对一国经济金融稳定和健康发展的影响。

一、国家金融行为是否存在，是个有争议的话题

西方经济学的传统理论认为，政府只能在市场失灵的领域发挥作用，比如需要提供公共物品时或存在经济的外部性和信息不对称时。但我们回望历史又不难看到，现实中的西方国家，尤其是一贯奉行自由主义经济的美国，每到关键时刻，政府都屡屡出手调控。下面仅举几个事例进行说明。

第一例是亚历山大·汉密尔顿（Alexander Hamilton）对美国金融体系的构建。早在美国建国之初，作为第一任财政部部长的汉密尔顿就着力建立国家信用，健全金融体系，完善财税制度，促进工商业发展，从而构建了美国财政金融体系的五大支柱——统一的国债市场、中央银行主导的银行体系、统一的铸币体系（金银复本位制）、以关税和消费税为主体的税

---

① 参见乔治·考夫曼著《现代金融体系——货币、市场和金融机构》（第六版），陈平等译，经济科学出版社 2001 年版，第 3 页。

② 参见黄达、张杰编著《金融学》（第四版），中国人民大学出版社 2017 年版，第 286～293 页。

③ 参见霍文文主编《市场金融学教程》，复旦大学出版社 2005 年版，第 5～15 页。

收体系，以及鼓励制造业发展的财政金融贸易政策。这些举措为美国的现代金融体系奠定了扎实的前期基础。对此，我们需要思考的是，在200多年前，为什么汉密尔顿已经对财政、金融有此思考，并高度强调"整体国家信用"的重要性？为什么他认为美国要成为一个繁荣富强的国家，就必须建立坚固的诸州联盟和强有力的中央政府？

第二例是1933年开始的"罗斯福新政"。其主旨是运用财政手段，结合金融举措，大力兴建基础设施项目，以增加就业、刺激消费和促进生产。其主要举措包括：第一，民间资源保护队计划。该计划侧重吸纳年龄在18岁至25岁之间的身强力壮且失业率偏高的青年人，参与植树护林、防治水患、水土保持、道路建筑、开辟森林防火线和设置森林瞭望塔等工程建设项目。到美国参与第二次世界大战（简称"二战"）之前，先后有200多万名青年参与过这些项目，他们开辟了740多万英亩①国有林区和大量国有公园。第二，设立了以着眼于长期目标的工程为主的公共工程署和民用工程署。民用工程方面，美国兴建了18万个小型工程项目，包括校舍、桥梁、堤坝、下水道系统、邮局和行政机关大楼等公共建筑，先后吸纳了400万人为此工作。后来，美国又继续建立了几个新的工赈机构。其中最著名的是国会拨款50亿美元兴办的工程兴办署和针对青年人的全国青年总署，二者总计雇用人员达2300万，占全国劳动力的一半以上。第三，至"二战"前夕，美国联邦政府支出近180亿美元，修建了近1000座飞机场、12000多个运动场、800多座校舍与医院，创造了大量的就业机会。其中，金门大桥和胡佛水坝至今仍是美国的标志性建筑。

第三例是布雷顿森林会议构建的国际金融体系。1944年7月，布雷顿森林会议在美国新罕布什尔州召开。时任英国代表团团长约翰·梅纳德·凯恩斯（John Maynard Keynes）在会前提出了"二战"后世界金融体系的"三个一"方案，即"一个世界货币""一个世界央行""一个世界清算体系"联盟。而以美国财政部首席经济学家哈里·德克斯特·怀特（Harry Dexter White）为会议主席的美国方面，则按照政治力量优先于经济实力的逻辑，采取政治与外交手段，在多国角力中最终促成了围绕美国政治目标而设立的三个工作委员会，分别讨论国际稳定基金、国际复兴开发银行和其他国际金融合作事宜。日后正式成立的国际货币基金组织、世界银行

---

① 1英亩≈4046.86平方米。

（国际复兴开发银行）和国际清算银行等奠定"二战"后国际金融秩序的组织均发端于此。可以说，这次会议形成了以美国为主的国际金融体系，左右着国际经济的运行。

第四例是通过马歇尔计划构建的以美元为主的国际货币体系。该计划由美国于1948年4月主导启动，欧洲国家成立了"欧洲经济合作组织"与之对接。"二战"后，美国对欧洲国家的援助包括资金、技术、人员等方面，其中资金援助的流向是：美国援助美元给欧洲国家，欧洲各国将美元作为外汇购买美国的物资；除德国外，欧洲国家基本上不偿还援助资金；除德国将援助资金用于私有企业再投资外，欧洲各国多数将其用于填补财政亏空。在这个体系中，美元滞留欧洲，形成"欧洲美元"。于是，国际货币体系在布雷顿森林会议和马歇尔计划的双重作用下，逐渐从"金银复本位制"发展到"金本位制"、"黄金—美元—他国货币"双挂钩（实施固定汇率：35美元=1盎司黄金）、"美元与外国货币固定汇率制"（从1971年8月15日起黄金与美元脱钩）、"美元与外国货币浮动汇率制"（由1976年的《牙买加协定》所确立）。最终，美国运用"石油交易捆绑美元结算"等金融手段，形成了美元在国际货币体系中一家独大的局面，使其成为国际经济中的强势货币。

第五例是美国对2008年次贷危机的应对。美国联邦储备委员会（简称"美联储"）、财政部、联邦存款保险公司（Federal Deposit Insurance Corporation，FDIC）、证券交易委员会（Securities and Exchange Commission，SEC）、国会和相关政府部门联手，全力以赴化解金融危机。其主要举措有：第一，美联储作为独立于联邦政府和政党纷争的货币政策执行者，采取传统的激进货币政策和非常规、非传统的货币政策并行的策略，以市场化手段处置金融危机、稳定金融市场；第二，在美联储货币政策无法应对之际，财政部出台"不良资产救助计划"（Troubled Asset Relief Program，TARP），以政府直接投资的方式，援助主要金融机构和部分大型企业；第三，政府还采取了大幅快速减税、扩大赤字化开支等财政政策刺激经济增长；第四，美国国会参、众两院通过立法的方式及时完善法律环境，如政府协调国会参、众两院分别签署通过了《2008年紧急经济稳定法案》《2008年经济振兴法案》《2009年经济振兴法案》《2009年美国复苏与再投资法案》，以及自1929年大萧条以来最重要的金融监管改革法案之一——《多德-弗兰克华尔街改革与消费者保护法案》。可以说，美国采用货币政策、财政政策、监管政策、经济振兴计划及法制保障等多种措施，稳定了金融市场，刺激了经济发展。

第六例是 2019 年美国的 2 万亿美元巨额基础设施建设计划。该计划由特朗普政府发起，2019 年 4 月 30 日美国参议院民主党和共和党就推进 2 万亿美元巨额基础设施建设计划达成共识，确定以财政手段结合金融举措，启用汽油税作为美国联邦政府投资的主要资金来源，并通过政府和社会资本合作的方式（Public-Private-Partnership，PPP）融资，通过大规模减税带来海外资金的回流和大量发行国债募集巨额资金投资基础设施建设，目标是创造经济增长的新动力。其主要举措包括重建高速公路、桥梁、隧道、机场、学校、医院等基础设施，并让数百万民众参与到这项工作中来；通过大规模的基础设施建设，打造和维持世界上最好的高速公路和航空系统网；等等。

由以上诸例可见，美国政府在历史进程中采取的国家金融行为，不仅包括处置国内的产业经济危机、助力城市经济和民生经济以促进社会发展，而且还包括强势介入国际经济运行，在打造国际金融体系方面有所作为。其他发达国家的此类案例也比比皆是。历史和现实告诉我们，从国家金融学的角度探讨国家金融行为及其属性，研究国家金融战略，做好国家金融布局，维护国家金融稳定，推动国家经济发展，既是一国政府在当代经济发展中面临的客观要求，也是金融理论界需要重视并深入研究的课题。

二、国家金融理论滞后于实践发展

事实上，通过采取国家金融行为以维护国家金融秩序、提升国家金融竞争力的事例，在各国经济实践中已经广泛存在，但对这些案例的理论总结与分析还远远不够。可以说，国家金融理论的发展是极大滞后于经济实践进程的。下面仅举两个案例予以说明。

案例一是美国资产重组托管公司[①]（Resolution Trust Corporation，RTC）与中国四大资产管理公司。

RTC 是美国政府为解决 20 世纪 80 年代发生的储贷机构危机而专门成

---

① 参见郭雳《RTC：美国的金融资产管理公司（一）》，载《金融法苑》1999 年第 14 期，第 47～51 页。

立的资产处置机构。1989 年 8 月，美国国会通过《1989 年金融机构改革、复兴和实施法案》（*Financial Institutions Reform, Recovery, and Enforcement Act of 1989*），创立 RTC，对国内出现问题的储贷机构进行重组处置。下面我们从六个方面来介绍 RTC 的具体情况。

（1）RTC 设立的背景。20 世纪 70 年代中后期，美国经济受到经济停滞和通货膨胀的双重冲击。政府对当时主要为低收入家庭买房、建房提供贷款的非银行储蓄机构及其储贷协会放松管制，扩大其业务范围，期望以此刺激经济恢复生机。然而，沉没在投机性房地产贷款与垃圾债券上的大量资金和不良资产使储贷机构严重资不抵债，走向破产的边缘。在这一背景下，RTC 应运而生，对相关储贷机构进行资产重组。RTC 被赋予五大目标：一是重组储贷机构；二是尽量减少重组损失，争取净现值回报最大化；三是充分利用募得资金处置破产的储贷机构；四是尽量减小处置过程中对当地房地产市场和金融市场的影响；五是最大限度地保障中低收入者的住房供应。

（2）RTC 的组织架构。这分为两个阶段：第一阶段是 1989 年 8 月至 1991 年 10 月，RTC 由美国联邦存款保险公司（FDIC）负责管理，财政部部长、美联储主席、住房和城市发展部部长和总统指派的两名私营部门代表组成监察委员会，负责制定 RTC 的运营策略和政策，任命 RTC 的总裁（由 FDIC 总裁兼任）和首席执行官，以开展日常工作。第二阶段是从 1991 年 11 月开始，美国国会通过《重组托管公司再融资、重构与强化法案》（*Resolution Trust Corporation Refinancing, Restructuring, and Improvement Act*），原监察委员会更名为储贷机构存款人保护监察委员会，在调整相关成员后，确定 RTC 总部设立在华盛顿，在亚特兰大、达拉斯、丹佛和堪萨斯城设立 4 个地区办公室，在全国设立 14 个办事处和 14 个销售中心，RTC 不再受 FDIC 管理。直至 1995 年 12 月 RTC 关闭解散后，其余下工作被重新划回 FDIC 继续运作。

（3）RTC 的资金来源。在实际运营中，RTC 的资金来源由四个方面构成：财政部拨款、资产出售后的回收资金、托管储蓄机构中的存款以及来自重组融资公司（Resolution Funding Corporation）和联邦融资银行（Federal Financing Bank）的借款。

（4）RTC 的运作方式。这主要分为两类：对储贷机构实施援助和重组。援助主要是以现金注入方式帮助相关储贷机构摆脱困境，使其重获持

续经营的能力。重组主要包括四个步骤：清算、托管、重组、资产管理与处置。其中，资产管理与处置主要是采用公开拍卖、期权销售、资产证券化等手段。

（5）RTC 的资产定价方法。因为 RTC 处置的资产中近一半是商业和居民住房抵押贷款，其余是储贷机构自有房产、其他贷款及各类证券等，所以 RTC 在资产估价过程中结合地理位置、资产规模、资产质量、资产期限、偿付标准等因素，主要采用传统的净现值折现方法，同时结合运用推演投资价值（Derived Investment Value，DIV）工具完善估值。为防止不良资产被贱卖，RTC 还会根据资产评估价格的一定比例设定保留价格作为投标底线。

（6）RTC 的运作成效。从 1989 年 8 月至 1995 年 12 月底，RTC 成功重组了 747 家储蓄机构。其中，433 家被银行并购，222 家被其他储蓄机构并购，92 家进行了存款偿付，共涉及资产约 4206 亿美元，重组成本约为 875 亿美元。RTC 的实践为清理破产金融机构、消化不良资产和化解金融危机提供了较为成功的范例。

美国 RTC 的成功经验也为中国所借鉴。1999 年，中国政府在处置亚洲金融危机时，就参考了美国 RTC 的方式，剥离中国工商银行、中国农业银行、中国银行、中国建设银行四大银行的不良资产，组建了华融资产管理公司、东方资产管理公司、长城资产管理公司和信达资产管理公司来处理不良资产，参与资本市场运作。

可见，在美国、中国都存在这种典型的国家金融行为，但对于这类实践，理论界还缺乏系统性的探讨、总结，对这类问题的研究仍然是碎片化的、外在的，主要侧重于对技术手段的研究。在世界范围内，上述类型的不良资产处置公司应怎样定位，其功能和续存时间如何，这些都是亟待学界研究的课题。

案例二是沃尔克法则（Volcker Rule）与金融风险防范。

为了避免 2008 年次贷危机重演，2010 年 7 月，美国颁布了《多德－弗兰克华尔街改革与消费者保护法案》，在政府监管机构设置、系统性风险防范、金融业及其产品细分、消费者保护、危机处置等方面设置了一系列监管措施。其中，沃尔克法则是最有影响的改革内容之一。[①]

---

① 参见姚洛《解读沃尔克法则》，载《中国金融》2010 年第 16 期，第 45～46 页。

该法则的提出有着特殊的背景。美国的金融监管模式是在历史进程中逐渐形成的，是一个以联邦政府和州政府为依托、以美联储为核心、由各金融行业监管机构共同组成的双层多头金融监管体系。这一体系的弊端在2008年金融危机的爆发和蔓延过程中暴露无遗：一是监管体系无法跟上经济和金融发展的步伐；二是缺乏统一监管，难以防范系统性金融危机；三是监管职能重叠或缺位，造成监管死角；四是缺乏对金融控股公司的有效监管；五是分业监管体系与混业市场经营相背离；等等。保罗·沃尔克（Paul Volcker）对此曾经尖锐地指出，金融机构的混业经营和分业监管的错配是金融危机爆发的一个重大根源。

在这一背景下，沃尔克法则应运而生。其核心是禁止银行从事自营性质的投资业务，同时禁止银行拥有、投资或发起对冲基金和私募基金。其具体措施包括：第一，限制银行的规模，规定单一金融机构在储蓄存款市场上所占份额不得超过10%，从而限制银行通过过度举债进行投资的能力；第二，限制银行利用自身资本进行自营交易，规定银行只能在一级资本的3%以内进行自营投资；第三，限制银行拥有或资助对私募基金和对冲基金的投资，规定银行在每只基金中的投资比例不得超过该基金募集资本的3%；第四，控制资产证券化风险，规定银行销售抵押贷款支持证券等产品至少留存5%的信用风险；等等。

沃尔克法则的目标聚焦于金融市场"去杠杆化"。在该法则之下，国家可以将金融行业的风险进行隔离，简化风险管理的复杂度，提高风险管理和审慎监管的效率。这是一种典型的国家金融行为。在理论上，它涉及对一国的商业银行资产负债管理和投资银行风险收益关系的深化研究；在实践中，它关乎一国金融监管模式的选择和金融经济发展的方向。然而，学界对沃尔克法则的研究或借鉴，多数仍然停留在防范金融风险的技术手段上。

三、国家金融人才短缺，金融学需要细分

国家金融理论滞后于实践发展的直接后果是国家金融人才短缺。其原因主要有三：一是金融学缺乏细分，二是国内外金融学教研主要聚焦于微观金融领域与技术分析，三是国内外金融学学生大多偏重于微观金融的技术手段分析和操作。关于国内金融学研究的现状，我们以两个高校的例子予以说明。

第一例是以"金融"命名的某大学经济学科相关专业人才培养方案中

的课程设置（如图 1 所示）。

金融学专业 → 金融学、金融市场与金融机构、商业银行经营学、信用担保、国际金融学、投资学、公司金融、金融工程学、金融风险管理等

投资学专业

财政学专业

金融工程专业

保险学专业

国际经济与贸易专业

经济学专业

经济与金融专业 → 微观经济学、宏观经济学、金融经济学、投资经济学、区域经济学、产业经济学、计量经济学、金融工程学、商业银行经营学、银行会计、国际金融学、金融市场学

信用管理专业

经济统计学专业

金融数学专业

互联网金融专业

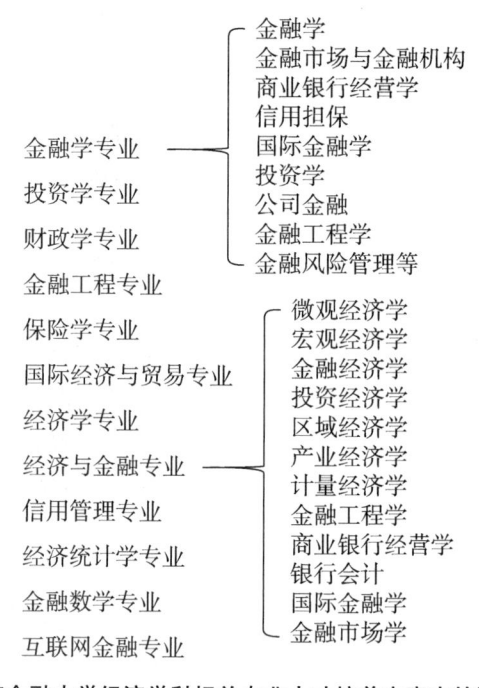

图 1　某金融大学经济学科相关专业人才培养方案中的课程设置

由图 1 的经济学科人才培养方案中的课程设置可知，该大学设置的 12 个经济类专业，涉及宏观金融学科的只有两个：金融学专业和经济与金融专业。前者的 9 门课程中只有国际金融学涉及少量宏观金融的概念，后者的 12 门课程中只有金融经济学与国际金融学涉及一些宏观金融的内容，其余多数为微观金融或部门金融的范畴。

第二例是某综合性大学金融学院金融学专业人才培养方案中的核心课程（如图 2 所示）。

专业核心课程：

- 货币金融学
- 公司金融
- 证券分析与实证分析
- 金融衍生工具
- 国际金融
- 金融机构与市场
- 投资与资产组合管理

图 2　某综合性大学金融学院金融学专业人才培养方案中的核心课程

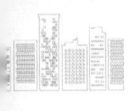

国家金融体系定位

由图 2 可知，该综合性大学金融学院金融学专业 7 门核心课程中只有国际金融涉及少量的宏观金融知识，其余均为微观金融或部门操作性金融技术的范畴。

上述两个案例告诉我们，国内的金融学教研基本上没有涉及国家金融层面的理论，缺乏对国家金融行为取向的研究与教学。

那么，国外金融学研究的情况如何呢？我们可以回顾一下 1991 年至 2020 年诺贝尔经济学奖获奖者概况（见表 1）。

表 1　1991 年至 2020 年诺贝尔经济学奖获奖者概况

年　份	获奖者（中译名）	主要贡献
1991	罗纳德·科斯	揭示并澄清了交易费用和产权在经济的制度结构和运行中的重要性
1992	加里·贝克	将微观经济理论扩展到对人类行为及互动的分析上，包括非市场行为
1993	罗伯特·福格尔、道格拉斯·诺斯	运用经济理论和定量方法来解释经济和制度变迁，更新了经济史研究
1994	约翰·海萨尼、小约翰·纳什、莱因哈德·泽尔腾	在非合作博弈的均衡分析理论方面做出了开创性贡献
1995	小罗伯特·卢卡斯	发展并应用了理性预期假说，由此重塑了宏观经济学研究并深化了人们对经济政策的理解
1996	詹姆斯·莫里斯、威廉·维克瑞	对信息不对称条件下的经济激励理论做出了基础性贡献
1997	罗伯特·默顿、迈伦·斯科尔斯	为金融衍生品的定价问题贡献了新方法
1998	阿马蒂亚·森	对福利经济学做出了贡献
1999	罗伯特·蒙代尔	分析了不同汇率制度下的货币政策与财政政策，并分析了最优货币区
2000	詹姆斯·J. 赫克曼、丹尼尔·L. 麦克法登	前者发展了分析选择性抽样的理论和方法，后者发展了分析离散选择的理论和方法

10

"国家金融学" 系列教材
总　序
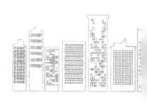

续表1

年　份	获奖者（中译名）	主要贡献
2001	乔治·阿克尔洛夫、迈克尔·斯彭斯、约瑟夫·斯蒂格利茨	分析了充满不对称信息的市场
2002	丹尼尔·卡尼曼、弗农·史密斯	前者将心理学的研究成果引入经济学研究中，特别侧重于研究人在不确定情况下进行判断和决策的过程；后者为实验经济学奠定了基础，发展了一整套实验研究方法，并设定了经济学研究实验的可靠标准
2003	罗伯特·恩格尔、克莱夫·格兰杰	前者创立了描述经济时间序列数据时变波动性的方法：自回归条件异方差；后者发现了根据共同趋势分析经济时间序列的方法：协整理论
2004	芬恩·基德兰德、爱德华·普雷斯科特	在动态宏观经济学领域做出了贡献，揭示了经济政策的时间连贯性和商业周期背后的驱动力
2005	罗伯特·奥曼、托马斯·谢林	通过对博弈论的分析，加深了对冲突与合作的理解
2006	埃德蒙·费尔普斯	分析了宏观经济政策中的跨期权衡问题
2007	莱昂尼德·赫维茨、埃里克·马斯金、罗杰·迈尔森	为机制设计理论奠定了基础
2008	保罗·克鲁格曼	分析了贸易模式和经济活动的地域
2009	埃莉诺·奥斯特罗姆、奥利弗·威廉森	分析了经济管理行为，尤其是前者研究了公共资源管理行为，后者分析了公司治理边界行为
2010	彼得·戴蒙德、戴尔·莫滕森、克里斯托弗·皮萨里季斯	分析了存在搜寻摩擦的市场
2011	托马斯·萨金特、克里斯托弗·西姆斯	对宏观经济中的因果关系进行了实证研究

11

续表1

年　份	获奖者（中译名）	主要贡献
2012	埃尔文·罗斯、罗伊德·沙普利	在稳定配置理论及市场设计实践上做出了贡献
2013	尤金·法玛、拉尔斯·彼得·汉森、罗伯特·席勒	对资产价格做了实证分析
2014	让·梯若尔	分析了市场力量与监管
2015	安格斯·迪顿	分析了消费、贫困和福利
2016	奥利弗·哈特、本格特·霍姆斯特罗姆	在契约理论上做出了贡献
2017	理查德·H. 塞勒	在行为经济学领域做出了贡献
2018	威廉·诺德豪斯、保罗·罗默	前者将气候变化引入长期宏观经济分析中，后者将技术创新引入长期宏观经济分析中
2019	阿比吉特·巴纳吉、埃丝特·迪弗洛、迈克尔·克雷默	在减轻全球贫困方面探索了实验性做法
2020	保罗·米尔格龙、罗伯特·B. 威尔逊	对拍卖理论的改进和发明了新拍卖形式

［资料来源：《盘点历届诺贝尔经济学奖得主及其贡献（1969—2019)》，见新浪财经网（https://tinance. sina. cn/usstock. mggd. 2019 – 10 – 14/detail – iicezuev2135028. d. html)，2019 年 10 月 14 日。］

在 30 年的时间跨度中，只有少数几位诺贝尔经济学奖获奖学者的研究是关于金融问题的：1997 年获奖的罗伯特·默顿和迈伦·斯科尔斯研究了金融机构新产品的期权定价公式，1999 年获奖的罗伯特·蒙代尔讨论了不同汇率制度下的货币政策与财政政策以及最优货币区，2003 年获奖的罗伯特·恩格尔和克莱夫·格兰杰在计量经济学领域的开拓性贡献为金融分析提供了不可或缺的工具，2013 年获奖的尤金·法玛、拉尔斯·彼得·汉森和罗伯特·席勒的贡献主要是对资产价格进行了实证分析；其余的获奖者则基本上没有直接触及金融问题。而在上述涉及金融问题的诺贝尔经济学奖获奖人中，只有罗伯特·蒙代尔一人在理论上探讨了国际金融问题，其他人则主要侧重于金融资产定价或金融实践的成效。

综上可见，无论是国内还是国外的金融学，都缺乏对国家金融的理论

研究，且相关人才匮乏。与之相对的是，世界范围内重大的金融变革与发展，多是由不同国家的金融导向及其行为所推动的。因此，国家金融学研究不但应该引起学界重视，而且应该在一个更广阔的维度获得深化和发展。

笔者呼吁，要培养国家金融人才，就需要对现有的金融学研究和教学进行细分。以美国与中国高校金融学教学中普遍使用的教材为例，美国的常用教材是弗雷德里克·S. 米什金的《货币金融学》①，中国则是黄达、张杰编著的《金融学》（第四版）②。这两种教材的优点是全面、系统：从货币起源讲到金融中介、金融体系，从金融市场讲到金融机构、金融监管，从中央银行讲到货币政策、外汇市场和国际金融，从金融运行的微观机制讲到资产组合与定价、业务管理与发展，等等。然而，为了满足当今经济发展对国家金融理论研究、实践管理和人才培养的需求，有必要在此类金融学教科书的基础上强化对国家金融学的研究与教学。因此，笔者建议在金融学原理的基础上，将金融学科细分为三类，具体如图 3 所示。

金融学原理 $\left\{\begin{array}{l}\text{公司金融学}\\\text{国家金融学}\\\text{国际金融学}\end{array}\right.$

图 3　金融学科分类

上述分类要求现有的各类大学金融学科在国内层面的教学与研究，不能仅仅局限在金融学基础理论和公司金融学两个领域，还应该包含国家金融学的设置、研究与教学发展。其中，国家金融学属于宏观金融管理范畴，研究并指导国家金融行为，即立足于一国金融发展中最核心、最紧迫的问题，要解决的是国家金融顶层布局、国家金融政策组合、国家金融监管协调、国家金融层级发展、国家金融内外联动、国家金融弯道超车、国家金融科技创新、国家金融风险防范和国家金融国际参与等课题。

公司金融学属微观金融管理范畴，研究并指导公司金融行为，即立足于企业金融行为中急需探讨和解决的问题，如公司治理结构（企业管理）、财税管理（会计学、税法）、公司理财（投资学）、风险管理（审计、评

---

①　弗雷德里克·S. 米什金著：《货币金融学》，郑艳文译，中国人民大学出版社 2006 年版。

②　黄达、张杰编著：《金融学》（第四版），中国人民大学出版社 2017 年版。

估）、战略管理（决策运营）、公司融资（金融中介）、金融工程（产融开发）、法律责任（法学、信息经济学）和国际投资（兼并收购）等课题。

金融学各门学科从不同的定位出发，阐述其主要原理和应用这些原理的数理模型，并在演绎或归纳中探讨、解说案例，最终达到引导学生学习、思考的目标。金融学原理、国家金融学和公司金融学（当然也包括国际金融学）等各门学科定位不同，相互渗透，有机组成了完整的金融学科体系。

世界各国的国家金融如果要在国内实践中有效运行，首先要在理论上创设国家金融学的同时弄清楚它与金融学（基础理论）和公司金融学的联系与区别。世界各国的国家金融如果要在国际体系中有序参与，首先也应在理论上弄清楚国家金融学与国际金融学的联系和区别，同时看清楚国际金融体系在现实中的运行与未来的发展方向，只有这样，才能在实践中不断地推动其改革、创新与发展。世界各国都希望在国际金融体系中拥有自己的立足点和话语权，这也是其在国家金融行为属性中需要去面对和解决的事宜。

中国对此已有布局。[①] 2017 年，中国召开全国金融工作会议，提出遵循金融发展规律，紧紧围绕服务实体经济、防控金融风险、深化金融改革三项任务，创新和完善金融调控，健全现代金融企业制度，完善金融市场体系，推进构建现代金融监管框架，加快转变金融发展方式，健全金融法治，保障国家金融安全，促进经济和金融良性循环与健康发展。同时，中国成立国务院金融稳定发展委员会，并强调了四个方面：第一，回归本源，把更多金融资源配置到经济社会发展的重点领域和薄弱环节；第二，优化结构，完善金融市场、金融机构、金融产品体系；第三，强化监管，提高防范与化解金融风险的能力；第四，市场导向，发挥市场在金融资源配置中的决定性作用。中国已从国家金融顶层设计的角度，一方面提出了急需国家金融人才来构建现代金融体系、维护国家金融秩序、保障并提升国家金融竞争力，另一方面也催生了国家金融学的设立、教研与发展。

四、国家金融学的研究对象

创设国家金融学的目的、意义及其他，这里不多阐述。笔者认为，国

---

① 参见新华社《全国金融工作会议在京召开》，见中华人民共和国中央人民政府网（http://www.gov.cn/xinwen/2017 - 07/15/content_5210774.htm），2017 年 7 月 15 日。

"国家金融学"系列教材
总　序

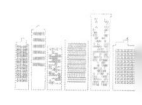

家金融学的体系至少包括五个层面的内涵，有待我们去研究和深化。

第一层面：国家金融学研究对象①。

国家金融学以现代金融体系条件下的世界各国国家金融行为属性为研究对象，以探讨一国金融发展中最核心而又最紧迫的问题为导向，研究政策，采取措施，促进一国金融健康稳定，推动一国经济繁荣发展。

第二层面：现代金融体系结构②。

国家金融学以现代金融体系条件下的国家金融行为属性为研究对象，从现代金融体系结构中的金融市场要素、金融市场组织、金融市场法制、金融市场监管、金融市场环境和金融市场基础设施六个子体系去探讨世界各国的国家金融行为，维护国家金融秩序，提升国家金融竞争力。

第三层面：现代金融体系内容③。

现代金融体系强调功能结构的系统性，并在其中探讨国家金融行为对一国金融稳定和经济健康发展的影响。现代金融体系至少包括六个子体系：第一，金融市场要素体系。它既由各类市场（包括货币市场、资本市场、保险市场、外汇市场和衍生性金融工具市场等）构成，又由各类市场的最基本元素即价格、供求和竞争等构成。第二，金融市场组织体系。它由金融市场要素与金融市场活动的主体或管理机构构成，包括各种类型的市场主体、各类市场中介机构以及市场管理组织。第三，金融市场法制体系。金融市场具有产权经济、契约经济和规范经济的特点，因此，规范市场价值导向、交易行为、契约行为和产权行为等法律法规的整体就构成了金融市场法制体系。它包括金融市场相关的立法、执法、司法和法制教育等。第四，金融市场监管体系。它是建立在金融市场法制体系基础上的、符合金融市场需要的政策执行体系，包括对金融机构、业务、市场、政策法规执行等的监管。第五，金融市场环境体系。它主要包括实体经济基础、现代产权制度和社会信用体系三大方面。对这一体系而言，重要的是建立健全金融市场信用体系，以法律制度规范、约束金融信托关系、信用工具、信用中介和其他相关信用要素，以及以完善金融市场信用保障机制为起点建立金融信用治理机制。第六，金融市场基础设施。它是包含各类

---

① 参见陈云贤著《国家金融学》，北京大学出版社2018年版，序言。
② 参见陈云贤著《国家金融学》，北京大学出版社2018年版，第8～10页。
③ 参见陈云贤著《国家金融学》，北京大学出版社2018年版，第8～11页。

软硬件的完整的金融市场设施系统。其中，金融市场服务网络、配套设备及技术、各类市场支付清算体系、科技信息系统和金融行业标准的设立等都是成熟的金融市场必备的基础设施。

第四层面：政府与市场在现代金融体系中的作用①。

现代金融体系的六个子体系中，金融市场要素与金融市场组织是其体系中的基本元素，它们的行为导向更多地体现为市场的活动、市场的要求、市场的规则和市场的效率；而现代金融体系中的金融市场法制、金融市场监管、金融市场环境和金融市场基础设施，是其体系中的配置元素，它们的行为导向更多地体现为对市场的调节、对市场的监管、对市场的约束和对市场原则的规范。世界各国国家金融行为导向，表现在现代金融体系中，应该是市场决定金融资源配置，同时更好地发挥政府的作用。只有这样，现代金融体系六个子体系作用的发挥才是健全的和完整的。

第五层面：国家金融行为需要着手解决的问题②。

在现有的国际金融体系中，处于领先地位的国家总是力图保持强势有为，处于附属前行的国家总是希望弯道超车以后来居上。世界各国就是国际金融体系演进"马拉松"中的"参赛者"。对于大多数发展中国家而言，在这场世界级的金融体系演进的"马拉松赛跑"中，一国的国家金融行为取向表现在现代金融体系的逐渐完善进程中。第一，应加强金融顶层布局的政策探讨；第二，应加强金融监管协调的措施探讨；第三，应加强金融层级发展的规则探讨；第四，应加强金融离岸与在岸对接的模式探讨；第五，应加强金融弯道超车的路径探讨；第六，应加强金融科技创新的趋势探讨；第七，应加强金融危机化解的方式探讨；第八，应加强金融国际参与的方案探讨；等等。这些需要着手解决的问题，厘清了世界上大多数发展中国家金融行为的目标和方向。

五、现代金融体系演进与国家金融行为互动

国家金融学研究对象五个层面的内涵，构成了国家金融学体系的主要框架。其中，现代金融体系的演进及其与国家金融行为的互动呈现出五大

---

① 参见陈云贤著《市场竞争双重主体论》，北京大学出版社 2020 年版，第 179～182 页。

② 参见陈云贤著《国家金融学》（第二版），北京大学出版社 2021 年版，第 18～19 页。

16

特点。①

（1）现代金融体系的六个子体系的形成是一个渐进的历史过程。以美国为例，在早期的市场经济发展中，美国主流认可自由放任的经济理念，金融市场要素体系与金融市场组织体系得到发展和提升，反对政府干预经济的理念盛行。1890年，美国国会颁布美国历史上第一部反垄断法《谢尔曼法》，禁止垄断协议和独占行为。1913年，美国联邦储备委员会正式成立。1914年，美国颁布《联邦贸易委员会法》和《克莱顿法》，对《谢尔曼法》进行补充和完善。在"大萧条"之后的1933年，美国颁布《格拉斯－斯蒂格尔法案》。此后，美国的反垄断制度和金融监管实践经历了近百年的演进与完善，整个金融市场形成了垄断与竞争、发展与监管动态并存的格局。从20世纪90年代开始，美国的通信、网络技术爆发式发展，金融市场创新驱动能力和基础设施升级换代成为市场竞争的主要表现。与此同时，美国政府反垄断的目标不再局限于简单防止金融市场独占、操纵价格等行为，金融市场的技术垄断和网络寡头垄断也被纳入打击范围。这一时期，通过完善金融市场登记、结算、托管和备份等基础设施，提高应对重大金融灾难与技术故障的能力，提升金融市场信息系统，完善金融信用体系建设，实施金融市场监管数据信息共享等，美国的金融市场环境体系和金融市场基础设施得到了进一步完善与发展。这一切将美国的金融市场体系推向现代高度，金融市场竞争发展到了全要素推动和系统参与的飞跃阶段。

（2）现代金融体系的六个子体系是统一的。一方面，六个子体系相互联系、相互作用，有机结合成一个成熟的金融市场体系。在金融市场的实际运行中，缺少哪一个子体系，都会导致市场在那一方面产生缺陷，进而造成国家经济损失。在世界各国金融市场的发展过程中，这样的典型案例比比皆是。另一方面，在现代金融体系的六个子体系内，各个要素之间也是相互联系、相互作用、有机统一的。比如，在金融市场要素体系中，除了各类货币市场、资本市场、保险市场、外汇市场等互相联系、互相作用外，规范和发展利率市场、汇率市场等，逐步建立离岸与在岸统一的国际化金融市场，积极发展一国金融产品和金融衍生产品市场，努力提升一国

---

① 参见陈云贤著《经济新引擎——兼论有为政府与有效市场》，外语教学与研究出版社2019年版，第137～141页。

金融的国际话语权和竞争力，等等，都是相互促进、共同完善现代金融体系的重要举措。

（3）现代金融体系的六个子体系是有序的。有序的金融市场体系才有效率。比如，金融市场价格机制的有序。这主要体现在利率、汇率、债券、股票、期货、期权等投资价格的形成过程中，应充分发挥市场在资源配置中的基础性作用，根据市场反馈的供求状况形成市场定价，从而推动现代金融体系有序运转。又比如，金融市场竞争机制的有序。竞争是金融市场的必然产物，也是实现市场经济的必然要求。只有通过竞争，金融市场要素的价格才会产生市场波动，金融资源才能得到有效配置，从而实现市场主体的优胜劣汰。再比如，金融市场开放机制的有序。现代金融体系是开放的，但这种开放又必定是渐进的、安全的、稳定有序的。这又再次表明，现代金融体系的六个子体系既相互独立又相互制约，它们是对立统一的完整系统。

（4）现代金融体系六个子体系的功能是脆弱的。其原因主要有三个方面。首先是认识上的不完整。由于金融市场主体（即货币市场、资本市场、外汇市场等参与主体）有自己的利益要求，因此在实际的市场运行中，它们往往只讲自由、竞争和需求，避讲法治、监管和均衡，这导致现代金融体系六个子体系的功能常常出现偏颇。其次是政策上的不及时。金融市场的参与主要依靠各类投资者，金融市场的监管主要依靠世界各国政府。但在政府与市场既对立又统一的历史互动中，由于传统市场经济理论的影响，政府往往是无为的或滞后的，或在面临世界金融大危机时采用"补丁填洞"的方式弥补，等等，这使得现代金融体系六个子体系的功能往往无法全部发挥。最后是金融全球化的冲击。在金融立法、联合执法、协同监管措施还不够完善的全球金融体系中，存在大量金融监管真空、监管套利、金融投机、不同市场跨界发展，以及造假、诈骗等行为。因此，现代金融体系的健全及六个子体系功能的有效发挥，还需要一个漫长的过程。

（5）现代金融体系六个子体系的功能正在或即将逐渐作用于世界各国乃至国际金融市场的各个领域。也就是说，在历史进程中逐渐形成和完善的现代金融体系，不仅将在各国金融市场上发挥作用，而且伴随着二十国集团（G20）金融稳定委员会作用的发挥和国际金融监管协调机制的提升与完善，在国际金融体系中也将发挥作用。世界各国的金融领域，不仅需

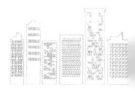

要微观层面投资主体的参与，而且需要宏观层面国家金融行为的引导。在世界各国的理论和实践中，这都是正在逐渐完善的现代金融体系的客观、必然的发展趋向。

在当代中国，要加强国家金融学研究，就需要围绕现代金融体系六个子体系的功能，探讨在国内如何建立、完善现代金融体系，在国际上如何定位中国金融的作用。这必然会从国家行为属性的角度，进一步厘清中国国家金融的目标和作用。这其中涉及诸多重大课题：如何协调财政政策与货币政策？如何推进强势人民币政策？中国拥有现行世界金融体系中最优的金融监管架构，如何发挥其作用？中国在探讨国家与地方金融的层级发展时，如何避免要么"金融自由化"、要么"金融压抑"的老路，在"规则下促竞争、稳定中求发展"的前提下闯出一条新路？如何确定粤港澳大湾区离岸与在岸金融对接的路径及切入点？如何发挥中国"碳金融"的作用，在国际金融体系中实现弯道超车？金融科技尤其是网络金融与数字货币在中国如何健康发展？如何坚持金融服务实体经济，并在金融产业链中有效防范系统性或区域性金融风险？在国际金融体系的变革中，如何提出、推动和实施"中国方案"？等等。可见，现代金融体系的建设与完善，在中国乃至世界各国的发展进程中，始终映射着一国的国家金融行为的特征与取向。这些就是国家金融学需要深入研究的对象。

在现代金融体系下，国家金融学的研究与公司金融学、国际金融学和金融科技发展等密切相关、相互渗透。因此，可以预言国家金融学研究的现状与未来，取决于一国在金融理论和实践层面对国家金融与公司金融、离岸金融与在岸金融、金融科技创新发展、金融监管与风险防范，以及国际金融体系改革创新的探研和实践。国家金融学学科的创设，为从理论上探讨国家金融行为对一国乃至国际现代金融体系的影响拉开了一个序幕。它对中国维护金融秩序、提升国家金融竞争力也将发挥重要的推动作用。

《国家金融学》（陈云贤著）已在北京大学、复旦大学、中山大学、厦门大学、暨南大学等10所高校开设的课程中作为教材使用。师生们在教与学的过程中，一方面沉浸于《国家金融学》带来的国家金融领域全方位的知识盛宴，认为教材新颖、视野开阔、知识广博；另一方面又提出了对未来课程的更多设想，希望能有更多材料参考、案例剖析、课后阅研等内容。

鉴于此，中山大学高度重视，组织了以陈云贤为主编，李善民、李广众、黄新飞为副主编的"国家金融学"系列教材编委会。本系列教材共 9 本。其中，陈云贤负责系列教材的总体设计、书目定排、统纂定稿等工作；9 本教材的撰写分工如下：王彩萍、张龙文负责《国家金融体系结构》，赵慧敏、陈云贤负责《国家金融体系定位》，黄新飞、邓贵川负责《国家金融政策组合》，李广众、李光华、吴于蓝负责《国家金融监管协调》，周天芸负责《国家金融内外联动》，李小玲、魏守道负责《国家金融弯道超车》，韦立坚负责《国家金融科技创新》，杨子晖、王姝黛负责《国家金融风险防范》，王伟、张一林负责《国家金融国际参与》。

"国家金融学"系列教材，系中山大学 21 世纪金融学科重点教材，是中山大学文科重点建设成果之一。它作为一套面向高年级本科生和研究生的系列教科书，力求在现代金融体系条件下探讨国家金融行为属性，从而在一国金融顶层布局、大金融体系政策组合、国家地方金融发展以及国家金融监管协调、内外联动、弯道超车、科技创新、风险防范、国际参与等领域做出实质性探研。本系列教材参阅、借鉴了国内外大量的专著、论文和相关资料，谨此特向有关作者表示诚挚的谢意。

当今世界，全球经济一体化、金融市场国际化的客观趋势无一不要求国际金融体系要更加健全、国际货币体系要改革创新，它需要世界各国国家金融行为的取向能够符合这一潮流。但愿"国家金融学"系列教材的出版，能够助力健全国家金融业乃至国际金融业的体系，开拓全球经济的未来。

2020 年 10 月

陈云贤 北京大学客座教授，中山大学国际金融学院和高级金融研究院名誉院长、博士研究生导师，广东省人民政府原副省长。电子邮箱：41433138@qq.com。

目　录

前　言 ……………………………………………………………… 1

第一章　世界金融体系的两种类型 ………………………………… 1
　　第一节　国家金融体系概述 …………………………………… 3
　　第二节　世界金融体系的两种类型 ………………………… 10
　　第三节　银行主导型金融体系是世界各国发展主流 ……… 14
　　思考讨论题 ……………………………………………………… 17

第二章　商业银行与投资银行的联系与区别 ……………………… 18
　　第一节　商业银行资产负债管理论 ………………………… 18
　　第二节　投资银行风险收益对应论 ………………………… 43
　　第三节　商业银行与投资银行的联系与区别 ………………… 105
　　第四节　金融科技给投资银行和商业银行带来的冲击和挑战 …… 110
　　思考讨论题 ……………………………………………………… 121

第三章　银行主导型金融体系的发展 ……………………………… 122
　　第一节　世界各国银行主导型金融体系的概况 …………… 122
　　第二节　以德国为代表的银行主导型金融体系特征 ……… 124
　　第三节　德国金融体系的形成与演变 ……………………… 139
　　第四节　银行主导型金融体系的作用与未来 ……………… 148
　　思考讨论题 ……………………………………………………… 154

第四章　资本市场主导型金融体系的发展 ………………………… 155
　　第一节　以美国为代表的资本市场主导型金融体系特征 …… 155
　　第二节　美国金融体系和金融监管体系的演变 …………… 169

第三节　资本市场主导型金融体系的作用与未来 ················ 182
思考讨论题 ·· 186

第五章　国家金融体系层级互动 ·· 187
第一节　"金融自由化"国家不稳 ······································· 187
第二节　"金融压抑"地方不活 ·· 192
第三节　把国家金融建立在金融稳定磐石上 ····················· 204
思考讨论题 ·· 210

第六章　中国金融体系建设与资本市场发展 ····················· 211
第一节　中国金融体系的建设 ·· 211
第二节　中国商业银行的出现与发展 ·································· 214
第三节　中国资本市场发展概况 ··· 217
第四节　中国金融体系的定位选择和完善 ························· 241
思考讨论题 ·· 249

参考文献 ··· 250

后　记 ··· 252

前　言

作为"国家金融学"系列教材的其中一本，《国家金融体系定位》着眼于世界金融体系，以国家金融顶层设计的自上而下的思维来探讨我国国家金融体系的定位问题。

为了让读者更好地了解和理解我国国家金融体系定位的形成特点，笔者在编写此书时做到了如下几点。

第一，用历史的眼光来剖析。自1978年改革开放以来，我国的金融体系虽然经历了40多年的逐步发展和完善，但比起已经完整经历了从初期到成熟期的西方国家（如美国、日本、德国等）仍有些差距。回顾这些国家金融的历史，不但能帮助我们理解今天的金融体系形成的必然性以及演变过程，更可以让我们看清不同金融体系发展过程中遇到的障碍和面临的危机，从而帮助我们选择适合我国的金融体系定位。"以史为镜，可以知兴替"，用历史的眼光去剖析世界金融体系两种类型的形成和演变，运用所获得的经验或教训，再结合我国的历史发展历程，可以让我们深入理解银行主导型金融体系是基于我国国情和发展需要的历史选择。

第二，用比较的方式来阐述。本书通过对两种金融体系，即银行主导型金融体系和资本市场主导型金融体系，进行各个层次、各种特征的对比，帮助读者理解两种金融体系的差异，以及差异形成的原因。除了可以从时间的角度纵向进行比较外，还可以根据它们发展的不同阶段进行横向的对比，从而结合我国的现实情况，从不同维度揭示我国金融体系定位形成的必然性和合理性。

第三，用代表性的国家做分析。世界金融体系虽然总体分为两类，但如果只是泛泛而谈，读者很难有代入感，宏观金融也难以理解。因此，本书选择以德国和美国分别作为银行主导型及资本市场主导型金融体系的两个代表性国家，将德国和美国金融体系的历史形成及演变作为案例去分析，使我们有了具体的参照物，可以更加直观地理解两种金融体系的差

1

异、差异背后的形成原因及两种不同金融体系的具体运行情况。

本书共分六章来论述。第一章介绍世界金融体系的两种类型，指出银行主导型金融体系是世界各国发展主流。第二章讨论商业银行与投资银行的联系和区别。第三章和第四章分别以德国和美国为例来分析银行主导型和资本市场主导型金融体系的特征、形成和演变，进而探索中国金融体系建设。第五章进一步讨论国家金融体系层级互动，探讨金融体系发展过程中面临的风险和问题。第六章集中讨论中国金融体系建设与资本市场发展，通过回顾中国金融体系建设历史与发展历程，最终确立银行主导型金融体系定位是基于我国国情和发展需要的历史选择。

第一章　世界金融体系的两种类型

国家金融顶层设计的目的有三个：一是用于金融规划、指引，二是用于金融遵循、参与，三是用于金融布局、实施。

那么，为什么国家要进行金融顶层设计？我们先来看三个案例。

第一个案例是亚历山大·汉密尔顿构建美国货币金融体系。汉密尔顿生于1755年，1789—1795年任美国第一任财政部部长。他在任期内力推重建国家信用，健全金融体系，建立完备的财政管理制度，创造有利条件以促进工商业发展，进而构建了美国货币金融体系的五大支柱——统一的国债市场、中央银行主导的银行体系、统一的铸币体系（金银复本位制）、以关税和消费税为主体的税收体系，以及鼓励制造业发展的财政金融贸易政策。在此基础上形成的美国现代货币金融体系，最终成为主导全球经济的美国金融体系。对此，我们需要思考的是，为什么200多年前汉密尔顿的"金融思维"如此强调"整体国家信用"，认为美国要成为一个繁荣富强的国家，就"必须建立一个坚固的诸州联盟和一个强有力的中央政府"[1]？为什么当代人把汉密尔顿视为美国历史上最伟大的财政部部长？

第二个案例是布雷顿森林会议（Bretton Woods Conference）构建国际金融体系。会议于1944年7月在美国新罕布什尔州召开。时任英国代表团团长的约翰·梅纳德·凯恩斯在会前提出世界金融体系"三个一"方案，即一个"世界货币"、一个"世界央行"、一个"世界清算体系"联盟。而以美国财政部首席经济学家哈里·德克斯特·怀特为会议主席的美国方面，运用政治力量优先于经济的逻辑，在会议关键时刻利用政治与外交手段最终达成其目的——以该国政治目标为基础，设立三个工作委员会，包括讨论国际稳定基金、讨论国际复兴开发银行、讨论其他国际金融合作事宜，以及日后正式成立的国际货币基金组织（International Monetary

---

[1]　Ron Chernow. *Alexander Hamilton*. Penguin Book，2005.

Fund，IMF）、世界银行集团（World Bank，WB）和国际清算银行（Bank for International Settlements，BIS）等战后国际金融秩序组织。[①] 关于这个案例我们要思考的是，为什么布雷顿森林会议中44国的角力，其形成的结果至今仍影响并左右着国际金融体系？

第三个案例是马歇尔计划（the Marshall Plan）构建美元国际化体系。该计划官方名称为欧洲复兴计划（European Recovery Program），由"买"做主导，1948年4月启动，1951年终止。在此期间，西欧十几个国家成立了"欧洲经济合作组织"与马歇尔计划对接，并成立"对应基金"解决货币转换问题。即美国对西欧国家的援助包括资金、技术、人员等方面，其中美国发放援助资金（美元）到欧洲各国，欧洲各国用美元作外汇购买美国的物资商品；援助资金（除德国）基本上不偿还；欧洲各国（除德国用于私有企业再投资）多数用于填补财政亏空；美元滞留欧洲形成"欧洲美元"。世界货币体系由"金银双本位制"→"金本位制"→"黄金—美元—外国货币"双挂钩（实施固定汇率，35美元等价于1盎司黄金）→"美元与外国货币"固定汇率制（1971年8月15日，黄金与美元脱钩）→"美元与外国货币"浮动汇率制（1975年，牙买加会议），最终形成了强势的美元国际化体系。

以上案例展示的均为奉行自由主义经济的美国政府在国家层面的"金融思想""金融战略""金融政策""金融体系""金融行为"。在世界经济的竞争中，美国政府对其他国家最拿手的举措，就是"金融制裁"。可见，在西方发达国家，国家金融顶层布局其实早已开始。而对于发展中国家，经济往来常由"商品贸易"向"一般服务贸易"再向"高端服务贸易"推进；经济开放则常由"经常项目"向"资本项目"推进；就连许多国家尝试设立的"经济自由贸易区"（Free Trade Zone），也是第一步由"贸易便利化"向第二步"投融资便利化"再向第三步"资本项目可兑换"推进。由此可见，一国进行金融顶层设计势在必行。那么，如何进行中国金融顶层设计？这应从"认识上""结构上""政策上"和"措施上"全面推进。

---

① 参见埃里克·罗威、余潇《布雷顿森林中的角力》，载《二十一世纪商业评论》2016年第12期，第98～103页。

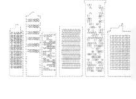

第一节　国家金融体系概述

一、现代金融体系结构

在现代经济生活中，金融体系是一个极其庞大的复杂系统。关于金融体系的构成要素，存在"三要素""四要素""五要素"之说。

金融体系的三要素是极其常见的说法，因为金融市场和金融中介分别与直接融资和间接融资挂钩，这两者是构成金融体系实体的两个互补的部分，因此"三要素说"认为金融体系主要由金融机构、金融市场以及对这二者的监管组成。

金融体系"四要素说"认为，金融体系是金融市场以及其他金融机构的集合，这些集合被用于金融合同的订立以及资产和风险的交换；金融体系是由连接资金盈余者和资金短缺者的一系列金融中介机构和金融市场共同构成的有机体，包括股票、债券和其他金融工具的市场、金融中介（如银行和保险公司）、金融服务公司（如金融咨询公司）以及监控管理这些单位的管理机构等。

上述两种要素说并没把"由货币制度所规范的货币流通"这一构成要素列入金融体系之内，而是把它视为金融体系借以存在并无须加以论证的前提。此外，金融工具蕴含在金融中介机构和金融市场之中，既不存在脱离金融市场和金融中介的金融工具，也不存在没有金融工具的金融市场和金融中介。因此，金融体系的"五要素说"将金融体系的构成要素拓展为五个并不是按照某一标准划分的相互独立的、并列的部分。

（1）由货币制度所规范的货币流通，是覆盖整个金融体系的构成要素。

（2）金融机构。通常区分为银行和非银行金融机构，这是个种类繁多的群体。最为概括但不一定非常精确地描述其特征，或可归结为经营货币或货币资本的企业，也可归结为充当信用中介、媒介以及从事种种金融服务的组织。

（3）金融市场。这也是个庞大的系统。人们可以从不同角度对金融市场进行分类，但通常谈论较多的大多是资本市场、货币市场、外汇市场、

保险市场、衍生性金融工具市场等。这些市场的最重要参与者是金融机构，也是金融工具发行和交易的场所。

（4）金融工具。一般释义为信用关系的书面证明、债权债务的契约文书等，是金融机构中和金融市场上交易的对象。在中国，讲金融工具，通常指从传统的商业票据、银行票据、保单，直到期货、期权和种种金融衍生工具的标准合约。但如存款、贷款等也属金融工具，它们也是信用关系的契约，在市场经济主导的国家也往往用"买卖"的概念来表述存款和吸收存款、借款和发放贷款的行为。金融工具常常被称作金融产品、金融商品，它可以在金融市场上进行交易，是金融活动的载体。

（5）制度和调控机制。市场经济体系中，在遵守市场规律的基础上，都存在国家对金融运行的管理和在金融领域进行政策性的调节。国家对金融运行的管理由一系列制度构成，包括货币制度、汇率制度、信用制度、利率制度、金融机构制度、金融市场的种种制度，以及支付清算制度、金融监管制度及其他。这个制度系统，涉及金融活动的各个方面和各个环节，体现为有关的国家成文法和非成文法，政府法规、规章、条例，以及行业公约、约定俗成的惯例等。对金融的宏观调控则通过货币政策以及种种金融政策实施，目的是实现政府对经济的干预。

然而，在构建现代金融体系框架时，为了系统地展现国家金融体系，应强调其构成要素的体系性，尤其是功能结构的体系性。现代金融体系的结构分为六个要素。

（1）金融市场体系。金融市场是资金供求双方运用各种金融工具、通过各种途径实现货币借贷和资金融通的交易活动总称，主要包括货币市场和资本市场。货币市场主要包括金融同业拆借市场、回购协议市场、商业票据市场、银行承兑汇票市场、短期政府债券市场、大面额可转让存单市场等。资本市场主要包括中长期信贷市场和证券市场。其中，证券市场是通过证券的发行与交易进行融资的市场，包括债券市场、股票市场、基金市场、期货市场等。不论何种市场，风险的流动和分散、经济增长的财富分享机制都是金融市场具有深厚生命力和强大竞争力的原动力。此外，外汇市场的健全、稳定、有序发展，将在一国金融市场体系中发挥越来越重要的作用。

（2）金融组织体系。金融组织是整个现代金融体系的"细胞"，包括商业组织、管理组织（如央行及相关金融监管组织）、政策性组织（如政

4

策性银行）等。归属国家监管的商业性金融组织主要为全国性商业银行、证券公司、基金公司、保险公司等传统金融机构。具有庞大规模、海量资金的传统金融机构，往往无法满足具有差异化金融需求的金融消费者，因而对传统金融机构进行补充的地方性金融机构和新型组织业态应运而生，如小额贷款公司、融资性担保公司、P2P融资平台等，这些地方性金融机构和新型组织更像是"毛细血管"，能够更好地深入传统金融机构无法满足的"三农"、小微企业、私营企业等领域。健全的金融组织体系应当从满足多样化的金融需求入手，完善各类不同功能的金融组织业态，为金融消费者提供更多的创新型产品和服务。

（3）金融法制体系。市场经济本质上是法制经济，金融作为现代市场经济的核心，必须始终以法制为基石，不断完善现代金融法制体系，包括金融立法、金融执法、金融司法、金融法制教育等多个方面，特别是推进依法监管，确保金融市场的公正和效率。广义的金融法制，还涵盖了金融市场和金融活动的通行规则、惯例、秩序等方面。对于各国地方政府来说，探索自贸区等改革创新以及先行先试的各项金融机制，是推进国家金融法制进步的重要助力。

（4）金融监管体系。完备的金融监管体系是分散金融风险、维护金融稳定的必要条件。其主要包括：对金融机构设立的监管、对金融机构资产负债业务的监管、对金融政策法规执行落实情况的监督、对金融分业的监管及对金融市场的监管（如市场准入、市场融资、市场利率、市场规则等）。金融监管职能依据事权分属于国家和地方。地方政府的主要职能是维护区域金融稳定，守住不发生系统性、区域性金融风险的底线。

（5）金融环境体系。金融环境体系是现代金融体系得以发挥有效作用的"土壤"，包括经济基础、现代产权制度、社会信用体系、现代公司法人治理结构等因素。构建良好的金融环境体系一般应通过以下途径：一是良好的实体经济基础。脱离了实体经济的金融，将是无源之水，必然导致金融发展的泡沫化，进而引发经济危机。二是健全的社会信用体系。社会信用体系为金融业的发展构建了良好的外部生态环境，促进金融业态的不断升级与演进。三是完善的公司治理结构。通过完善的公司治理结构理顺政企关系，更好地实现现代金融体系的市场化发展。

（6）金融基础设施。金融基础设施是现代金融体系发挥有效作用的基础条件，它既包括硬件部分——搭建稳健的支付清算体系、安全的科技信息系统、便捷的金融服务网络，以及配套设备技术等，如网上职能终端、POS 机、ATM 等。互联网技术的飞速发展，如远程支付、人脸识别开户、移动交易等，极大地提升和扩展了金融功能和手段，推动金融基础设施硬件建设发生革命性的进步。同时，它又包括软件部分——与硬件相对应的金融业法律、会计、审计、评估、信用、规则、程序、标准等的设立、确定与实施，并结合金融基础设施的网络化、虚拟化、智能化，成为现代金融体系建设的重要方向。

上述现代金融体系的六要素，不仅包含了五要素的内容，而且展现出国家金融体系的五大特点。

第一，现代金融体系的形成是个渐进的历史过程。在早期的市场经济发展中，美国主流认可自由放任的经济理念，金融市场体系与金融组织体系得到发展和提升，反对政府干预经济的理念盛行。1890 年，美国国会颁布美国历史上第一部反垄断法《谢尔曼法》，禁止垄断协议和独占行为。1914 年，美国颁布《联邦贸易委员会法》和《克莱顿法》，对《谢尔曼法》进行补充和完善。此后，美国的反垄断制度和监管实践经历了近百年的演进与完善，整个市场形成了垄断与竞争、发展与监管动态并存的格局。20 世纪 90 年代开始，美国信息通信、网络技术爆发式发展，市场创新驱动能力和基础设施的升级换代成为市场竞争的主要表现。与此同时，美国政府反垄断的目标不再局限于简单的防止市场独占、操纵价格等行为，专利保护以外的技术垄断和网络寡头垄断也被纳入打击范围。这一时期，通过完善市场登记、结算、托管和备份等基础设施建设，提高应对重大灾难与技术故障的能力，提升市场信息系统，完善信用体系建设，实施市场监管数据信息共享，等等，美国的金融环境体系和金融基础设施得到了进一步的提升与发展。这一切将市场体系推向现代高度，市场竞争发展到了全要素推动和系统参与的飞跃阶段。

第二，构成现代金融体系的六个要素是统一的。一方面，这六个要素相互联系、相互作用，有机结合为一个成熟的现代金融体系。在市场经济的实际运行中，缺少哪一个要素，都会导致金融体系在该方面产生缺陷，进而造成国家经济的损失。在世界各国经济的发展过程中，这样的典型案例比比皆是。另一方面，这六个要素内部之间也是相互联系、相互作用、有机统一的。比如在金融市场体系中，除了各类货币市场和资本市场之间互相联系、互相作用外，在金融市场之中，规范和发展土地市场，逐步建

立城乡统一的劳动力市场，积极发展技术市场，努力提升产权（包括技术产权）交易市场的发展，等等，都是相互促进、共同完善现代金融体系的重要举措。

第三，现代金融体系的六要素是有序的，有序的金融体系才有效率。例如，商品、要素、项目的价格机制的有序，即在商品、要素、（资源性或生成资源性）项目投资价格的形成过程中，应充分发挥市场在资源配置中的基础性作用，根据市场反映的供求关系、资源稀缺和资源生成状况来定价，从而推动现代金融体系有序运转。再如，商品、要素、项目的竞争机制的有序。竞争是市场经济的必然产物，也是实现市场经济的必然要求。只有通过竞争，商品、要素、项目的价格才会产生市场波动，资源才能被配置到最有效率的企业、区域或环节中，从而实现市场主体的优胜劣汰。分割市场、封锁市场、垄断市场，都是现代金融体系必须要扫除的障碍。又如，商品、要素、项目的开放机制的有序。现代金融体系是开放的，商品、要素、项目对不同区域、行业、国内外投资者都是开放的，各方可以自主进入，自由选择供求，自主投资开发；但这种开放又必定是渐进的、安全的、稳定有序的。这又再次表明，这六要素既相互独立又相互制约，如市场的竞争与监管、自由与法治等等，它们是对立统一的完整系统。

第四，现代金融体系的六要素是脆弱的。原因在于：首先，认识上的不完整。由于市场主体有自己的利益要求，所以在实际的市场运行中，它们往往只讲自由、竞争和需求，避讲法治、监管和均衡，从而导致现代金融体系六要素的功能出现偏颇。其次，政策上的不及时。市场的参与主要依靠各类投资者，市场的监管主要依靠各国区域政府。但在政府与市场既对立又统一的历史互动中，由于传统市场经济理论的影响，政府往往是无为的或滞后的，或在面临世界经济大危机时采用"补丁填洞"的方式弥补，等等，这使得现代金融体系六要素的功能无法全部发挥。最后，经济全球化的冲击。在立法、联合执法、协同监管措施还不完善的全球市场体系中，存在大量监管真空、监管套利、市场投机、不同市场跨界发展，以及制假、欺诈、偷骗等问题。因此，现代市场体系的健全及六要素功能的有效发挥，还需要一个漫长的过程。

第五，现代金融体系六要素的职能，正在或即将作用于金融市场中各个经济形态的各个领域。也就是说，在历史进程中逐渐完善的现代金融体系，不仅会在作为各国经济基础的产业经济中发挥作用，而且伴随着各类生成性资源的开发和利用，也会逐渐在城市经济、国际经济（包括深海经济和太空经济）中发挥作用。不同领域、不同类型的商品经济、要素经济和项目经济，产生了不同的参与主体，它们需要现代金融体系六个方面的功能不断提升、完善。而这又需要当代经济理论，尤其是现代金融体系理论的不断提升与完善。

国家在金融顶层设计与布局中，应全面把握现代金融体系结构，也就是说，它至少应从六个方面来设计、布局，以推进现代金融体系的形成与完善。

（1）金融市场体系——主要包括货币市场、资本市场、外汇市场、保险市场和衍生产品市场。

（2）金融组织体系——主要包括管理组织（比如中国的"一行两会"①）、商业组织（各金融机构）、政策性组织（各政策性银行）。

（3）金融法制体系——主要包括金融立法、金融执法、金融司法、金融法制教育等。

（4）金融监管体系——主要包括对机构、业务、市场、政策性法规执行等的监管。

（5）金融环境体系——主要包括实体经济基础、社会信用体系、企业治理结构等。

（6）金融基础设施——主要包括支付清算体系、科技信息系统、金融服务网络、配套设备技术，以及与之相对应的金融法律、会计、审计、评估、信用、规则、程序、标准等。

只有构建和完善现代金融体系，才能促使其金融功能发挥重要作用。

二、现代金融体系概述

简而言之，现代金融体系（见表1-1）是一个经济体中资金或资产在专门体制、机制和制度规范约束下流动与交易的基本框架，是资金流动的工具（金融资产）、市场参与者（中介机构）和交易方式（市场）等各金融市场要素构成的综合体。经济学家乔迪·卡纳尔（Jordi Canals）第一

---

① "一行两会"："一行"是指中国人民银行；"两会"是指中国证券监督管理委员会和中国银行保险监督管理委员会。

次把工业化国家金融体系分成两种类型：银行主导型和资本市场主导型。银行主导型国家金融体系的定义是以银行等金融中介机构主导融资，即间接融资方式是企业主要外部资金来源的金融体系，以德国、日本、法国等为代表；而企业直接从资本市场通过发行股票、债券等获得资金，即直接融资方式是企业主要外部资金来源的金融体系被称作资本市场主导型，以美国等为主要代表。从数量分布上看，目前除了美国突出表现为资本市场主导型外，其他大多数主流国家的金融体系都是银行主导型或混合型的。金融功能是由金融中介和金融市场的运作来实现的。

表 1-1 现代金融体系划分

金融体系的类型	资本市场主导型	银行主导型
金融市场	规模大、高流动性	规模小、低流动性
在股票市场上市公司的股票	多	少
风险分担	市场：跨部门	银行：跨期
所有权和控制	分散	集中
影响的方式	退出	披露
公司控制市场	敌意接管频繁	敌意接管罕见
主要代理冲突	股东和管理层	管理层和少数股东
银行在外部融资中的作用	小	非常大
债务/股票比率	低	高

（资料来源：陈云贤著《中国金融八论》，中国金融出版社 2018 年版。）

在现实世界中，一个国家的金融体系必然同时包括这两个部分。但在不同的国家，或在一个国家的不同历史时期，这两者的重要性却不尽相同。也就是说，这两者在金融体系中所占地位的对比有不同的格局。例如，目前美国的金融体系中，资本市场非常发达，而在欧洲大陆的很多国家，如德国和法国，则是银行在金融体系中占据主导地位。

第二节　世界金融体系的两种类型

一个国家金融体系格局的形成和演进会受到多种因素的影响，其中非常重要的一项就是受到人为政策管制的影响。管制政策大多取决于对某次经济危机、金融危机的反应，而体制一旦形成，就会出现路径依赖——体制变革的成本通常大于维持原有体制的成本。现代金融体系最早形成于欧洲。1719—1720 年是金融发展史上具有重要意义的年代，这两年发生了两个相互关联的事件：一个是法国的"密西西比泡沫事件"，另一个是英国的"南海泡沫事件"。正是这两个事件，以及此后很长时期内英国与法国对事件的不同反应，形成了两种差别很大的金融体系，即以市场为主的英美模式和以银行为主的欧洲大陆模式。

在泡沫事件发生之后，两国都制定了相应的法律，对股票市场进行严格监管。但是，英国在 19 世纪初即废除了《泡沫法案》（*English Bubble Act*），而法国直到 20 世纪 80 年代才开始放松对资本市场的管制。德国与英法两国相比，工业化起步较晚，在 19 世纪，德国的股份制企业数量很少，资本市场主要是为政府债券以及王室和城邦的贷款服务。因为受到法国银行模式的影响，加上德国有很多银行家都是从企业家转变而来的，所以银行与工业企业相互持股、相互渗透的现象非常普遍。企业与某个特定的银行建立长期关系，相应的银行则为企业提供全方位的金融服务。在 19 世纪晚期，德国银行的全能体系得到了迅速发展。

与其他工业国家不同，在美国的金融体系中，大银行始终不占支配地位。美国独立后不久，就有了建立大型联邦银行的提议，并据此建立了第一美国银行（1791—1811 年），以及此后的第二美国银行（1816—1836 年）。但是，美国作为一个移民国家，民众意识中对于权力集中存在根深蒂固的恐惧和反感。1832 年围绕是否重新审核第二美国银行的执照，反对意见占据多数，法案最终未能通过。这一事件是美国银行发展史上的分水岭。自此，建立分散的银行体制、避免金融机构权力过大成为社会的主流意见。20 世纪 30 年代的经济大萧条，是对美国银行制度

第一章　世界金融体系的两种类型

的另一个重要影响。1933 年通过的《格拉斯－斯蒂格尔法案》①（*Glass-Steagall Act*）使得商业银行与投资银行彻底分开，商业银行不准持有企业股票。这一法案成为分业经营和分业监管的经典。此外，该法案于 1999 年已经被废止。

发达国家金融体系的发展历程中，各国的金融体系结构形成和变化的步伐不尽相同，仍然存在着较大的差异，发达国家金融体系之间一个显著的区别体现在不同国家的资本市场与金融中介的重要性上，因此，按照金融中介和资本市场在公司融资的相对重要性或者融资形式，可以将金融结构划分为两种不同类型的金融体系：银行主导型金融体系和资本市场主导型金融体系。

在典型的资本市场主导型金融体系中，股票和债券的发行以及留存利润是投融资的主要形式，而银行贷款服务通常只是进行短期平滑。在这种体系下，大量流动的、资金饱和的金融市场提供极为广泛的金融工具；投资者主要从事组合投资，金融家与企业之间的关系主要是短期的，类似于现货交易，退出机制会对企业控制产生一定影响；监督功能则由不同的专门机构（诸如商业银行、投资银行、评级机构和风险资本家）提供。而在典型的信用主导型金融体系中，所有权结构较为集中，金融市场的流动性减弱；金融家和企业之间的关系是长期的，重复和长期的合作关系减少信息不对称和代理成本，因此，长期银行贷款及银行长期拥有所有权是投融资的主要形式；监督功能被整合在一个单一机构（银行）中，其中涉及三个监督阶段：客户和投资项目的选择、项目进展的监督以及绩效不佳情况下的干预。

这里存在两个极端：一个是银行主导型的代表国家德国，几家大银行起支配作用，资本市场作用较小；另一个是资本市场主导型的代表国家美国，资本市场作用很大，而银行的集中程度很小。其他大多数国家则处于这两个极端之间，如日本、法国，传统上是银行为主的体制，但是近年来资本市场发展很快，而且作用越来越大；加拿大与英国的资本市场比德国发达，但是银行部门的集中程度却相对高于美国。

---

① 《格拉斯－斯蒂格尔法案》又叫《1933 年银行法》。

11

一、以德国为代表的银行主导型金融体系

德国是银行主导型金融体系的代表国家，银行占据着很重要的地位，而金融市场的作用非常小。1993年，德国的银行资产相当于GDP（国内生产总值）的152%，而股票市场市值只相当于GDP的24%。德国的银行贷款在公司负债中占较大比例，是德国公司最重要的融资手段，特别是德国三大全能银行——德意志银行、德国商业银行和德累斯顿银行更是在其银行体系中占据举足轻重的地位。在市场层面，相对银行体系，德国资本市场规模较小、流动性相对不高。具体来说，德国的银行体系是以全能银行为基础，以专业银行为补充。全能银行包括了商业银行、储蓄银行和合作银行，其中商业银行是核心，可以全面参与各种金融活动，包括吸收存款、发放贷款、承销证券、直接投资包括股票在内的各种证券，既从事传统商业银行业务，又开展投资银行业务，还可以通过代理股东投票、获得企业监事会席位等方式，进一步施加对上市公司的影响，是一种多功能、全方位的银行。而德国的专业银行提供的金融服务少于全能银行，如专门从事抵押贷款、农业信贷或中小企业信贷的银行等。德国的股票市场相对不太重要，国内债券市场尽管发展良好，但参与的主体是政府和银行，一般工商企业很少发行债券，企业外部融资主要依赖于银行贷款，贷款债券化程度也比较低。

德国金融体系的形成及演变与其工业化进程和面临的经济发展环境密切关联。由于德国的产业化和工业化进程均晚于英国和美国，所以必须加速发展本国产业，才能赢得发展空间。为此，德国采取了国家调节下的市场经济模式，即政府采取控制价格形成、参与企业投资等直接和间接的干预手段来调节经济运行中的问题。其经济发展路径更着重于解决就业的诉求，更依赖实体产业，同时实行积极的劳动力市场和福利政策。与此相对应，银行主导型金融体系相比市场主导型而言相对更简单，特别是对法律体系的要求相对较低，因此，德国的中小投资者利益受到全能银行的有效保护，不像以美国为代表的市场主导型金融体系下的小股东利益必须由十分健全的法律体系来保障。而且德国的银行全力发展与企业的关系，不仅给企业提供长期资金，还给企业经营提供其他支援。从历史进程看，银行主导型金融体系为德国经济赶上英美做出了重要贡献。

二、以美国为代表的资本市场主导型金融体系

美国是资本市场主导型金融体系的代表国家，直接融资是美国企业的主要融资方式，资本市场在为其实体经济提供金融服务方面起到了非常重要的作用。美国资本市场主导型金融体系的形成与奉行自由主义的经济政策有着紧密的关系。在市场层面，美国政府鼓励经济主体之间进行竞争，而政府在决定资本和劳动相互作用的方式上仅起到极其有限的作用，资本积累的决策权主要在私人公司，它们可以最大限度地追求短期利润目标，通过金融市场获得资本。企业自由发展、优胜劣汰、追逐利润，激烈的市场竞争和以利润最大化为目标的股东资本共同形成了美国弹性很大的劳动力和产品市场。政府对经济的干预主要是对市场的间接调控，以防止企业垄断而造成市场价格扭曲，从而保证市场充分发挥功能。

正是由于美国在市场层面奉行的这种自由主义经济模式，使得企业要想在激烈的市场竞争中占据优势地位，就必须通过多渠道融资扩大经营规模，以保持竞争力。1933 年，美国通过《格拉斯－斯蒂格尔法案》，禁止商业银行从事投资银行业务；同时，银行的跨区域经营和存款利率也受到严格限制。这项法律与自由主义的经济模式相结合，推动了美国资本市场的迅速发展，而银行机构遭遇了挑战与危机。1999 年，美国又颁布了《金融服务现代化法案》(*Financial Services Modernization Act*)，使得金融业重新回到混业经营模式，但资本市场主导型金融体系已经形成，品种丰富的债券市场和多层次的股票市场构成了美国资本市场体系。多样化的资本市场也为投资者提供了多种选择，大多数居民手中都握有公司的股票债券。与之相比，美国商业银行的主要业务为提供短期工商企业贷款、住宅贷款、农业贷款及同业拆借，对经济影响相对较小。

由此可见，一个国家选择何种金融体系，或其金融体系内在结构的演变，与其历史发展路径、产业经济基础和实际国情是不可分割的。而其优劣的评判标准是能否在特定的时空条件下实现"效率"和"稳定性"的平衡。在效率机制的安排上，诸如信息披露、公司治理、透明度要求等方面必须要有完善的传导机制和实现机制；在稳定性机制的安排上，诸如存款保险、风险管理、破产机制等在金融体系内部不同单元之间应该有相应的实现方式，使金融体系作为一个整体形成多层次、多维度的抗冲击能力；另外，良好的社会信用文化和社会信用体系建设，也是现代金融体系必不可少的组成部分。

第三节　银行主导型金融体系是世界各国发展主流

通过对不同金融体系的简单回顾可以看出，不同的金融体系在形成之初，并没有抽象的理论研究，或者是优劣比较，甚至可以说具有一定的历史偶然性。经历了一定发展的国家，都拥有纸币及其他金融工具，都拥有经营金融业务和提供金融服务的金融机构，并拥有进行金融交易的金融市场。我们把反映一定时期的各种金融工具、金融市场和金融机构的形式、内容、相对规模和比例理解为一国的金融结构。一定的金融结构反映了一定的金融功能及效率，也反映了一国经济的金融体系特征。

20 世纪 70 年代以来，世界各国的金融体系均发生过或正在发生重大变化。金融体系在结构上的变化有两方面：一是商业银行在一些工业化国家金融体系中的地位有相对下降的趋势，银行危机频繁发生；二是金融市场特别是资本市场在许多国家发展非常迅速，在金融体系中的地位不断提升。

造成变化的主要原因在于：首先，信息技术的革命极大地提高了金融体系的效率，降低了融资的交易成本和信息成本。原来在金融体系中处于绝对优势的以银行为主的金融中介越来越多地受到直接融资的竞争压力。其次，战后发达国家经常发生通货膨胀，利率风险加大；布雷顿森林体系（Bretton Woods System）在 20 世纪 70 年代初瓦解，国际货币制度进入浮动汇率制，汇率风险加剧，于是贸易和金融领域急需发展新的金融工具以规避风险。这种客观需求刺激了衍生金融工具市场的发展，而衍生金融工具交易急剧扩大了资本市场的规模。最后，银行体系在金融市场的压迫下，不断突破政府的各种管制，创造和使用新的金融产品，积极参与市场交易。同时，受自由主义经济思潮的影响，各国政府的管制思想本身也在发生变化，基本趋势是放松管制，为金融创新提供了较为宽松的环境。但是，由此增强的银行业的竞争力量，在更为迅猛的资本市场扩充面前依然显得柔弱。

由此可见，现代金融体系面对的环境是金融市场发展趋势极为强劲，金融市场及工具日益创新和日趋复杂化。金融自由化使金融机构竞争日益

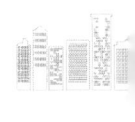

激烈，金融市场国际化、全球化和一体化步伐加快，现代金融的观念、监管方式及手段面临从未有过的挑战。具体来讲，面临的挑战有如下四个方面：一是资本移动急剧加快，包括区域性和国际化的资本移动，这使国家之间的货币密切相连，货币稳定与汇率稳定之间的关系密切而又复杂。二是金融创新，使外在的监管难以应付，可能使货币总量与货币政策目标之间的统计关系不确定。三是政府债务管理工具的规模和复杂性增加，这些工具由中央银行及政府财政代理机构去代理和持有，这使中央银行的监管难度加大。四是金融结构的复杂性增加，这使支付系统和监管者面临更加复杂的形势。

然而在市场层面，尽管资本市场主导型金融体系有以美国为代表的发达国家，但是目前银行主导型金融体系是世界各国发展主流。尤其近百年来发生的几次全球性国际金融危机无不与资本市场有直接、重大关系，这使各国在金融顶层布局上，不得不认真审视银行主导型与资本市场主导型金融体系的得与失、长与短、功与过。因此，银行主导型作为当今世界金融体系的主流模式，并非偶然，而是具有一定的内在原因及其合理性。

一、金融体系演变的内在规律

金融体系演变的内在规律，揭示了在相当长时期内银行将仍处于金融体系的主导地位。根据耶鲁大学经济学家雷蒙德·W. 戈德史密斯（Raymond W. Goldsmith）对金融发展规律的描述，现代金融增长以银行制度的发展为发端，主要经历了三个阶段：第一阶段，一个国家或地区金融相关比率较低，金融工具比较单一，债务凭证远远高于股权凭证，商业银行在金融机构中的主导地位比较突出。第二阶段，一些国家或地区的债券资产在金融资产总额中依然占据绝大部分，银行在金融机构中仍然发挥主导作用，而且出现了不少大型股份公司。第三阶段，股权资产占金融总资产的比例不断提高，金融机构的多元化趋势发展明显，银行在市场中的地位有所下降但仍占大头，证券、保险等非银行机构的市场地位逐渐上升。

二、工业化和产业化加速发展的需要

银行主导型金融体系有利于工业化和产业化的加速发展。一般而言，银行主导型的金融体系，由于它具有明显的规模经济效应，容易解决投资过程中所面临的信息不对称问题，同时银行和企业之间存在一种相互依赖的长期合作关系，能为产业发展特别是快速工业化提供强有力、可持续的资金支持，因此，从各国的工业化进程看，德国、日本等国的工业大规模发展普遍与其银行业在金融体系中占据主导地位密切相关，其工业化发展所需的巨额资金主要由银行系统提供，资本市场仅起到辅助作用。而诸如巴西、印度尼西亚等国，虽然资本市场发展较快，近年直接融资比例达到70%以上，但工业化进程一直相对滞后，经济始终没有从"泥潭"中走出来。

三、风险管理与金融稳定的需要

银行主导型相比资本市场主导型更有利于风险管理与金融稳定。在资本市场主导型的金融体系中，市场动荡的起因是资产价格的剧烈波动，市场危机源于资产价格与基本面的偏离和持续性的资产泡沫。美国1987年的股灾、2000年网络泡沫和2008年金融危机，危机的诱发因素都是资产价格泡沫。诸如泰国、墨西哥等资本市场主导型金融体系在金融危机中受到的冲击也远远大于银行主导型金融体系国家。值得注意的是，在资本市场主导型金融体系下，各项金融业务的界限模糊，不同种类的金融机构组成了金融风险链条的各个环节，资本市场由于杠杆操纵和过度交易等带来的风险，自然地转移并分散到银行市场之中，演化为整个金融体系风险。尤其是在金融创新和信息技术革命的推动下，国际金融市场更加一体化，市场范围和影响不断外扩，金融风险不断积聚、转移并分散。如2008年次贷市场出现问题后，迅速蔓延至整个住房抵押贷款市场和中介机构（投资银行、抵押贷款担保机构等），进而冲击持有抵押贷款证券化产品的金融机构（商业银行、保险公司、共同基金等），最后升级演化为全面的金融危机。而以银行为主导的金融体系中，银行系统承受了主要的金融风险，主要表现为因经济不景气带来的大量企业违约风险，使短时间内银行坏账急速增加，如果能及时获得资金注入，就可以避免更大的危机。比如次贷危机发生后，德国成立了5000亿欧元的金融稳定基金，主要为金融业的拆借提供担保、强化银行自有资本、帮助银行处理不良资产等，有效缓解了大银行的流动性危机，金融风险得到明显化解。

综上所述，作为国家金融顶层布局，应谨慎考虑三个方面：一是由于金融市场的不确定风险，资本市场主导型金融体系面临更高的风险控制要求，也可能带来更大的系统性危机。完善的资本市场不是一朝一夕就能发展起来的，展望未来，银行主导型金融体系仍将占据主流地位。二是在考虑建立何种金融体系时，应充分考虑经济发展水平、金融市场深度、风险管理能力和监督管理能力等方面的现实情况，选择适合本国国情的金融体系。三是金融体系适时的自我改革、演进是十分必要的，不管是银行主导还是资本市场主导的金融体系，目标明确、手段有效、信息充分的监管体系都是不可或缺的，及时调整金融监管、运行机制和风险管理机制是非常重要的。

◆**思考讨论题**◆

1. 现代金融体系的定义是什么？
2. 现代金融体系的要素是什么？
3. 世界金融体系的类型及其特征是什么？
4. 中国目前属于怎样的金融体系结构？
5. 进行国家金融顶层布局的意义是什么？

第二章 商业银行与投资银行的 联系与区别

第一节 商业银行资产负债管理论

一、商业银行的发展历史

经济、金融学界对商业银行（Commercial Bank）的含义有不同的表述。例如，美国经济学家 D. 格林沃尔德（D. Greenwald）将其定义为："一种主要为大多数工商企业提供短期贷款的金融机构，它在一定范围内，有利用放款和活期存款来投放和回收货币的能力。此外，它们也执行其他金融机构的各种职能。"[①] 而弗雷德里克·S. 米什金（Frederic S. Mishkin）则表述为："主要通过发行支票存款和储蓄存款来筹措资金，用于发放商业、消费者和抵押贷款、购买政府债券和市政债券的金融中介机构。"[②] 还有的表述为："指有能力使贷款，至少使部分贷款最终成为新的活期存款的银行。商业银行作为一个团体，它们能通过创立活期存款以扩大或收缩货币供应量。现代商业银行还为顾客提供各种各样的附加服务，如储蓄存款、保险箱和信托业务等。"[③] 《中国大百科全书》将其概述为："以利润为主要经营目的，以经营各种存贷款为主要业务并向客户提供多种服务

---

① D. 格林沃尔德主编：《现代经济词典》，《现代经济词典》翻译组译，商务印书馆 1981 年版，第 86～87 页。

② 弗雷德里克·S. 米什金著：《货币、银行、金融市场学》，李扬、贝多广等译，中国财政经济出版社 1992 年版，第 47 页。

③ 中国大百科全书出版社《简明不列颠百科全书》编辑部译编：《简明不列颠百科全书》（第 7 卷），中国大百科全书出版社 1986 年版，第 94 页。

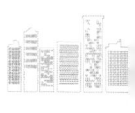

的银行。"[1] 尽管以上表述有所不同，但其所含内容是基本一致的。首先，商业银行是一个金融中介机构，它以短期存放款为主要业务；其次，也是商业银行有别于其他金融机构的突出特征，就是具有存款货币的吸收和创造能力，故有的国家或国际组织将商业银行称作"存款货币银行"；最后，商业银行可以向客户提供多种金融服务。其之所以被称为"商业银行"，是因为在它产生的初期阶段主要从事与商业活动相关的存贷款业务，在历史的延续中，这一名称虽保留至今，但其业务经营活动已远远超出了传统的范围。现代商业银行已包含了一个更为广泛和不断发展的综合性金融业务体系。要把握这个体系，首先要对商业银行的基本情况有一个概括的了解。

（一）商业银行起源于古代的货币兑换和银钱业

银行的产生与发展是与商品经济的发展紧密相连的。随着商品生产和流通的扩大而出现的货币兑换和银钱业，是商业银行的先驱。

在人类社会的发展史上，随着社会分工的明晰和私有制的确立，出现了一个极具重要意义的经济范畴——为交换而生产的"商品"。随着生产的发展，"商品"所涵盖的范围和数量不断扩展，商品交换日益成为经常、普遍和大量的活动，此时，物物直接交换因其难以同时实现时间、空间、数量、对象的巧合而变得日益困难。"问题和解决问题的手段同时产生。"[2] 物物交换的困难在通过媒介品的间接交换中得到解决，即在交换时先将商品换成大众所接受的媒介品，再用媒介品换取自己所需要的商品。当媒介品从商品世界中分离出来固定充当一般等价物时，它便成为"货币"。

货币进入经济生活后，逐渐找到了金银这类贵金属作为货币材料。但在前资本主义社会，由于封建割据、小国林立，金属货币的铸造权是分散的，各个国家甚至一个国家的不同地区都有多种铸币，这些铸币的单位不同，材料、重量、成色不一，给商人们的交换活动带来了诸多不便。特别是随着国际贸易的扩大，商人们在从事对外贸易时，不仅需要鉴别铸币的

---

① 中国大百科全书总编辑委员会《财政税收金融价格》编辑委员会、中国大百科全书出版社编辑部编：《中国大百科全书》（财政税收金融价格），中国大百科全书出版社 1993 年版，第 355 页。

② 马克思著：《资本论》（第一卷），郭大力、王亚南译，人民出版社 1975 年版，第 106 页。

19

材料、重量和成色，而且还要把本国铸币换成当地铸币，由于各国度量衡制也有差别，还需要进行换算。到了中世纪，欧洲各国的贸易已相当繁荣，特别是意大利的威尼斯、热那亚已成为世界贸易中心。贸易的发展使各国商人的往来大大增加，市场上的货币种类也日益增多，从而使得因货币的不一致造成的交易困难越来越突出。为适应这一情况，有一部分人逐渐从一般商人中分离出来，专门从事货币兑换业务，成为货币兑换商。由于当时意大利的货币兑换商都有一条凳子，意大利语叫"banca"（英文则为 bank），"银行"一词由此衍生而来。货币兑换商主要从事铸币及货币金属块的鉴定和兑换业务。后来，这些货币兑换商为了解决商人自己保管和长途携带货币所产生的风险和困难，又开办了代理保管业务（当然，这种保管业务与现代存款不同，商人们不仅得不到利息，还要向货币兑换商交纳保管费）。此后，货币兑换商又陆续开办了出纳、结算业务和汇兑业务，包括接受商人们的委托办理货币收付、出纳业务，有时也为两个商人之间转账结清债务，或为商人签发汇兑文书到彼地指定处所提取货币。这样，货币兑换商还可以从事保管、出纳、结算、汇兑业务的银钱业。当时，银钱业所从事的都是由货币本身职能所引起的单一技术性业务，与信用活动尚无关联。

随着货币兑换、保管、汇兑业务的发展，这些古老的银钱业主手中聚集了大量货币；同时，货币兑换商们也不满足于只经营收取一定手续费的技术性业务，而想获得更多的收益。于是，自然而然地发展了贷款业务，从中取息赚钱。正如托马斯·孟（Thomas Mun）所描述的："交易的变化，迫使热那亚的一些商人由商品贸易转变到货币兑换……替那些来买卖货物的商人们办理汇兑，从中谋利。他们为了追求利润，不但在许多从事商品贸易的国家里开展此项业务，而且乐于将钱财拿到西班牙和其他地方去用……"[①]

西欧关于古代银钱业的记载年代久远。早在公元前 2000 年巴比伦王国的寺庙、公元前 500 年希腊的寺庙，就有经营金银、发放贷款、收取利息的活动和记载；公元前 400 年在雅典、公元前 200 年在罗马帝国，也有关于活跃的银钱业的记载。在中世纪以前，银钱业已十分兴盛。

---

① 托马斯·孟著：《英国得自对外贸易的财富》，袁南宇译，商务印书馆 2011 年版，第 52～53 页。

第二章　商业银行与投资银行的联系与区别

中国古代关于高利贷的记载较早，但关于银钱业的记载则较晚，目前有史可考的是南北朝之际寺庙经营的典当业。有关银钱业的大量记载始于唐代：有经营典质业的质库，有保管钱财的柜房，有打制金银饰物和经营金银买卖的金银铺；经过宋、元到明、清，钱庄、票号、银庄先后兴起，银钱业有了长足的发展。但由于封建社会的长期停滞，中国古老的银钱业一直未能独立地实现向银行业质的转化。

（二）西方商业银行的产生与发展

现代商业银行的最初形式是资本主义商业银行，它是资本主义生产方式的产物。随着生产力的发展、生产技术的进步、社会劳动分工的扩大，资本主义生产关系开始萌芽。一些手工场主与城市富商、银行家一起开始形成新的阶级——资产阶级。由于早期银行贷款具有高利贷的性质，严重阻碍闲置的社会资本向产业资本转化。另外，早期银行的贷款对象主要是政府等一批特权阶层而非工商业，新兴的资本主义工商业无法得到足够的信贷资金支持，而资本主义生产方式的产生与发展的一个重要前提是要有大量的为组织资本主义生产所必需的货币资本。因此，新兴的资产阶级迫切需要建立和发展资本主义银行，需要建立一种新型的、规模巨大的、资本雄厚的、能满足和适应资本主义生产方式的银行来为经济发展服务。于是，从治理结构角度看，大量旧式的高利贷银行兼并、重组，并以股份公司形式组建新的商业银行。

就整个银行业的考察，最初在十三、十四世纪就开始形成了。最先出现在经济贸易比较发达的地区，与贸易携手并进。居于国际贸易中心的意大利人是欧洲最早的银行家。

古老的银钱业向商业银行的演变，一个质的标志就是：它们不仅依靠古老业务所集聚的货币发放贷款，而且还要靠向货币持有者以提供服务和支付利息为条件吸收存款来扩展贷款业务。这种质的转化直到资本主义生产关系开始发展之后才完成。15 世纪初，随着资本主义生产关系开始出现，1407 年意大利集贸中心热那亚建立了世界上第一家存款银行——圣乔治银行。16 世纪，西欧开始进入资本主义发展时期，1587 年意大利成立了著名的威尼斯银行。之后，各国贸易中心相继出现了米兰银行（1593年），阿姆斯特丹银行（1609 年），汉堡银行（1619 年），德尔夫特银行、纽伦堡银行（1621 年），鹿特丹银行（1635 年）等。这些银行最初只是

21

接受商人存款，替商人办理转账结算业务，后来开始办理贷款业务，但当时贷款的利率很高，带有高利贷性质，并且一般商人不易获得贷款，而政府却是贷款的重要对象。显然，这样的银行难以适应资本主义工商企业发展的需要。于是，客观上需要建立一种能够服务于工商业、支持和推动资本主义扩大再生产的现代商业银行。

以工商业贷款为主要业务的商业银行，是随着资本主义生产关系的确立而产生的。在资本主义制度确立的过程中，高利贷性质的银行业已不能满足经济发展对信用的需求，新兴资产阶级需要以低于平均利润率的利息获得贷款，普遍要求压低利息率，使生息资本从属于商业资本和产业资本。这样，适应资本主义经济发展的现代商业银行的产生就有了客观的基础。1694 年，在资本主义发展较早的英国，由政府支持、私人创办的股份制形式的英格兰银行成立，这标志着适应于资本主义生产方式要求的新的信用制度的确立和现代商业银行的产生。它的正式贴现率一开始就被规定为 4.5%～6%，大大低于早期银行业的贷款利率，有力地支持了新兴的资本主义工商企业的发展。

资本主义商业银行的产生，基本上通过两种途径：一是旧的高利贷性质的银行逐渐适应新的经济条件，发展演变为资本主义银行。在西欧，由金匠演化而来的高利贷性质的银行，主要是通过这一途径缓慢地转化为资本主义银行。二是新兴的资产阶级按照资本主义原则组织的股份制银行。其中，后一条途径是主要的途径，在最早建立资本主义制度的英国表现得尤其明显。

继英格兰银行之后，各国相继仿效英格兰银行的模式，对加速资本的积累和生产的集中起到了巨大作用，推动了资本主义经济的发展。通过上述两条途径，在西方国家又出现了一批又一批形式不一、大小不等的商业银行：1798 年，仅巴黎就有 22 家大银行；1855 年，英国有 409 家银行和1185 家分行；1910 年，德国资本超过 1 亿马克的银行就有 6 家。值得一提的是，在英格兰银行成立后，以威廉·帕特森为首的创始人把银行业务大大向前推进了一步，他们更加关注的是从银行的经营中获利和提高银行的社会政治地位。为了达到这一目的，银行改变了对国家的支持关系，用提供 120 万英镑的办法取代了永久性的每年缴款 10 万英镑的原定做法，而将经营重点转向工商业。英格兰银行把经营获利作为中心目标，使银行在其发展史上迈出了关键的一步，开辟了银行向产业化发展的道路。英格兰银行把业务重点放在既提供服务又能获利的项目上，确立了向现代化银行发展的基础，同时也确立了银行在社会中的地位。要使银行经营获利，必须把银行吸收的存款作为可支配资本来经营；同时，银行追求利润的动机也促发了银行业务的不断创新和自身效率的不断提高，为在全社会范围内的资本积累和资本作用的发挥提供了重要条件。英格兰银行的经营模式，极大地促进了英国贸易和工商业的发展，大约在1730年前后，伦敦在贸易方面取代了阿姆斯特丹；在拿破仑战争期间，又在货币交易方面超过了阿姆斯特丹，成为欧洲及世界的金融贸易中心。随着北美、南美殖民地的建立，欧洲的银行业也传到了那里，美国自1782年建立了第一家商业银行——北美银行后，到1861年，开业的银行已超过2500家。最初，移民主要与自己国家的银行有往来。19世纪以后，美国州政府开始向银行公司发放营业执照。在很大程度上，许多银行只不过是其他商业企业的产物，商品销售业处于主导地位，而银行业处于次要地位。纽约等一些重要的商业中心出现了由专业人士经营的规模较大的银行。美国南北战争时期，联邦政府成为美国银行迅速增长的动力。1864年，国会创办了货币监理署（Office of the Comptroller of the Currency，OCC），它向国家银行发放营业执照。联邦政府和各州对控制及监督银行活动都起到重要作用。这种分制银行系统在美国延续至今。美国、日本等经济大国在其资本主义经济高速发展的阶段，银行业作为经济的"助推器"，发挥了无可替代的作用，英美等国也随之成为"金融帝国"。

继英格兰银行的业务变革以后，西方大多数国家的商业银行都转变了经营模式，一方面保留和发展了传统的汇兑、结算、保管、兑换、代理、服务等业务；另一方面则把大量吸收存款和灵活运用资产作为主要业务，特别是在资产运用方面，大致形成了两大主流模式。

（1）英国式的以融通短期商业资金为资产运用重点的经营模式。英国资本市场较发达，因此，长期资金主要依靠资本市场筹集，短期资金再通过向银行融通来满足。这类模式以"真实票据论"为依据，把商业银行的业务主要集中于自偿性贷款——一种随商业活动而能自动清偿的贷款，最典型的例证是国际贸易中的进出口押汇和国内贸易中的票据贴现及产销放款，厂商为购储原料及支付工资向银行短期借款，一旦产销完成，贷款即可从销售收入中得以偿还。这种贷款因根据真实的商业行为而进行，又有真实的票据作担保，所以是一种符合真实票据论的放款。另外，这类放款的偿还期很短（通常为一年以内）、流动性较高，对银行来说比较安全可靠。因此，以英国商业银行为代表的许多商业银行都把资产运用的重点放在这类短期商业性贷款上，而把消费性放款、房地产和股票抵押放款、固定资本放款等长期性放款的比例控制在一个不大的比例之内。短期融通资金模式的优点是能较好地保持银行清偿力，安全性较好；缺点是不利于银行的发展。

（2）德国式的综合性资产运用经营模式。德国工业化晚于英国，但到19世纪中叶，德国工业革命高速发展。为了满足工业革命的需要，德国商业银行不仅发放短期商业性贷款，提供周转资金，而且也为工业融通进出口资金和长期性的固定资金。此外，德国商业银行还积极参与新兴工业企业的直接投资，并与此相对应地开展了一系列为工业企业服务的业务项目，如包销证券、提供财务便利和咨询服务等，实际上是集商业银行、投资银行和保险业务于一身的多功能的金融中介机构。这样，商业银行在与工业化发展紧密结合的过程中，使自己的资产运用和业务范围综合化了。这种经营模式在19世纪中叶以后的比利时、奥地利、瑞典等国也比较流行。这种模式的优点是能满足客户多样化的服务需求，竞争力较强，各项业务盈亏可以互相调剂；缺点是可能损害存款人利益，将存款过多地配置于高风险业务。目前，德国式的综合银行已成为国际银行业发展的趋势。

随着资本主义商品经济的发展，商业银行也在不断地发展变化。近代以来，商业银行的资金实力迅猛增长，组织机构不断调整，业务范围日益拓宽，经营管理趋于完善，在经济生活中发挥着举足轻重的作用。近几十年来，由于商品经济的发展，客观上要求商业银行提供多样化的投资融资方式、手段和多样化的金融服务，各国商业银行的业务范围都在不断扩展，向着全能化和多样化方向发展，除存放款外，证券投资和黄金外汇买卖也占有重要地位。同时，开展长期信贷、消费信贷、对外贷款、保险咨询、信息服务及电子计算机服务等多种业务，商业银行已成为"百货公司式"的综合性、多功能银行。"商业银行"这一名称虽然实际上已经不能全面准确地反映其业务经营的特点，但由于习惯上的原因，人们仍沿用这一名称。

从以上分析中可以看出，西方商业银行的产生和发展都是以商品经济的发展为基础的，并且随着商品经济对金融的多样化需求变动而发展变化。

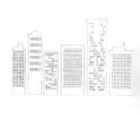

二、世界各国商业银行现状

纵观各国商业银行的发展，美国、日本、英国等国家都经历了从分业经营向混业经营的转变。在美国金融史上，早期的投资银行中有一部分是与商业银行融合的，但多数还是以独立的形式存在。到20世纪20年代，商业银行与投资银行之间已经不存在任何界限。1929年10月，一场以股市崩溃为直接信号的金融危机爆发，导致这场危机的最直接原因是商业银行大量涉足证券投资活动，从而使自身的流动性和安全性大大降低，许多银行因此破产倒闭。为了整顿金融秩序，美国国会于1933年5月通过了《格拉斯－斯蒂格尔法案》。该法案对商业银行和投资银行的业务范围进行了强制分离，即规定商业银行和投资银行应实行分业经营。在第二次世界大战前后，日本先后效仿英国和美国，不断强化和完善其分离银行制度。1927年通过的《银行法》，强调银行信用业务必须明确分工，以保证经营的安全性。1948年5月颁布了《证券交易法》，该法规定：日本商业银行与证券公司业务分业经营。日本的《信托法》和《信托业法》将银行业与信托业的分离正式用法律形式加以规定，并设立了专门从事信托业务的信托公司，以保护债权人的经济利益和提高银行经营的安全性，之后又把信托公司改为信托银行，采取由银行兼营信托业务的形式。

自20世纪70年代开始，某些实行分离银行体制的发达国家，逐渐放松了对商业银行经营范围的管制，其商业银行的经营体制开始向全能银行体制转变。其中，最典型的国家是英国、日本和美国。如英国政府从20世纪70年代起，允许其结算银行（即商业银行）通过发行可转让定期存款单吸收定期存款，并经营中长期贷款业务；办理旅行支票业务和信用卡业务；经营租赁业务、保险业务、证券投资业务、信托业务以及住宅抵押放款业务；此外，还允许其从事各种国际业务。之后，英格兰银行又允许清算银行在贴现行参股，从而使那些大的清算银行发展成为没有业务限制的金融混业机构。

从20世纪80年代开始，在日本也出现了银行业与证券业融合的现象，如1981年5月公布的新《银行法》规定，银行可以经营证券业务，即允许银行经营公共债券的买卖和募集。1985年，商业银行和信托银行又获准经营过去只允许证券公司和长期信用银行经营的私募债券，长期以来禁止银行经营证券业务的限制从此被打破。与此同时，证券公司也开始

25

介入银行业务。自1993年4月起付诸实施的《金融制度改革法》，则允许商业银行、信托银行、证券公司之间可以以子公司的形式跨界经营。1996年10月17日，日本经济审议行动计划委员会下设的金融工作小组公布了《搞活我国金融系统》的报告，从实现广泛竞争、资产交易自由化、缓和限制、改革监督体制等方面提出了日本金融大改革的框架措施，从而揭开了大改革的序幕。同年11年，桥本首相向大藏省和法务省明确提出要在2001年全面完成金融大改革。至此，日本版"金融大爆炸"正式启动。[1]大改革将金融控股公司确立为各项金融业务相互渗透的目标，并致力于加强金融商品、业务和组织形态的自由化和多样化。具体措施包括两个方面，首先是从1998年1月起解除对金融控股公司的禁令，即在此之后，银行既可以拥有证券和信托银行子公司，也可以收买证券公司或信托公司等形成金融控股公司，但不得收购普通企业。其次是取消对各类金融子公司业务范围的限制及普通银行长短期业务领域方面的限制。[2] 这样，日本商业银行的经营体制基本上完成了向全能银行制度的转变。

美国虽然自20世纪30年代初一直实行严格的分离银行制度，但商业银行为了扩大业务范围，通过银行持股公司绕过相关法律条款的限制，大量从事证券投资、信托保险、不动产、租赁和数据处理等非银行业务。商业银行向证券业渗透的活动在20世纪80年代还得到了联邦存款保险公司的支持，1911年11月由国会通过的《1991年联邦存款保险公司改进法》，允许某些银行获得和持有相当于其全部资本数量的普通股票和优先股票。1999年11月，时任美国总统克林顿签署了国会通过的《金融服务现代化法案》，该法案取消了1933年大萧条时期颁布的限制商业银行从事证券业务的《格拉斯－斯蒂格尔法》。该法案的通过使美国金融业从立法上告别了分业经营的历史，迈向一个混业经营的时代。

总之，商业银行发展到今天，与其当时因发放基于商业行为的自偿性贷款从而获得"商业银行"的称谓相比，已相去甚远。今天的商业银行已被赋予更广泛、更深刻的内涵，特别是第二次世界大战以来，随着社会经济的发展、银行业竞争的加剧，商业银行的业务范围不断扩大，逐渐成为多功能的、综合性的"金融百货公司"。

---

① 参见蔡浩仪著《抉择：金融混业经营与监督》，云南出版社2002年版，第85～86页。

② 参见陶涛著《论日本的金融行政》，北京大学出版社2000年版，第220页。

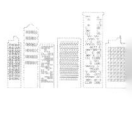

20世纪90年代以来，国际金融领域出现了不少新情况，直接或间接地对商业银行的经营与业务产生了深远的影响。主要表现在：银行资本越来越集中，国际银行业出现竞争新格局；国际银行业竞争激化，银行国际化进程加快；金融业务与工具不断被创新，金融业务进一步交叉，传统的专业化金融业务分工界限有所缩小；金融管制不断被放宽，金融自由化的趋势日益明显；国内外融资出现证券化趋势，证券市场蓬勃发展；出现了全球金融一体化的趋势。这些金融发展趋势的出现必将对今后的商业银行制度与业务产生更加深远的影响。

三、巴塞尔委员会与《巴塞尔协议》的提出

（一）巴塞尔委员会

瑞士的巴塞尔是一座位于莱茵河畔、只有16万常住人口的城市，经过30多年的发展，巴塞尔已成为当今绝大多数国际金融监管改革会议的召开地，多项重大的国际金融监管改革方案都是在这里讨论通过后，成为世界性的金融监管新标准，并对全球金融业乃至世界经济政治格局产生了深远的影响。巴塞尔这座小镇之所以拥有今日的影响力，原因在于国际清算银行总部设在巴塞尔。这家老牌的国际金融组织为20世纪70年代成立的巴塞尔银行监管委员会（Basel Committee on Banking Supervision，BCBS）和2008年金融危机后成立的金融稳定理事会（Financial Stability Board，FSB）提供秘书处服务，所以主要国家和地区的中央银行和监管当局负责人经常会在这里讨论各项重大监管改革方案。

1974年，德国的赫斯塔特银行（Herstatt Bank）和美国的福兰克林国民银行（Franklin National Bank）相继倒闭，极大地震惊了国际金融业，并使国际社会认识到银行国际业务的风险性和危机的传染性，意识到加强对银行国际业务合作监管的迫切性。有鉴于此，根据英格兰银行总裁戈登·理查森（Gordon Richardson）的建议，在国际清算银行的发起和支持下，十国集团①中央银行行长于1974年年底建立了银行法规与监管事务委员会，也就是现在所称的巴塞尔银行监管委员会，简称巴塞尔委员会。巴塞尔委员会是一个中央银行监督国际银行活动的联席代表机构和协调机

---

① 十国集团：指美国、英国、法国、意大利、比利时、荷兰、德国、瑞典、日本和加拿大。

构。其第一次会议于 1975 年 2 月召开，此后每年定期召开 3～4 次会议，议程由各成员国中央银行商定。

巴塞尔委员会的成员来自比利时、加拿大、法国、德国、意大利、日本、卢森堡、荷兰、瑞典、瑞士、英国和美国共 12 个国家。各成员国在委员会的代表机构为中央银行，如果中央银行不负责银行业的监管，那么代表机构为相应的银行监管机构。

巴塞尔委员会为其成员国在银行监管问题上的合作提供条件。根据十国集团中央银行行长的要求，巴塞尔委员会的主要工作原本是为国际银行业提供一个"早期预警"系统。其后，随着银行业国际化的不断推进，巴塞尔委员会的工作重点转移为堵塞国际监管中的漏洞、提高监管水平、改善全球监管质量。其主要内容有三：一是交换各国在监管安排方面的信息，二是提高国际银行业务监管技术的有效性，三是建立资本充足率的最低标准以及研究在其他领域制定标准的有效性。在国际监管方面，巴塞尔委员会遵循两条基本原则：第一，没有任何境外银行机构可以逃避监管；第二，监管应当是充分的。

巴塞尔委员会并不具备任何凌驾于国家之上的正式监管特权：其文件从不具备亦从未试图具备任何法律效力。不过，它制定了广泛的监管标准和指导原则，提倡最佳监管做法，期望各国采取措施，根据本国的情况通过具体的立法或其他安排予以实施。巴塞尔委员会鼓励成员国采用共同的方法和标准，但并不强求成员国在监管技术上的一致性。

巴塞尔委员会主要以工作小组的形式审查一些具体的问题，并对一些事项做出安排。工作小组由一位主席领导，其作用经常是提交论文或政策报告供巴塞尔委员会讨论，在全体一致同意的条件下对报告的内容做出决策。巴塞尔委员会发表报告，征求意见；在评论期结束后，巴塞尔委员会将讨论提交上来的意见汇总；如果有必要，将根据有益的意见对报告进行修改，并最终定稿。巴塞尔委员会将发表最终的报告，而那些监管标准则将作为最佳监管做法的指南。

巴塞尔委员会对十国集团中央银行行长理事会负责，由行长们肯定并批准其主要工作成果。巴塞尔委员会的常设机构是秘书处，秘书处现有 12 名人员，主要由来自成员国机构的专业监管者构成。秘书处除承担巴塞尔委员会及其分委员会的秘书工作外，还随时为所有国家的监管当局提供监管咨询。

第二章　商业银行与投资银行的联系与区别

巴塞尔委员会最重要的贡献是构建了以《巴塞尔协议》为核心的国际银行业监管框架，并推动《巴塞尔协议》在各国的实施工作。《巴塞尔协议》的发布具有划时代的意义，对国际银行业的发展和监管产生深远影响。一方面，《巴塞尔协议》通过对资本的明确界定，统一了国际银行业对资本的认识，进一步强调了资本在风险管理中的地位，为国际银行业提供统一的风险管理理念和框架，改变了银行业风险管理理论和实践的进程，推动全球银行业的经营方式从注重规模转向重视发展质量。另一方面，《巴塞尔协议》开创了国际金融监管合作的新纪元，为巴塞尔委员会不断扩大的影响力奠定基础，巴塞尔委员会现已发展成为国际金融监管领域的权威机构，影响着世界经济乃至政治领域的格局。

（二）《巴塞尔协议Ⅰ》和《巴塞尔协议Ⅱ》的通过

1.《巴塞尔协议Ⅰ》

银行业是一个高风险的行业，20 世纪 80 年代，由于发展中国家的债务危机的影响，发达国家面临的信用风险上升，给国际银行业带来了巨大损失，从而使得各国的银行业监管机构普遍开始注重对信用风险的防范管理。巴塞尔委员会建立了一套国际通用的以加权方式衡量表内与表外风险的资本充足率标准，极大地影响了国际银行监管与风险管理工作的进程。

1987 年 12 月，国际清算银行召集主要成员国的中央银行行长在瑞士巴塞尔举行会议，专门讨论对经营国际业务的商业银行的监管问题。这次会议讨论并通过了《关于统一国际银行的资本计量和资本标准的建议》（*Proposal for International Convergence of Capital Measurement and Capital Standards*），又称《巴塞尔建议》。经过反复的咨询和修改，在《巴塞尔建议》的基础上，国际清算银行的巴塞尔银行业条例和监督委员会的常设委委员会于 1988 年 7 月在瑞士的巴塞尔通过了《巴塞尔银行业务条例和监管委员会关于统一国际银行资本衡量和资本标准的协议》，又称《巴塞尔协议Ⅰ》。在其发布后的几年时间里，委员会顺应国际金融业发展趋势，不断对协议进行补充和完善，先后六次发布《巴塞尔协议Ⅰ》的修正案。

《巴塞尔协议Ⅰ》规定，商业银行资本标准比率的目标是指资本对加权风险资产的比率，也就是资本充足率。协议将银行资本分为核心资本和附属资本。核心资本（又称一级资本）包括普通股、永久性优先股、资本溢价、未分配利润、附属机构中的少数权益，减去库存股票和商誉。附属

29

资本（又称二级资本）包括有到期日的优先股、未公开储备、重估储备、普通或呆账准备金、可转换证券、长期次级债务。附属资本的合计金额不得超过其核心资本的100%。

该协议规定，到1992年年底，签约国中较具规模的商业银行，全部资本与加权风险资产的比率，即总资本（核心资本＋附属资本）充足率不能低于8%，核心资本与加权风险资产的比率，即银行的核心资本充足率不能低于4%，这就是众所周知的最低资本充足率要求。计算公式如下：

$$资本充足率 = 总资本 / 风险资产$$
$$= (核心资本 + 附属资本) / \sum (资产 \times 风险权数)$$

其中，风险资产包括表内风险资产和表外风险资产。

表内风险资产＝表内资产额×风险权数

表外风险资产＝表外资产额×信用换算系数×表内相对性质资产的风险权数

风险资产总额＝表内风险资产＋表外风险资产

$$一级资本比率 = \frac{核心资本}{风险资产总额} \times 100\%$$

$$二级资本比率 = \frac{附属资本}{风险资产总额} \times 100\%$$

$$资本对风险资产比率 = \frac{核心资本 + 附属资本}{风险资产总额} \times 100\%$$

$$= 一级资本比率 + 二级资本比率$$

2. 《巴塞尔协议Ⅱ》

《统一资本计量和资本标准的国际协议：修订框架》即《巴塞尔新资本协议》（又称《巴塞尔协议Ⅱ》）是巴塞尔委员会在保证国际监管规定统一的前提下，对国际活跃商业银行进行资本充足性监管而取得的阶段性成果。自1988年的资本协议发布以来，国际金融业的发展进入新的阶段，面临新的形势，表现出新的特征。由于现行监管框架存在共同的局限性，不能有效防范金融风险，自20世纪90年代开始，巴塞尔委员会根据形式变化进行了相应的改进。1998年10月，委员会的前主席麦克唐纳在第10

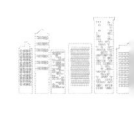

届银行监管者国际大会（悉尼）上，提出以新的资本协议全面替代当时的1988 年的资本协议。经过长达 6 年的艰难的国际谈判和三次全球范围内征询意见，2004 年 6 月 26 日，《巴塞尔协议Ⅱ》得到委员会所有成员国的一致同意并最终定稿，它提出了计量资本充足性和最低标准的框架，该框架被各国监管当局所采用，同时它所包含的框架和标准也得到了十国集团的中央银行和银行业监管当局负责人的同意，2006 年在十国集团内部开始实施。至此，《巴塞尔协议Ⅱ》终于正式出台。

巴塞尔委员会修订 1988 年协议的根本目标是：在保证资本充足性监管不会成为国际银行业不平等竞争的显著来源的前提下，发展一个能够加强国际银行体系稳定性的监管框架。巴塞尔委员会认为修订后的监管框架将促进银行业风险管理水平的提高，并将风险管理视为银行的主要收益来源之一。在发展《巴塞尔协议Ⅱ》的过程中，巴塞尔委员会力图达到更具有风险敏感性的资本要求，同时适当注意单个成员国的现行的监管和会计体系的特征。

巴塞尔委员会保留了 1988 年资本充足性框架的关键要素，包括银行持有的总资本要求不少于风险加权资产的 8%，还保留了 1996 年《市场风险修正案》中关于市场风险的处理方法和对合格资本的定义。《巴塞尔协议Ⅱ》的重要创新是由银行内部评级系统提供风险评估并计算资本，还为银行和监管当局确定信用风险和操作风险的资本要求，提供不同的可供选择的方法，使得其使用的方法能够最适合银行的经营情况和各国金融市场的基本情况。此外，《巴塞尔协议Ⅱ》还允许各国有限度的自行决定。《巴塞尔协议Ⅱ》将风险扩大到信用风险、市场风险、操作风险和利率风险，并提出了资本监管的"三个支柱"——最低资本规定、监管当局的监督检查和市场纪律，要求资本监管更为准确地反映银行经营的风险状况，进一步提高金融体系的安全性和稳健性。

关于最低资本规定，新协议对最低资本充足率仍要求为 8%，并在第一支柱中考虑了信用风险、市场风险和操作风险的最低资本充足率要求。关于信用风险的计量，新协议提出了两种处理方法：一是标准法，二是内部评级法，其中内部评级法又分为初级内部评级法和高级内部评级法。新协议建议风险管理水平较低一些的银行采用标准法来计量风险和计算银行资本充足率。根据标准法的要求，银行将采用西方公认的外部信用评级机构的评级结果来确定各项资产的信用风险权重，这些权重的层级分别为 0、

20%、50%、100%、150%这五级。当银行的内部风险管理系统和信息披露达到一系列严格的标准后，银行可采用内部评级法。内部评级法允许银行使用自己测算的风险要素计算法定资本要求。其中，初级内部评级法仅允许银行测算与每个借款人相关的违约概率，其他数值由监管部门提供，高级内部评级法则允许银行测算其他必需的数值。类似的，在市场风险和操作风险的计量方面，委员会也提供了不同层次的方案以备选择：在市场风险的处理上允许商业银行采用标准法和内部模型法；对操作风险的处理也提出了三种方法，即基本指标法、标准法和内部计量法。

在监管框架方面，巴塞尔委员会希望银行和监管当局对监督检查和市场纪律给予适当的关注。稳健地实施监督检查对作为第一支柱的最低资本要求至关重要，因为监管当局需要对银行的资本充足性评估进行监管监察。而监管框架中的监督检查下的信息披露是确保市场约束的必要措施，也是最低资本规定和市场纪律的重要补充。具体而言，监管当局的监督检查包括：①监管当局监督检查的四项原则。原则一，银行应具备用于评估与其风险状况相适应的总体资本的一整套程序，以及制定维持资本水平的战略。原则二，监管当局应检查和评价银行内部资本充足率的评估情况及其战略，以及银行监测和确保满足监管资本比率的能力。若对最终结果不满意，监管当局应采取适当的监管措施。原则三，监管当局应当鼓励银行的资本高于最低监管资本比率，并应有能力要求银行在最低标准的基础上持有更多的资本。原则四，监管当局应争取尽早干预从而避免银行的资本低于防范风险所需的最低水平。如果无法维持或恢复银行的资本水平，则监管当局需迅速采取补救措施。②监管当局检查各项最低标准的遵守情况。银行要披露计算信用及操作风险最低资本的内部方法的特点。作为监管当局的检查内容之一，监管当局必须确保上述条件自始至终都得以满足。委员会认为，对最低标准和资格条件的检查是第二支柱下监管检查的有机组成部分。③监管当局监督检查的其他内容包括监督检查的透明度以及对银行账簿利率风险的处理。

从市场约束的角度分析，巴塞尔委员会强调，市场纪律具有强化资本监管、帮助监管当局提高金融体系的安全性和稳健性的潜在作用，是最低资本规定和监督检查的有效补充。新协议在使用范围、资本构成、风险披露的评估和管理程序以及资本充足率四个方面制定了更为具体的定量和定性的信息披露内容。监管当局应评价银行的披露体系并采取适当的措施，

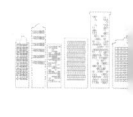

新协议还要求银行将披露划分为核心披露与补充披露。巴塞尔委员会建议，复杂的国际活跃银行要全面公开披露核心及补充信息。关于披露频率，委员会认为最好每半年一次，对于过时失去意义的披露信息，如风险暴露，最好每季度一次，不经常披露信息的银行要公开解释其政策。同时，委员会鼓励利用电子等手段提供机会，多渠道地披露信息。

四、《巴塞尔协议Ⅲ》——2008年金融危机处置之后，对商业银行管理的标准与要求

国际银行资本监管改革是2008年金融危机以来全球金融监管改革的重要组成部分。2010年9月12日召开的巴塞尔银行监管委员会央行行长和监管当局负责人会议就资本监管改革的一些关键问题达成了共识。2010年12月16日，巴塞尔委员会网站公布了《巴塞尔协议第三版：更加稳健的银行和银行体系的全球监管框架》和《巴塞尔协议第三版：流动性风险计量、标准和监测的国际框架》等文件。从公布的文件来看，《巴塞尔协议Ⅲ》是在《巴塞尔协议Ⅱ》基础上提出的一揽子改革方案。这些方案的目标是提高银行业抵抗冲击的能力，提高风险管理和治理能力，加强银行的透明度，内容涵盖扩大资本覆盖风险的范围、增强监管资本工具的损失吸收能力、引入杠杆率监管指标、引入流动性监管标准、建立逆周期资本和准备金框架、重新确定最低监管资本要求等诸多方面。《巴塞尔协议Ⅲ》已列入二十国集团①领导人首尔峰会成果，必将成为后危机时代影响全球金融秩序的重要监管标准。

（一）《巴塞尔协议Ⅲ》的主要内容

本次改革前，没有人怀疑8%的总资本充足率和4%的一级资本充足率要求是否充足，也很少有人质疑风险加权资产计算方法是否可以反映风险的大小和本质，在流动性充裕的大环境下资本工具在压力情景下吸收损失的能力也被忽略了。本次资本监管制度改革，主要反思三大要素的上述问题，并提出了进一步的改进方案。

1. 强调高质量的资本构成

首先，明确普通股的核心一级资本地位，严格审核其他计入一级资本

---

① 二十国集团：中国、韩国、日本、印度、印度尼西亚、沙特阿拉伯、土耳其、俄罗斯、英国、法国、德国、意大利、欧盟、南非、澳大利亚、美国、加拿大、墨西哥、巴西、阿根廷。

的工具需满足的条件，包括清偿等级、损失吸收能力、收益分配限制、本金偿付限制、赎回和担保抵押限制、会计列示和披露要求等。

其次，明确只有一套二级资本的合格标准，取消子类，取消仅用于覆盖市场风险的三级资本。合格的二级资本工具必须能够吸收损失，因此，其受偿顺序须列在存款人、一般债权人之后，不得由发行人及其关联方提供保证，原始期限不得少于5年，若附带回购期权必须在满足特定条件下且发行5年后方可由发行人主动行权，投资者无权要求提前偿付未来应得的收益和本金，发行合同不得包括收益与发行人信用状况相关的条款，银行及其关联方不得故意购买该资本工具等。

最后，严格扣除不合格的资本工具，如少数股东权益、商誉及其他无形资产、递延税资产、对金融机构普通股的非并表投资和银行自持股票等；贷款损失准备金缺口（拨备额与预期亏损之差）也要扣除。对于债务工具和其他投资性资产的未实现收益、固定收益养老基金资产和负债等计入资本的要求均有所改变。

2. 调整不合理的风险权重

第一，提高了资产证券化交易风险暴露的风险权重，大幅提高相关业务资本要求。其一，对资产证券化暴露进一步细分为"再资产证券化风险暴露"，并大幅提高了"再资产证券化风险暴露"的风险权重。其二，对使用外部评级确定资产证券化监管资本要求规定了额外的限制条件，包括排除银行自身提供增信安排导致的信用评级提高而带来的资本优惠；银行必须进行尽职调查，持续且及时地掌握基础资产池风险信息、资产证券化交易结构和风险特征，否则须从资本中扣除资产证券化风险暴露。其三，提高了资产证券化涉及的流动性便利的信用风险转换系数，并取消对市场整体出现动荡时的流动性便利的资本优惠。

第二，多角度提高交易账户市场风险资本要求、增加压力状态下的风险价值。改革方案要求，对于交易账户使用内部模型法的银行，一般市场风险的资本要求除了计算 VaR（Value at Risk，风险价值）外，还需要考虑 SVaR（Stress Value at Risk，压力风险价值），即基于10天持有期、99%单位置信区间，以及连续12个月的显著压力时期数据计算的风险价值。同时，交易账户使用内部模型计量特定风险的银行，需要对信用敏感头寸计量新增风险资本占用。提高场外衍生品交易（OTC derivatives）和证券融资业务（Securities Financing Transactions, SFTs）的交易对手信用风险（Counterparty Credit Risk，CCR）的资本要求等。

第三，重视交易对手信用风险。交易对手信用风险是指在一项交易的现金流最终结算前该交易对手出现违约的风险。鉴于市场波动带来的风险和交易对手风险管理上的缺陷，巴塞尔委员会采取的措施包括：使用压力情景估计的参数计算有效预期正暴露（Expected Positive Exposure，EPE）以覆盖广义错向风险，以此确定交易对手违约风险的资本要求；使用"交易对手暴露等价债券法"来捕捉信用估值调整（Credit Value Adjustment，CVA）风险，以此提出附加资本要求；大型金融机构计算风险暴露相关性时使用1.25的资产价值相关性（Asset Value Correlation，AVC）乘数；提出延长风险保证金期限、压力测试和返回检验新要求等。加强交易对手信用风险的监管，以减少金融机构之间通过衍生品和其他金融渠道带来的风险传染。

3. 提高资本充足率要求

《巴塞尔协议Ⅲ》首次提高最低总资本充足率要求，增加"核心一级资本充足率"监管指标。对核心一级资本充足率、一级资本充足率的最低要求均有所提高，引入资本留存缓冲资本，提升银行吸收经济衰退时期损失的能力，建立与信贷过快增长挂钩的反周期超额资本区间，对大型银行提出附加资本要求，降低"大而不能倒"带来的道德风险。

（1）建立资本缓冲。为平滑信贷周期和经济周期带来的资本波动，新监管框架中首次提出在经济形势较好时建立资本缓冲，以供经济危机时的吸收损失。资本缓冲分为两类：第一类是资本留存缓冲[1]，第二类是与信贷过度增长挂钩的逆周期资本缓冲[2]。①资本留存缓冲。正常条件下，银行应持有高于最低标准的资本缓冲：当出现危机时，资本缓冲可用来吸收损失。在最低监管要求之上的资本留存超额资本应达到2.5%，以满足扣除资本扣减项后的普通股要求。留存资本缓冲的目的是确保银行维持缓冲资金以弥补在金融和经济压力时期的损失。当银行处在经济金融压力时期时，资本充足率越接近监管的最低要求，越要限制收益分配。这一框架将强化良好的银行监管目标并且解决共同行动的问题，从而阻止银行即使是在面对资本恶化的情况下仍然自主发放奖金和分配高额红利的（非理性

---

[1] 本书将 Capital Conservation Buffer 译为"资本留存缓冲"。

[2] 本书将 Countercyclical Buffer 译为"逆周期缓冲"。

的）分配行为。②逆周期资本缓冲。信贷急剧增长为银行的稳健经济带来隐患，并且容易形成系统性风险。为保护银行在经济下滑时免受大规模违约损失，各国监管当局可要求银行在信贷过度高速增长时计提逆周期资本缓冲。逆周期超额资本，比率范围在 0 ～ 2.5% 的普通股或者是全部用来弥补损失的资本，将根据经济环境建立。逆周期超额资本的建立是为了达到保护银行部门承受过度信贷增长的更广的宏观审慎目标。对任何国家来说，这种缓冲机制仅在信贷过度增长导致系统性风险累计的情况下才产生作用。逆周期的缓冲一旦生效，将被作为资本留存超额资本的扩展加以推行。

（2）最低核心一级资本充足率要求，即弥补资产损失的最终资本要求，将由现行的 2% 严格调整到 4.5%。这一调整将分阶段实施到 2015 年1 月 1 日结束，同一时期，一级资本（包括普通股和其他建立在更严格标准之上的合格金融工具）也要求由 4% 调整到 6%。（表 2 - 1 概述了新的资本充足率要求）虽然总的资本充足率保持在 8% 不变，但由于银行在正常年份还需要持有相应数量的留存资本缓冲，实际有效的普通股、一级资本和总资本要求分别达到了 7%、8.5% 和 10.5%。这是国际资本监管制度建立以来最低资本充足率要求的首次提高。

表 2 - 1　资本充足率要求

	普通股权益（扣减后）	一级资本	总资本
最低标准	4.5%	6.0%	8.0%
资本留存缓冲	2.5%	—	—
最低标准加资本留存缓冲	7.0%	8.5%	10.5%
逆周期缓冲资本范围*	0 ～ 2.5%	—	—

注：＊普通股或其他完全损失弥补资本。

（资料来源：巴塞尔银行监管委员会著《巴塞尔协议Ⅲ（综合版）》，杨力、吴国华译，中国金融出版社 2014 年版。）

（3）增加杠杆率作为清偿力的辅助监管指标。为弥补资本充足率要求下无法反映表内外总资产的扩张情况的不足，减少对资产通过加权系数转换后计算资本要求所带来的漏洞，委员会推出了杠杆率，并逐步将其纳入第一支柱。巴塞尔委员会希望采用简单、不经过风险权重调整的杠杆率指

第二章 商业银行与投资银行的联系与区别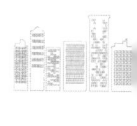

标，防止模型风险和计量错误以提供额外保护，补充和强化基于新资本协议的风险资本监管框架。

4. 加强流动性管理

降低银行体系的流动性风险，引入流动性监管指标，包括流动性覆盖率和净稳定资产比率。

金融市场的发展和金融产品的创新拓宽了银行获得流动性的渠道，也带来了潜在的流动性危机，资产负债结构与期限结构错配加重。巴塞尔委员会早在 2008 年就着手流动性风险管理的改革，2008 年 2 月发布了《流动性风险管理和监管的挑战》；2008 年 9 月在 2000 年版《银行机构流动性风险管理的稳健做法》基础上，发布了《流动性风险管理和监管的稳健原则》，归纳了流动性风险管理的新挑战，提出了加强流动性风险管理和监管的新准则；2009 年 12 月发布的《流动性风险计量标准和监测的国际框架》提出了两个流动性风险计量指标：流动性覆盖率（Ligudity Covered Ratio，LCR）和净稳定资金比率（Net Stable Funding Ratio，NSFR），分别于 2011 年、2012 年开始观测，预计 2015 年和 2018 年正式引入。

流动性覆盖率（LCR）用于衡量商业银行在压力环境下，未来 30 日内用高流动性资产应对资金净流出量的能力，其定义为优质流动性资产储备与未来 30 日的净资金流出量的比值，要求不低于 100%。

净稳定资金比率（NSFR）用于衡量商业银行在未来 1 年内，用稳定资金支持表内外资产业务发展的能力，其定义为可用的稳定资金与业务所需的稳定资金的比值，要求大于 100%。NSFR 通过建立激励机制让银行运用更加稳定、持久和结构化的融资渠道来提高其在较长时期内应对流动性风险的能力。稳定资金是指在持续存在的压力情景下，在 1 年内能够保证稳定的权益类和负债类资金来源。

新流动性风险计量标准的目的是增加全球银行体系的优质流动性资产储备水平，鼓励银行通过结构调整减少融资的期限错配、增加长期稳定资金来源，防止银行在市场繁荣、流动性充裕时期过度依赖批发性融资，减少流动性危机发生的可能性和冲击力。新流动性风险计量标准引入了压力情景，弥补了现有监管指标仅侧重衡量银行在正常经营状态下流动性状况的不足。同时，通过由国际组织制定统一的监管指标，提升流动性风险计量标准在各国和地区执行的一致性，在全球范围内增强了流动性风险管理和监管的操作性和有效性。此外，巴塞尔委员会还提供了辅助性监测工

37

具，包括合同期限错配、融资集中度、可用的无变现障碍资产等，以利于考察银行在现金流、资产负债结构等特定方面的信息，帮助银行全面分析流动性状况，以便及时采取相应措施。

另外，巴塞尔委员会还提出了其他辅助监测工具，包括合同期限错配增加的资本要求。

（二）过渡时期安排

各国央行行长和监管负责人就执行新的资本标准做出过渡性的安排。这将有助于确保银行通过合理的收益留存和提高资本金以满足更好的资本金管理要求的同时，仍能通过信贷投放支持经济的发展。表2-2为过渡时期安排。

表2-2　过渡时期安排（所有数据都从当年1月1日起统计）

	2011 年	2012 年	2013 年	2014 年	2015 年	2016 年	2017 年	2018 年	2019 年以后
杠杆率	监督性监测		平行运行期 2013 年 1 月 1 日—2017 年 1 月 1 日 （2015 年 1 月 1 日开始信息披露）					迁徙至第一支柱	—
最低普通股比率	—	—	3.5%	4.0%	4.5%	4.5%	4.5%	4.5%	4.5%
资本留存超额资本	—	—	—	—	—	0.625%	1.25%	1.875%	2.5%
最低普通股加上资本留存超额资本	—	—	3.5%	4.0%	4.5%	5.125%	5.75%	6.375%	7.0%
分阶段从核心一级资本扣除的项目①	—	—	—	20%	40%	60%	80%	100%	100%
最低一级资本	—	—	4.5%	5.5%	6.0%	6.0%	6.0%	6.0%	6.0%

---

① 包括超过递延所得税资产、抵押服务权和财务额度的金额。

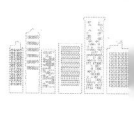

续表 2-2

杠杆率	2011 年	2012 年	2013 年	2014 年	2015 年	2016 年	2017 年	2018 年	2019 年以后
	监督性监测	平行运行期 2013 年 1 月 1 日—2017 年 1 月 1 日 (2015 年 1 月 1 日开始信息披露)						迁徙至第一支柱	—
最低资本总额	—	—	8.0%	8.0%	8.0%	8.0%	8.0%	8.0%	8.0%
最低资本总额加资本留存超额资本	—	—	8.0%	8.0%	8.0%	8.625%	9.25%	9.875%	10.5%
不符合核心一级资本条件的资本工具	—	—	从 2013 年开始逐步取消						
流动资金覆盖率	观察期开始	—	—	—	实施最低标准	—	—	—	—
净稳定资金比率	—	观察期开始	—	—	—	—	—	实施最低标准	—

注：由于表中数据收集方式、渠道不同，数据保留的小数点位数无法保证统一，故表中数据仍使用原始数据资料，书中其他数据也做此处理，特此说明。本表中的所有数据都从当年 1 月 1 日起统计。

（资料来源：巴塞尔银行监管委员会著《巴塞尔协议Ⅲ（综合版）》，杨力、吴国华译，中国金融出版社 2014 年版。）

1. 2013 年达到的最低资本要求

自 2013 年 1 月 1 日起，银行应符合以下新的相对于风险加权资产（Risk-Weighted Assets，RWAs）的最低资本要求：①普通股/风险加权资产达到 3.5%；②一级资本/风险加权资产达到 4.5%；③总资本/风险加权资产达到 8.0%。

2. 普通股和一级资本过渡期要求

最低普通股和一级资本要求在 2013 年 1 月—2015 年 1 月逐步实施。到 2013 年 1 月 1 日，最低普通股要求由 2.0% 提高到 3.5%，一级资本要求由 4.0% 提高到 4.5%。到 2014 年 1 月 1 日，银行必须达到普通股 4.0% 和一级资本 5.5% 的最低要求。到 2015 年 1 月 1 日，银行必须达到普通股 4.5% 和一级资本 6.0% 的最低要求。总资本一直要求保持 8.0% 的水平，因此不需要分阶段实施。8.0% 的总资本要求和一级资本要求之间的区别在于二级资本和更高形式的资本。

3. 扣减项比例过渡期安排

监管的调整（即扣减项和"审慎过滤器"），包括金融机构超过资本总额 15% 的投资、抵押服务权、所得税时间上有差异的递延资产，从 2018 年 1 月 1 日起，完全从普通股中扣除。特别是监管调整从 2014 年 1 月 1 日的普通股中减去扣减项的 20%，到 2015 年 1 月 1 日的 40%、2016 年 1 月 1 日的 60%、2017 年 1 月 1 日的 80%，最后到 2018 年 1 月 1 日的 100%。在这段过渡时期内，其余未从普通股中扣除的资本将继续视同为资本。

4. 资本留存超额资本过渡期安排

这个安排在 2016 年 1 月到 2018 年 1 月间分阶段实施，并从 2019 年正式生效。在 2016 年，风险计提加权资产的 0.625%，随后每年增加 0.625 个百分点，直至达到 2019 年的风险加权资产的 2.5%。经历过信贷过度增长的国家应尽快考虑建立资本留存超额资本和反周期超额资本。国家有关部门应根据实际情况酌情缩短这一过渡期。那些在过渡阶段已经满足最低比例要求、但是普通股（最低资本加上资本留存超额资本）仍低于 7% 的银行，应该审慎地实行收益留存政策以使资本留存超额资本达到合理的范围。

5. 资本中需要取消的项目过渡期安排

现有的政府部门的资本注入在 2018 年 1 月 1 日后被取消。从 2013 年 1 月 1 日起，不再作为核心资本或者附属资本的非普通权益的资本工具将在 10 年间逐步被取消。从 2013 年 1 月 1 日起，在确定这类资本工具的名义价金融工具的增值部分的计算将在其到期后逐步被取消。不符合核心资本条件的资本工具自 2013 年 1 月 1 日起从核心资本中扣除。然而，同时满足下面三个条件的金融工具包括在上述扣除对象之中：一是由非关联股份公司发行；二是作为资本符合现行的会计标准；三是在现行的银行法律下，被承认可以作为核心资本。

6. 监督检测期安排

各国央行行长和监管当局负责人集团于 2010 年 7 月 26 日发表了对资本充足率比例的阶段性安排。监督性监测期间开始于 2011 年 1 月 1 日，

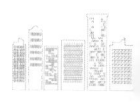

并行运行期从 2013 年 1 月 1 日一直持续到 2017 年 1 月 1 日。基于并行运行期的结果,任何最终调整都将在 2017 年上半年执行,并在采取适当的方法和计算的情况下,作为 2018 年 1 月 1 日正式执行时的最低资本要求。

7. 对流动性指标 LCR 和 NSFR 的时间安排

在 2011 年观察一段时间后,流动资金覆盖率于 2015 年 1 月 1 日被引入。修订后的净稳定资金比率变动为 2018 年 1 月 1 日执行的最低标准。巴塞尔委员会将实施严格的报告程序,以监测在过渡时期的资本充足率比例,并会继续检验这些标准对金融市场、信贷扩张和经济增长以及解决意外事件的意义。

(三)《巴塞尔协议Ⅲ》的不确定性

《巴塞尔协议Ⅲ》不同于《巴塞尔协议Ⅱ》,后者是市场推动的产物,银行在自身发展过程中需要这样一个机制来进行风险管理、促进稳健经营;而前者是金融危机催生的产物,是在政治、经济等诸多压力下出台的,文件的陆续发布只有一两年的时间。巴塞尔委员会也坦陈,《巴塞尔协议Ⅲ》不乏可继续完善之处:一是涉及银行账户和交易账户划分以及分别计算资本要求的方法是否仍然合理、交易活动如何定义、交易账户的监管资本要求如何计量等;二是资产证券化监管资本是否仍与外部评级挂钩;三是如何界定系重要银行,如何通过合理的自救及危机处置安排以约束这些银行的道德风险;四是或有资本等资本结构的安排;五是大额风险暴露的监管安排。此外,巴塞尔委员会设置的过渡期也引发了广泛争议。

五、资产负债管理论介绍

商业银行业务主要有负债业务和资产业务两大类。商业银行的资产业务主要包括现金、固定资产、贷款和证券投资四个方面,而负债主要来源于各类存款和借入款等。按照《巴塞尔协议Ⅲ》,商业银行的资本充足率为 8%,核心资本充足率为 4%。20 世纪 80 年代以来,资产负债比例管理已成为商业银行业务管理的核心。商业银行根据经营环境的变化不断协调各种不同负债和资产在利率、期限、风险和流动性等方面的搭配,以实现盈利性、安全性和流动性的协调统一,这就是所谓的商业银行负债管理论。

六、资产负债管理策略

资产负债管理论把实现盈利、安全、流动这三者的协调和统一当作商业银行经营管理的总体目标。作为盈利性，商业银行根据其盈利高低决定资产负债规模、资产负债结构以及资金价格等，并努力改进资产负债管理，不断开拓业务经营的内在动力。作为安全性，商业银行总是力求资金免遭风险，从负债角度看，包括资本金的安全、存款的安全、各种借入款的安全等；从资产角度看，包括现金资产的安全、贷款资产的安全和证券资产的安全等。作为流动性，包括负债的流动性、资产的流动性和应付意外情况的流动性，商业银行应确保有能力满足上述各项应付款支付和清偿要求。商业银行实行资产负债管理，盈利、安全、流动三者要紧密联系，并根据不同时期、不同外部经营环境和不同要求在三大目标间有所侧重，以实现三大目标之间的动态平衡和协调统一。因此，商业银行资产负债管理应实行总量平衡原则和结构对应原则。总量平衡是商业银行资产负债管理的重点和核心，它要求三个方面的平衡。

（一）负债总量平衡

根据资金来源特点，首先，应确定对负债平衡影响最大的、最基本、最活跃的被动型负债（各项存款及结算资金）为负债总量平衡的重点；确定可按计划运筹使用的主动型负债（向中央银行借款及同业拆借等）为负债总量平衡的非重点。其次，应确定从负债总量中扣除存款准备金、留存支付准备金等后的可运行数量，即负债可用量的平衡。

（二）资产总量平衡

商业银行的各类资产，如贷款、拆出资金、证券投资以及其他资产应该均衡，合理分布，并与负债相对应。应确定贷款为资产总量平衡的重点，拆出资金为资产总量平衡的重要调节工具，证券投资是资产多样化的重要途径和增加资产流动性的重要手段。

（三）资产总量和负债的平衡

这是整个资产负债管理的关键，其实质就是要根据可用负债量安排资产规模，坚持负债量制约资产量，不可无视资金来源的最大潜力和可能而超负荷运用资金。结构对应原则是指商业银行在资产和结构的期限上应保持结构的对称和协调。商业银行应在加强对银行资产、负债的期限和结构

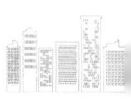

的预测分析工作的基础上，实现资产和负债在期限结构对应上的最优化。总之，资产负债管理论，其实质就是在协调统一盈利性、安全性、流动性三大目标的前提下，按照总量平衡和结构对应原则，调置管理好商业银行各项资产和负债，从而获取最大收益。

第二节　投资银行风险收益对应论

一、投资银行的历史进程

投资银行（Investment Bank）和商业银行都是现代金融体系的重要组成部分，商业银行主要提供间接融资，而投资银行则是直接融资的金融媒介，是直接经营资本的金融企业。投资银行在现代市场经济体系中发挥着不可替代的作用，它建立了资金使用者和资金提供者之间的便捷通道，简化了交易环节，降低了交易成本，实现了资本的高效配置。投资银行的主要资产是金融智慧，主要产品是金融建议和金融职能。投资银行是资本市场最重要的媒介，也是资本市场的灵魂。在经济全球化的浪潮中，投资银行在国际经济运行中发挥着越来越重要的作用，日益成为推动全球经济融合的重要力量。

投资银行的来源通常有两种：一是由商业银行分拆而来，二是由证券经纪商发展而来，前者如摩根士丹利（Morgan Stanley），后者如美林证券（Merrill Lynch）。在美国，1920 年以前，银行就是银行，并未按其功能加以区分。美国投资银行与商业银行的分离是发生在 1929 年的大股灾之后，当时联邦政府认为投资银行业务有较高的风险，禁止商业银行利用储户的资金进行投资银行业务，结果造成大批综合性银行被迫分解为商业银行和投资银行，其中最典型的例子就是摩根银行分解为从事投资银行业务的摩根士丹利以及从事商业银行业务的 JP 摩根。

但在欧洲，各国政府一直没有这样的限制，投资银行业务一般都是由商业银行来完成的，所以形成了许多所谓的全能银行（Universal Bank）或商人银行（Merchant Bank），最著名的有德意志银行、荷兰银行、瑞士银行等。

（一）投资银行的起源

追本溯源，投资银行的原始形态产生于大约 3000 年前的美索不达米亚平原上的金匠中间。因为当时各国的货币以贵金属为主，因此，一方面，金匠可以利用职务之便向商人们提供货币兑换，并开展一些存贷款业务，具备商业银行的一些职能；另一方面，这些金匠们又为商人们提供票据的兑现、各类证券的抵押放贷、财务顾问和咨询服务，具备现代投资银行主要业务的基本形态。可以说，这些金匠既是商业银行的鼻祖，又创造了投资银行的原始形态。

此后，随着商品经济的发展和国际贸易的兴盛，一大批商人不仅积累了巨额财富，还积累了商业的专业知识，具有一定的商业信誉，并开始为其他商人提供资金的融通。这些商人发现，进行资金融通更加有利可图，便逐步放弃原来的贸易活动，开始从事融资中介服务和承兑业务，原先的商人变成"商人银行"。"商人银行"的业务和一般商业银行的业务并无太大的区别，只是其业务不断扩展和逐渐变得专业化。

在中世纪，意大利的商业特别发达，意大利商人在几个世纪中都主宰着东西方的贸易活动，出现了许多"商人银行"。1397年成立的麦迪西银行（Medici Bank）最为著名。麦迪西银行的总部设在佛罗伦萨，在威尼斯、热那亚、米兰和罗马都设有分行。汇票是13世纪意大利商人银行的一个重大的金融创新，它减少了使用大量金银器皿、硬币进行支付的麻烦。

由于奥斯曼土耳其帝国的兴起，沉重打击了意大利的商业地位，使意大利的商业逐渐衰退，失去了欧洲经济、贸易、金融中心的地位。此时，世界经济中心由地中海沿岸转移到大西洋沿岸，荷兰的阿姆斯特丹逐渐成为新的贸易和金融中心，形成了北起波罗的海、南至比斯开湾的巨大贸易区。1609年，阿姆斯特丹银行成立，荷兰的商人和银行家们在17世纪到18世纪的大部分时间里从事为贸易融通资金、外汇兑换以及为外国政府提供贷款的业务。

真正的商人银行的崛起发生在英国。18世纪后期，英国逐渐成为世界霸主，伦敦也逐渐代替阿姆斯特丹成为新的国际经济和金融中心，在此期间，英国对商人银行的发展起到了十分巨大的作用。许多富有的商号开始进入英国，在伦敦设立运营场所。随着商业竞争的加剧，制造商的专业化倾向日益明显，贸易利润日益下降，商人们无力负担贸易中的财务风险。因此，大约从1925年开始，迅速崛起了一批承兑商号，专门承担出口业务中的财务风险。

德国的商人银行是商人银行发展史上不可忽视的力量。18世纪德国商人的兴起，为德国成功的商业冒险行为和德国领土的扩张提供了便利的资金融通渠道。

（二）1929年以前的投资银行

根据对投资银行发展雏形的考察，现代意义上的投资银行起源于欧美。美国内战期间及之后出现了兴建铁路的热潮，导致对资金的巨大需求，美国政府和民间机构通过投资银行发行了大量的政府债券和铁路债券。同时，美国政府债券通过投资银行进军欧洲市场，美国政府债券曾经成为法兰克福证券交易所最主要的交易对象。相对于美国投资银行的崛起，欧洲投资银行的地位和实力遭到削弱，受1890年经济危机和第一次世界大战的冲击，欧洲经济增长的速度变得缓慢，伦敦国际金融中心的地位也逐渐下降，欧洲投资银行的发展空间受到压缩。同时，因为投资银行的融资功能日益增强，与商业银行的竞争日趋激烈，使商业银行逐渐失去融资业务，被迫转向发放短期贷款，专门从事融通票据业务，或者与股份银行合并，逐渐退出投资银行领域。

当时美国著名的投资银行有摩根士丹利、高盛、美林、雷曼兄弟公司和贝尔斯登等。在此期间，投资银行与商业银行的区别逐渐体现出来，投资银行不能通过发行货币或存款创造来增加货币供应量，而主要充当资本市场的中介，沟通资本需求者和资金供给者，并逐渐成为投资业务的专家，就最符合市场需要的投资种类及数量向顾客提出建议。投资银行家为了获取更高的利润，愿意通过组成承销辛迪加把公司发行的证券全部买下，然后在金融市场上转售出去。

随着投资银行规模实力的提高，许多投资银行家开始直接参与客户公司的经营管理，并不断控制商业银行、信托公司和保险公司，扩大自己的实力和影响范围，从而成为金融寡头。摩根公司在整合铁路中所建立的"摩根化体制"，即直接投资于产业并依赖于产业的盈利模式，从而揭开了金融资本进军企业经营的序幕。当时的摩根财团控制了美国钢铁公司、美国电报电话公司、纽约中央铁路公司以及几家大型的保险公司。到1912年，摩根在120家大公司中占据了341个董事席位，控制了240亿美元的资产。

第一次世界大战之后，美国经济迅速发展，新兴企业不断崛起，企业债券和股票成为投资热点，债券和股票市场也得到快速发展。由于通过资本市场融资的成本较低、期限较长，公司的融资途径发生了很大变化，更多地倾向于通过股票和债券市场融资。在这种条件下，投资银行得到了快速发展，进入了 20 世纪 20 年代的繁荣时期。

这一时期美国投资银行具有以下两个特点：一是投资银行的主营业务是证券承销和分销。尽管所有的承销商都会认购新证券，但并不是所有的证券商都要分销证券，而是由其他经纪人来完成。不过承销业务最成功的投资银行在很大程度上还是依赖证券销售来扩大其利润。投资银行还为国外公司和政府承销证券，他们往往只靠闭门造车的内部研究报告来判断客户的信用状况，而对客户的实际情况了解甚少，从而埋下了自我毁灭的种子。二是投资银行和商业银行处于混业经营状态。由于美国《国民银行法》的限制，商业银行不能直接从事证券市场业务，但可以通过其所控股的证券公司来从事该类业务。于是，在巨额利润的驱动下，商业银行存款人的资金就通过下属证券公司间接流向了高风险的股票和债券市场，主要开展经纪人业务和向客户提供保证金贷款。这种贷款给投资者的投资提供了巨大的杠杆效应，平均每个客户只需交纳股价的 10% ～ 15% 就可以交易。1927 年，《麦克法登法》的通过，使商业银行的分支机构纷纷涉足承销领域，并从母银行借入大量的资金在股票市场上进行投机或偿还私人债务，从不归还贷款。于是，在当时的证券市场上产生了巨大的泡沫。

1929 年以前的经济繁荣带来了投资银行业的高涨和繁荣，在证券投机商进行"永远繁荣"的舆论鼓吹下，西方证券市场的交易变成一种狂热的货币投机活动。由于受到证券市场丰厚利润的吸引，商业银行往往凭借雄厚的资金涉足证券市场，大银行通常用存款人的钱来承保新股票甚至直接参与证券投机。与此同时，由于各国缺乏对证券行业专门的监管机构，为 1929—1933 年的金融和经济危机埋下了祸根。

（三）"大危机"期间的投资银行（1929—1933 年）

20 世纪 20 年代，美国证券投资交易规模达到空前的繁荣，作为虚拟资本的有价证券不断膨胀，形成巨大的证券泡沫。1929 年 10 月 24 日，股票市场狂跌不止，拉开了 20 世纪 30 年代经济大危机的序幕，并产生"多米诺骨牌"效应，波及全世界。

股市的崩溃带来了世界历史上空前持久和深刻的经济危机。美国工业生产从危机前的最高点降到 1932 年危机时的最低点，下降了 55.6%，退回到 20 世纪初的水平。英国生铁产量下降了 52.9%，钢铁产量下降了

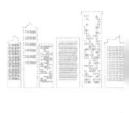

46%，造船业产出下降了91%。无数的银行、工厂倒闭，成千上万的人失业，生产停滞不前。银行业受到的冲击是最大的，从1929年到1933年年末，美国银行由23695家减少到14325家，4年之内净减量达到近万家，出现了世界金融史上最悲惨的局面。投资银行业遭到重创，陷入萧条，其原因主要来自三个方面。

第一，混业经营模式增加了金融风险。大危机前，投资银行和商业银行的业务相互交叉和渗透，银行的存贷款业务与投资银行的证券承销和交易业务没有严格分开，使得许多短期资金进入证券市场进行风险较大的长期投资。短期借贷资金进行长期投资必然面临挤兑的风险，导致银行的经营风险越来越大。

第二，银行资本和产业资本彼此渗透造成"连锁效应"。银行资本和产业资本彼此渗透产生了许多金融寡头，使证券市场的竞争性相对减弱，证券市场的人为波动因素增大，一旦一个环节出现了问题，必然导致连锁反应。因此，随着证券市场的崩溃，许多投资银行倒闭，也影响到投资银行控制的生产经营性公司。

第三，金融监管体系不完善。当时的金融法规和监管体系十分不健全，缺乏必要的有效监管机构和相应的法律体系，许多投资银行和商业银行的业务游离于政府的管辖范围之外，从而偏离正常的金融轨道。

为了重振投资银行业，1933年美国通过了《1933年银行法》，在这个法案中对证券投资活动的布局和渠道做了大规模的调整，制定了证券投资活动的根本原则，引起了美国银行业史上最深刻的变革。这些原则通常被称为《格拉斯－斯蒂格尔法案》，该法案将商业银行和投资银行的业务严格分开，任何以吸收存款业务为主要资金的商业银行，都不能同时经营证券投资等长期性资产业务；而任何经营证券业务的投资银行也不能经营吸收存款等商业银行的业务。同时，还规定商业银行的人员不能在投资银行兼职，商业银行不得设立从事证券业务的分支银行或附属机构。法案规定建立联邦存款保险公司，通过经营商业银行的存款保险业务，对银行进行监督和管理，保证存款者的安全和金融业的稳定。将商业银行的业务和投资银行的业务截然分开，从根本上确立了投资银行的概念和在经济中的地位。该法案标志着现代投资银行和商业银行分业格局的形成，同时也标志着纯粹意义上的商业银行和投资银行的分野。摩根银行将投资银行业务专门转由摩根士丹利公司经营，商业银行业务则由JP摩根公司经营，而雷曼兄弟公司则选择了证券业。英国在1933年也将投资银行和商业银行业务分开，并进行分业管理，形成了崭新的、独立的投资银行业。

（四）"大危机"之后的投资银行（1934—1980年）

从1934年开始，美国经济以及整个世界经济开始复苏，以美国为代表的世界证券市场又开始繁荣起来，投资银行也开始走向活跃。随后由于欧洲和日本陷入战争的灾难之中，其证券业和投资银行的发展受到严重制约，而远离第二次世界大战的美国证券市场在法律的护航下平稳地发展了数十年。投资银行和商业银行各自在自己的领域活动。在此期间，美国一些大的投资银行，如摩根士丹利公司、所罗门兄弟公司、美林公司和高盛公司等都得到了充分的发展。

在战争期间，整个美国都在围绕战争机器来运转。该阶段的投资银行表现为两大特点：一是融资主要用于战争或发展军事工业，这是战争期间金融市场的基调。国库券开始排挤公司债券，成为证券市场的主导，出现了"排挤效应"。二是投资银行当时的承销方式主要有两种，即竞价承销和协议承销。

从第二次世界大战后到布雷顿森林体系垮台之前，美国金融业的格局发生了重大的变化：①虽然工业公司是普通股票的重要发起人，但公用事业同时作为股票市场和债券市场的主要发起人开始出现。②战后最引人注目的投资公司即互助基金得到快速发展，投资银行可以向互助基金而不必向个人投资者出售公开发行的证券。③市政债券也开始以创纪录的数量上市，有些时候竟接近新公司债券上市的数量。在这种情况下，一种被称作小经纪商号的行业开始发展起来，一般只帮助新成立的公司首次公开发行证券。一流投资银行的承销能力受到这些小机构的挑战，而后者只专门开发某几个概念，如只为药物、电脑、服务等行业的公司发行证券。20世纪60年代，证券市场愈发复杂多变，交易活动也日益重要，于是投资银行业内部掀起了第一次大规模合并的浪潮。

在这次并购热潮中，一流投资银行开始大量介入企业并购活动，当时的并购被追寻时髦的集团公司化潮流的公司所推崇。风险套利变得流行起来，许多交易导向型的公司通过对收购公司及被收购公司的股票进行买入与卖空以赚取巨额利润。因此，许多交易导向型的投资银行开始向传统牵头经理人施加压力，并利用做市和交易方面的专业技能来赢得客户。这期间的市场波动和交易业务的日益重要导致了投资银行业的第一次合并浪潮。1959年成立的帝杰证券（Donaldson，Lufkinand & Jenrette）在相对较短的时间内开始以向机构投资者提供研究产品的方式对投资银行业的排头公司发起了挑战。

在20世纪60年代突飞猛进的欧洲债券市场上，主要承销机构面临着不同于国内市场的困难和挑战。很多美国一流的投资银行也依靠他们长期的客户关系成为一流的欧洲债券承销商，并将他们在国内的进取风格搬到欧洲市场上，同时也锻炼了二级市场业务能力，以弥补他们由于缺乏广泛的分销网络导致的国际市场上募集能力的不足。美国的商业银行的附属公司参加承销辛迪加和推销集团，这些附属公司通常以母银行的名义在伦敦市场上开展业务，包括参与欧洲债券的承销。

从证券交易上来看，20世纪50年代末，美国股价和交易量同步增长，到1963年美国股票交易量首次超过1929年的水平，1968年比1963年的交易量增长了3倍。随着证券交易量的日益扩大，人工证券交割制度显得十分落后，成为美国投资银行发展的绊脚石。1968年12月未交割的金额达到41亿美元，清算差错率高达25%～40%，造成100多家投资银行倒闭。这次危机促使电子技术在证券领域得以广泛运用，新的中介机构如电讯证券公司（Wire House）或大经纪公司的出现改变了金融业的状况。

1970年，美国政府颁布了《证券投资者保护法》，设立了与商业银行保险制度相类似的"投资银行保险制度"，并在此基础上建立了"证券投资者保护协会"。1975年5月1日，美国取消了固定佣金制，过去盛行的固定佣金制宣告结束，这一变化导致了贴现经纪人的兴起，他们向客户提供佣金低廉的简单经纪人服务。

从日本的投资银行来看，在第二次世界大战之后，随着日本经济的迅猛崛起，日本投资银行成为投资银行界一支十分重要的力量。1948年，日本颁布了第一部《证券交易法》，对银行业和证券业分业做出了法律上的规定，促成了日本商业银行和投资银行业务上的正式分离，投资银行开始在证券市场上起主导作用。1949年恢复和成立了东京、名古屋、京都、神户、大阪等证券交易所，为投资银行业的发展提供了条件。

1965年以后，由于短期公开市场有了很大发展，投资银行开始从事短期金融中介业务，主要内容是股票的委托买卖。1965年，日本政府对《证券交易法》进行了部分修改，投资银行由登记制改为许可制，提高了最低资本额，以期加强对证券业的监督和限制。

1945 年以后，英国的商人银行经历了停滞、复苏和高速发展三个时期。

（1）停滞时期。在第二次世界大战之后的几年里，英国的商人银行进入了一个停滞时期。由于英镑无法再实行自由兑换，加上英镑区的建立和国外信贷的限制，致使英国的金融业开始走向衰退，给投资银行带来了十分不利的影响。商人银行从大量国际承兑业务中退出，许多其他业务也失去了统治地位。投资银行的业务主要集中在国内，他们创造了出口融资方法，并在战后融资的项目中提高了他们在发行和认购中的地位。

（2）复苏时期。1958 年以后，英镑的自由兑换出现了很大的转变，解除了对海外工业部门的金融和贸易限制，伦敦成为欧洲美元市场的中心，于是英国的商人银行又进入了一个在国内和国外两个方面同时高速发展的时期。1957 年，英国发生了标购英国最大的铝业公司的"铝战争"，拉开了一系列标购和兼并的序幕，商人银行和商业银行开始分野。

（3）高速发展时期。从 20 世纪 60 年代开始，欧洲美元市场的发展使商人银行的外币存款迅速增加，也使商人银行成为欧洲美元市场的主要经营机构。在这期间又兴起了猛烈的兼并浪潮，商人银行在企业兼并和咨询服务中获得了丰厚的收益。商人银行还在投资管理方面不断创新，从事单位信托和投资信托业务，使投资管理得到快速发展。在这一时期，商人银行开始形成了较为明显的业务特点，其主导业务发展分为三个方向——批发银行业务、向公司提供金融服务、投资管理业务。

（五）20 世纪 80 年代以来的投资银行

20 世纪 80 年代以来，美国颁布了许多重要的金融方面的法律和政策，放松了对金融业的管制，投资银行进入了快速发展的新阶段。20 世纪 80 年代，美国为了放松对市场和机构的管制，先后颁布了一系列法律和法规，如 1980 年颁布的《存款机构放松管制和货币控制法》（*The Depository Institutions Deregulation and Monetary Control Act*）、1982 年颁布的《存款机构法》（*The Depository Institutions Act*）以及 1989 年颁布的《金融机构重组、复兴和强化法》（*The Institutions Reconstruction，Recovery and Enforcement Act*）。此外，为了削弱欧洲债券对美国本土资本的竞争力，美国于 1983 年实施的"证券交易委员会 415 条款"（SEC Rule 415），改变了公司注册发行新证券意向的程序，在发行证券之前通过证券交易委员会办理被称作暂搁注册①的手续，从而对投资银行及其业务产生了重大影响。暂搁注册改变了承销辛迪加的组成方式，牵头经理人必须单独或同其他经理人一起尽快承诺全部交易，然后再进行分销，这种包销方式的产生标志着投资银行业竞争性质的变化。20世纪80年代初的经济衰退结束后，美国的利率开始从历史最高水平回落，大量的新发行股票与债券充斥市场，出现了不够投资级的垃圾债券。大量垃圾债券的发行给投资银行提供了巨大的商机，并在此后的10年影响了美国投资银行的历程。

20世纪80年代以来，金融创新和金融工程逐渐兴起。为了获得竞争优势，投资银行不断通过金融创新来吸引顾客，从而创造了杠杆收购（Leveraged Buyout，LBO）、期货、期权、互换等金融工具，投资银行业也因此变成富有挑战性和创新性的行业之一。随着金融创新的深化，投资银行、商业银行、储贷机构、保险公司、信托公司等绕过传统严格的企业管理体制，彼此相互侵犯经营领域，金融竞争日趋激烈。保值技术作为一种规避承销风险的方式流行起来，投资银行已经跟过去那种更闲散地组成承销辛迪加的时代有了本质上的不同。20世纪80年代中期，欧洲股票市场开始出现，它在许多方面与欧洲债券市场相似，实际上是主要的一流承销商将国内的股票在国际上分销的场所，国际承销辛迪加开始出现。

1987年10月，美国股市暴跌，沉重地打击了美国投资者对市场的热情，同时也降低了投资银行的利润。在市场指数平均下降了20%之后，很多证券发行表现不佳，还有很多证券发行被迫取消。如大规模的英国石油公司（British Petroleum）股票的分销活动卷入了1987年的股市惨跌之中，使承销商蒙受了巨大的损失。在此次股市崩溃之后，华尔街开始了普遍的费用缩减行动。除了经纪人的佣金损失之外，承销新股的收入也降低了，直到18个月之后才开始回升。并购业务的收入也有惊人的下降，特别是涉及垃圾债券融资的业务。市场活动的萎缩直到1991年中期最严重的衰退阶段过去之后才有所改善。

20世纪80年代，日本投资银行进入了快速发展时期，业务创新的速度和资产规模不断扩大，证券公司不断分化重组，出现了野村、大和、山一、日兴四大投资银行巨头。20世纪80年代末期，日本证券市场市价总

---

① 暂搁注册是指公司将其在近期内发行证券的意向登记注册，向证券交易委员会提供相关的并可以在需要筹资时迅速更新的财务数据。

值排名世界第一位，野村等投资银行也在规模上达到了空前水平。

20 世纪 90 年代，信息技术的迅速发展极大地推动了美国证券市场的繁荣和投资银行的发展，美国成为全球经济发展较稳定和健康的国家，美国投资银行也因此变得更加引人注目，并成为美国经济发展中十分活跃的金融中介机构。投资银行承销了许多高科技公司的股票，取得了很好的效果。1999 年，《金融服务现代化法案》的通过意味着美国投资银行、商业银行、保险公司、信托机构的业务界限已不复存在，美国进入混业经营的时代，投资银行面临着激烈的竞争。但随着 2000 年 IT 行业进入衰退阶段，众多网络神话逐渐破裂，加之"9·11 恐怖袭击事件"给美国的社会经济带来深远影响，美国股市不断走低，随之，投资银行也难逃经济衰退和社会不安的影响。

从 20 世纪 90 年代开始，日本泡沫经济逐渐崩溃，从此陷入长期衰退，特别是亚洲金融危机爆发后，1997 年和 1998 年日本投资银行出现行业性亏损，甚至出现多家证券公司倒闭的事件。1996 年 11 月，日本公布号称"大爆炸"（Big Bang）的金融改革方案，以"国际化、公平化、自由化"为原则，允许各金融机构业务相互渗透，股票交易手续费自由化。该法案自 1998 年开始实施。日本第七大投资银行三洋证券因其债主拒绝把 200 亿日元的债务还款期推迟而被迫向法院申请保票令，成为日本金融史上第一家申请破产清盘的投资银行；第四大投资银行山一证券在成立 100 周年之际宣布破产，其负债高达 3.2 万亿日元，成为日本战后规模最大、负债金额最多、影响最大的倒闭事件。

2007 年美国爆发次贷危机，此后，其负面影响不断扩大，美国投资银行逐步陷入危机。2008 年 3 月，美国第五大投资银行贝尔斯登因濒临破产而被摩根大通收购。2008 年 9 月 15 日，美国第四大投资银行雷曼兄弟公司宣布破产，而第三大投资银行美林公司则被美国银行收购。2008 年 9 月 21 日，高盛和摩根士丹利被美联储批准从投资银行转型为银行控股公司。至此，华尔街五大投资银行全军覆没，并由此宣告了主导世界金融业数十年之久的华尔街独立投行模式的终结。

独立投行模式覆灭的原因有三个。第一个原因是未对投资做充足损失准备情况下的高杠杆运行。从 2004 年美国投资银行自营放开之后，各大投资银行就不断提高杠杆比例来操纵资本。以往的比例是 15 倍，但在放开之后，杠杆比例迅速上升到 30～40 倍。如果投资银行的杠杆比例为 30

倍，在资产价格上涨情况下，只要赚1%就相当于赚到股本金的30%的收益，而一旦价格下跌则导致亏损3.3%，即意味着破产。正是这种高杠杆经营模式积累了巨大的风险敞口，在危机爆发后，迅速将投资银行吞噬。过度的金融创新是投资银行覆灭的第二个原因。金融创新就像一把双刃剑，使美国独立投行走过了繁荣的几十年，并为美国金融市场在全球的领先地位做出了贡献。然而，美国独立投行最终又倒在了自己不计风险和缺乏监管的金融创新中。无节制的产品创新没有与风险控制制度创新相结合，结果导致金融机构非理性的逐利本能高度膨胀。投资银行覆灭的第三个原因是过度的高管薪酬激励。华尔街五大投资银行在上市之前都是合伙制企业，在上市之后，合伙制时期的薪酬制度保留了下来。2007年年底，多家投资银行已面临巨额亏损，可是它们在年终奖金的计算中仍然以盈利创纪录的2006年年终奖金为标准。这些巨额奖金导致各投资银行的流动资金大大减少，随着2008年次贷风暴的升级，流动性陷入枯竭。

2008年9月21日，美联储批准高盛和摩根士丹利转型为银行控股公司。根据美联储的决定，高盛和摩根士丹利以后将混业经营。变身后的高盛和摩根士丹利不仅可以设立商业银行分支机构，以吸收储蓄存款、拓宽融资渠道；还可以享受与其他商业银行同等的待遇，获得申请美联储紧急贷款的永久权利。但为符合商业银行标准，两家机构需要大幅降低杠杆比率以满足新的资本要求，同时要面临包括美联储和美国联邦保险存款公司（Federal Deposit Insurance Corporation，FDIC）更严格的金融监管。因此，转型为银行控股公司后，两大机构将更多地依赖于个人存款而不是向银行贷款这一杠杆工具，从而杠杆比率会逐渐降低，意味着更小的风险和更高的稳定性。

尽管五大投资银行全军覆没并不是此次危机的终局，但是，人们从中获得的教训却弥足珍贵。在金融创新频繁、全球经济一体化的时代，独立投行模式的覆灭以及两大机构经营模式的转型进一步凸显出现代金融市场中风险管理和监管体制的重要性。

二、世界各国对投资银行的管理理念和现状

（一）投资银行业的监管主体

投资银行在一国金融市场特别是资本市场中的地位日益显现，它对国家经济增长的重要作用和对社会稳定的巨大影响决定了必须要强化对投资

银行业的监管。随着近年来全球金融自由化发展进程加快，国际金融市场风险和危机不断增加，传统的监管模式正日益向更为灵活有效的市场自律与政府主导相结合的方向发展。综观世界各国对投资银行业的监管，大体上分为以政府主导型的外部监管和市场自律管理两个层次，其一般框架如图2-1所示：

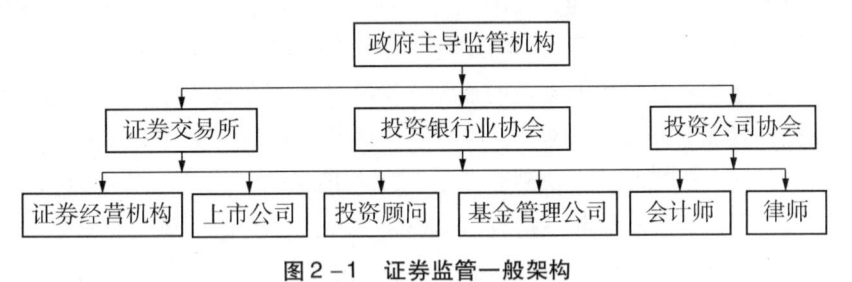

图2-1　证券监管一般架构

（资料来源：金德环著《投资银行学》（第三版），上海人民出版社2018年版。）

外部监管主要是通过政府设立监管机构负责对全国市场进行监管，这种监管带有强制的性质。投资银行必须遵守有关的法律法规，违法者将受到法律的追究。但不同的国家所采用的具体模式不尽相同。市场自律管理主要是通过投资银行的行业自律组织以及交易所监管机构对整个行业进行监管。这种监管主要是通过在行业内部规定协商一致的公约、章程等规章制度对行业内部的所有投资银行建立一致的约束条件，对违规者实施道义谴责和行业内部的行政处罚等方式进行监管。

1. 以政府机构为主导的外部监管模式

由于各国资本市场的发展历史和管理模式的不同，对投资银行的外部监管大致分成以下四种各不相同的监管主体。

（1）美国。以美国证券交易委员会（Securities and Exchange Commission，SEC）为最高管理层的监管主体。它是在20世纪20年代末至30年代初美国股市大崩溃以后按照美国国会的一系列证券市场管理法律而建立起来的。该委员会是一个独立的、超党派的准司法管理机构。其总部设立于华盛顿，直属于美国总统，不受中央银行和财政部管理，主要任务就是监督并实施美国的证券法律。此外，美国各州都设立有自己的金融监管机构，负责在本州注册的从事投资银行业务的金融机构的监管，包括机构与业务准入、业务检查等。

第二章　商业银行与投资银行的联系与区别

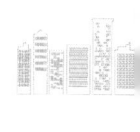

在 2007 年金融危机以前，美国采用"双线多头"的功能性金融监管模式。"双线"是指联邦政府和州政府两条线，"多头"是指有多个履行金融监督管理职能的机构。其中，在联邦一级的金融监管机构主要有联邦储备委员会、货币监理署、联邦存款保险公司、证券交易委员会、联邦住房放款银行委员会、美国保险监督官协会等。

2007 年金融危机发生以来，"双线多头"金融监管模式明显暴露出它的不足，主要体现在监管疏漏与监管重叠并存，监管成本高企；监管过于放松，系统性风险不断积聚；复杂环节的风险监管存在诸多漏洞，消费者权益保护不力等。

2007 年金融危机后，美国的金融监管体制逐渐从"双线多头"向统一、综合的监管体制过渡，更加注重系统性风险的控制以及消费者权益的保护。2008 年 3 月 31 日，针对金融危机暴露出的美国金融监管体制的问题，美国前财政部长保尔森提出了《现代金融监管架构改革蓝图》；2009年 6 月 17 日，美国政府正式公布了全面金融监管改革方案（金融监管体系改革的"白皮书"）。这两份文件反映了美国对以往金融监管体制所存弊病的反思和未来改革的方向，使美国的金融监管体制逐渐从"双线多头"向统一、综合的监管体制过渡。主要内容表现在三个方面。

第一，金融监管体制将从功能性监管向目标性监管转变。功能性监管的概念是由哈佛大学商学院罗伯特·C. 莫顿（Robert C. Merton）最先提出的，是指基于金融体系基本功能所设计的具有连续性和一致性，并能实施跨产品、跨机构、跨市场协调的监管。这种监管针对的是金融机构的分类业务活动及其所能发挥的功能，它按照金融服务的功能性差别分为银行、保险、证券和期货四个类别，分别由不同监管机构对其进行管理。功能性监管的缺陷在本次金融危机中充分显现，主要体现为监管权力分散导致监管空白、冲突和效率低下，于是催生出目标性监管模式。目标性监管是依据主要的监管目标来建立监管架构。它通过对监管机构及监管力量的整合以提高监管效率；更好地适应金融市场的形势变化，将金融体系稳定、金融机构审慎经营和金融服务消费者保护作为三大目标加以整合，构建出高效统一的监管部门；更好地应对由于金融创新而产生的监管空白。

第二，强化美联储权力，加强系统性风险监管。授权美联储解决威胁整个系统的风险累积问题，监管范围扩大到所有可能对金融稳定造成威胁的企业。除银行控股公司外，对冲基金、保险公司等也被纳入美联储的监

55

管范围；同时，成立由美国财政部领导的金融服务监管委员会，以监视系统性风险。

第三，建立消费者金融保护局。消费者金融保护局设立于 2011 年 7 月，是 2010 年 7 月生效的美国金融监管改革法案的重要内容。它着重保护消费者不受金融系统中不公平、欺诈等行为的损害，强化对消费者和投资者接受的金融产品及服务监管，促进这些产品透明、公平、合理。同时，它建立对金融市场的全方位监管，增加市场透明度，全面监管金融衍生品的场外交易。

（2）德国。以德国中央银行——德意志联邦银行作为最高的监管主体。德国的商业银行与投资银行实行混业经营模式，它的管理职权也只能由中央银行行使。德国政府更加注重全国性、统一性的金融监管，第二次世界大战以后，德国银行业一直运行平稳，其重要原因就在于有效的金融监管对金融体系的稳定运行起到了"保护伞"的作用。严格的金融监管，保证了德国金融业的健康发展，也促进了社会市场经济的稳定与增长。从 1997 年 6 月开始的东南亚金融危机以及随后而来的全球性金融动荡，波及面较大，连美国这样的金融霸主也受到很大影响，但德国金融业却能相对稳定运行。这也从一个侧面充分反映了德国金融监管严格的优势。

（3）英国。以英国金融服务局（Financial Service Authority，FSA）为最高管理层的监管主体。金融服务局成立于 1998 年，是英国投资银行业的最高监管机构。英国在 1986 年"金融大改革"以前，在传统上主要是依靠市场和投资银行的自律管理为主，具体是通过证券业协会和证券交易所协会为核心的非政府机构进行自我监管。1986 年"金融大改革"以后，英国首次以国家立法的方式对投资银行进行直接管理。当时由财政部负责对银行业和证券业实行统一监管。在财政部外又成立了一个非政府监管机构——证券与投资管理委员会，负责实施《1986 年金融服务法》中所赋予的监管职能。1998 年 6 月 1 日，金融服务局成立，对英国的金融市场实行统一监管，原来较为松散的自律管理格局逐步被集中监管的格局所替代。它从英格兰银行接管了对商业银行的监管职能，从证券与投资管理委员会接管了对投资银行业的监管职能，成为英国金融业的超级监管者。

以 2000 年 6 月新的金融法《金融服务与市场法》出台为标志，英国的金融监管改革取得了重大突破。2001 年 11 月，新金融法的细则出台并从 12 月 1 日起全面实施，使英国成为世界上第一个实行统一金融监管的

第二章 商业银行与投资银行的联系与区别

国家，被一些全球性的投资机构称为"革命性"的改革。

英国新的统一金融监管制度主要体现在金融服务局的功能上。金融服务局既要为英国的金融服务法制定执行的细则，又要监管银行、住房基金、保险公司、证券公司等各种金融机构的金融活动，决定惩罚与处置，是一个拥有较大权力的二级立法及执行机构。

英国政府推出这一系列改革的目的：一是组建一个全面行使金融监管权的政府职能部门，借以规范整个金融服务业的运作，结束各金融子行业各自为政的监管局面，以适应混业经营的新趋势；二是整顿金融秩序，惩治营私舞弊，使金融业在经济发展中起到"稳定器"和"加速器"的作用；三是规范政府债务及现金管理，以确保有关债务管理的决策不受内部信息（如调整利率）的影响和增加政府债务及现金管理的透明度。英国虽然采取了"统一"监管模式，但 FSA 内部仍然继承了传统的行业分类，根据不同的金融业务如银行、证券、保险等设立不同的对应监管部门。因此，英国的"统一"监管机构实际上并没有真正地从本质上建立一个针对大型金融集团进行整体风险监管的新型机制，只是简单地将多个金融行业监管者捆绑在一起。

这种形式上的"统一"监管模式，同样有着监管疏漏与重叠并存，存在系统性风险控制不力，以及在复杂金融领域对消费者权益保护不善的弊端。

2007 年金融危机以后，英国更加强调实质上的"统一"监管，更加强调整个金融市场的稳定、系统性风险的控制以及消费者权益的保护。本次金融危机给英国金融业造成了巨大损失，使得英国政府开始进行金融监管改革。2009 年 7 月 8 日，英国政府公布了《改革金融市场》白皮书，就全球金融市场现状、应对危机的措施及导致危机爆发的根源等进行了分析，并提出了一系列改革方案。其主要内容有：①设立新的金融稳定理事会。其目标是分析与检查英国经济金融稳定中出现的风险并协调金融服务局、英格兰银行和财政部三方做出适当反应；增强 FSA 的治理安排和法律框架，使其集中于审慎性监管、系统层面风险和提供一个清晰的立法权限来采取行动以维护金融稳定；给予 FSA 新的权力，确保 FSA 能使用自己的干预权。②增强系统性风险的控制。加强审慎性监管，提高金融机构风险暴露的透明度；强化证券和衍生品市场的监管；抑制过度信用条件和风险承担行为，以降低金融传染风险；确保银行对经济波动更加富有弹性，避免经济下滑的加剧。③加强金融消费者利益保护。确保消费者能够获得所需的金融服务，为消费者提供高度透明的金融产品，培育竞争市场，更好地为消费者服务。

（4）日本。以日本金融监督厅为主要监管主体的政府监管模式。日本原来的政府监管主体是大藏省，在经过长期的经济萧条之后，日本实施了金融体制改革，成立了金融监督厅，统一监督金融机构的活动，原来属于大藏省及其他各省的对金融机构的监管职能集中交由金融监督厅行使。证券交易所则由大藏省与金融监督厅共同管理。这样，日本对投资银行的监管模式变得与美国类似。

2. 以行业协会与交易所为主的自律管理模式

除了政府机构的外部监管以外，各国投资银行一般都成立行业协会与证券交易所，一起对市场实行自律监督管理。美国《1934 年证券交易法》除了规定建立证券交易委员会以监管证券市场以外，还要求民间会员组织（证券商协会和证券交易所）承担规范会员的商业行为、监督证券市场交易活动的监管责任。日本在第二次世界大战结束以后仿照美国的体制建立了一套自律管理机制。英国的自律管理模式较具特色。传统的英国证券市场主要以证券业协会和证券交易所协会实行自律管理，尤其在很大程度上依靠伦敦证券交易所严格的交易规则、注册制度与信息披露制度以及高水准的投资银行进行自我监管。1998 年金融服务局成立以后，虽然在政府监管方面加强了立法措施与监管手段，但传统的习惯依然存在。这使英国的监管模式逐步从基本的自律管理向政府主导和自律管理相结合的模式转换。

在自律管理中，交易所在监管体系中的作用显得日益重要。其主要原因在于全球资本市场的放松管制使交易所的市场地位凸显出来。

进入 20 世纪 80 年代以来，大多数国家的资本市场发展迅速，产品创新和放松管制使各个市场的复杂性和市场间的依存度越来越高，政府监管的难度越来越大。政府开始把对投资银行业的监管权限逐步下放给自律管理机构。于是，证券交易所的监管地位不断得到加强，它的主要职能就是保证证券法及其相应法规的贯彻，并遵照交易所的规则，在交易所会员间实施，对会员进行全面和日常的监管，调查并惩罚违法违规的会员。交易所的监管目标主要有三个方面。

第一，保护投资者特别是中小投资者。投资者在参与市场中特别容易受到误导、操纵和欺诈，通过交易所的有效监管能够最大限度地减少投资者的损失。它可以要求发行人和中介机构完整、充分地披露信息，制定市场参与者的最低标准来提高市场运行质量，保护投资者免遭损失。

第二，确保市场公平、高效和透明度。市场的公平要求所有投资者在获得市场信息的时间、内容和质量上都是相同的，金融机构必须以最优的时机和价格为投资者提供委托服务。只有公平才能促进市场效率的提高。透明度是指有关交易信息被公众获悉的广泛性。较高的透明度能够防止市场操纵和内幕交易的出现，保证投资者的委托在交易市场上以同样的信息基础被执行。交易所能够通过它所设置的监管机制识别、阻止和处罚市场操纵等不正当交易活动；通过它的信息传输系统，保证信息的高效传导机制，提高市场的透明度。

第三，降低市场的系统性风险。资本市场的风险是不可避免的，但通过交易所的监管活动和高效的交易、清算机制能够有效地化解一部分风险，减轻这种风险所带来的破坏程度。

（二）中国投资银行业的监管模式

中国对金融业的监管还处在传统的机构监管模式，即按照金融企业的法定属性来确定某一类企业由某个专职机构实行监管。如中国银行业监督管理委员会①既要对商业银行和农村信用合作社等存款类金融机构实行监管，还要负责对业务性质不同的信托公司的监管。在这种监管模式下监管部门要对被监管机构的全部业务进行监管。在当前金融混业经营不断发展的环境下，这类监管存在着很大的风险。

功能监管是指按金融业务的基本属性（如银行业务、证券业务、保险业务和资产管理业务等）为标准，确定该金融机构由某一专职监管机构进行监管。不同的金融企业可以开展同一功能属性的金融业务，该类业务就由一个专业监管机构监管。

目标性监管就是按照金融体系稳定、金融机构审慎经营和金融服务消费者保护三大目标，构建出高效统一的监管部门。这样的监管模式比较复杂，澳大利亚和荷兰基本属于这种模式。

中国对投资银行的监管总体方向是借鉴美国的集中统一监管制度，逐

---

① 中国银行业监督管理委员会已于2018年3月撤销，2018年4月中国银行保险监督管理委员会正式挂牌。

渐朝着集中统一、由机构监管向功能性监管的方向发展，未来会走向目标性监管模式。

中国证券业的最高监管机构是 1992 年 10 月成立的国务院证券委员会，着重于对证券业实施方针、政策、规章、监督等宏观管理。同时，成立了中国证券监督管理委员会（以下简称"中国证监会"），它是证券委员会的监管执行机构。1998 年年初，中央决定撤销国务院证券委员会，同时改组中国证监会，将证券委员会的职能并入中国证监会，基本确立了垂直统一的监管体系，形成了目前的投资银行业监管模式（如图 2-2 所示）。

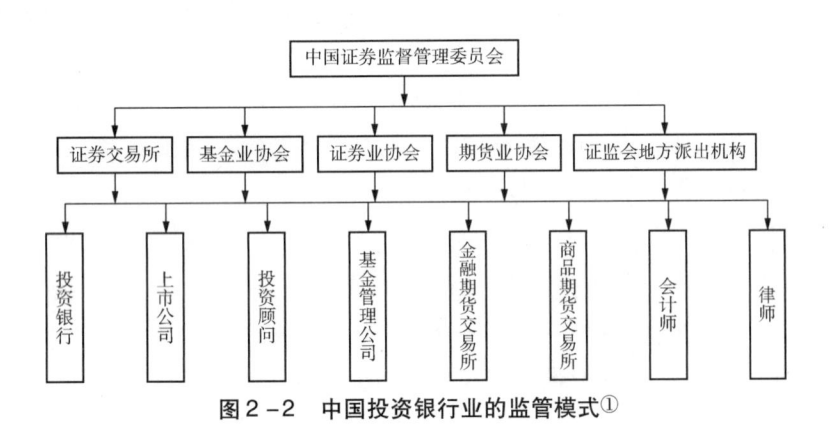

图 2-2　中国投资银行业的监管模式①

［资料来源：《中国证券监督管理委员会年报》（2019）。］

1. 中国证券监督管理委员会

中国证券监督管理委员会是依照法律法规对证券期货市场的具体活动进行监管的国务院直属单位。中国证监会根据其职能设置相关的职能部门，具体行使证监会的各种职责权限。中国证监会下设相对独立的发行审核委员会，聘任社会上的专家和证监会有关人员，负责对申请公开发行股票企业的申报材料进行审核。中国证监会的组织结构如图 2-3 所示：

---

①　金德环主编：《投资银行学》，格致出版社、上海人民出版社 2018 年版，第 39 页。

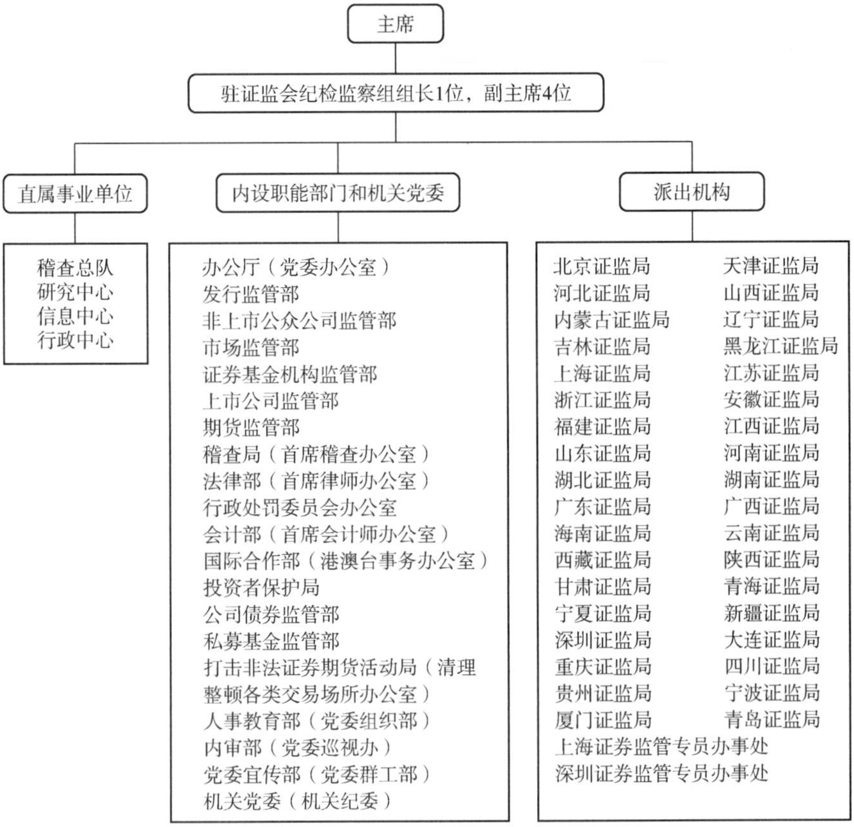

第二章 商业银行与投资银行的联系与区别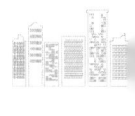

```
                        ┌──────────┐
                        │   主席    │
                        └────┬─────┘
            ┌───────────────────────────────────┐
            │  驻证监会纪检监察组组长1位，副主席4位  │
            └───────────────────────────────────┘
     ┌──────────────┬──────────────────────────┬──────────────┐
┌──────────┐  ┌──────────────────┐      ┌──────────────┐
│直属事业单位│  │内设职能部门和机关党委│      │   派出机构    │
└────┬─────┘  └────────┬─────────┘      └──────┬───────┘
```

稽查总队	办公厅（党委办公室）	北京证监局	天津证监局
研究中心	发行监管部	河北证监局	山西证监局
信息中心	非上市公众公司监管部	内蒙古证监局	辽宁证监局
行政中心	市场监管部	吉林证监局	黑龙江证监局
	证券基金机构监管部	上海证监局	江苏证监局
	上市公司监管部	浙江证监局	安徽证监局
	期货监管部	福建证监局	江西证监局
	稽查局（首席稽查办公室）	山东证监局	河南证监局
	法律部（首席律师办公室）	湖北证监局	湖南证监局
	行政处罚委员会办公室	广东证监局	广西证监局
	会计部（首席会计师办公室）	海南证监局	云南证监局
	国际合作部（港澳台事务办公室）	西藏证监局	陕西证监局
	投资者保护局	甘肃证监局	青海证监局
	公司债券监管部	宁夏证监局	新疆证监局
	私募基金监管部	深圳证监局	大连证监局
	打击非法证券期货活动局（清理	重庆证监局	四川证监局
	整顿各类交易场所办公室）	贵州证监局	宁波证监局
	人事教育部（党委组织部）	厦门证监局	青岛证监局
	内审（党委巡视办）	上海证券监管专员办事处	
	党委宣传部（党委群工部）	深圳证券监管专员办事处	
	机关党委（机关纪委）		

图2-3 中国证监会组织结构

［资料来源：《中国证券监督管理委员会年报》（2019）。］

中国证监会的主要职责是：起草证券期货市场有关法律法规，提出制定和修改的建议；制定监管的规章、规则和办法；垂直领导全国证券期货监管机构，对证券期货市场实行集中统一监管；管理有关证券公司的高级管理人员；监管股票、可转换债券、证券公司债券和国务院确定由证监会负责的债券及其他证券的发行、上市、交易、托管和结算；监管证券投资基金活动；批准企业债券的上市；监管上市国债和企业债券的交易活动；监管上市公司及其按法律法规必须履行有关义务的股东的证券市场行为；监管境内期货合约的上市、交易和结算；按规定监管境内机构从事境外期货业务；管理证券期货交易所；按规定管理证券期货交易所的高级管理人员；归口管理证券业、期货业协会；监管证券期货经营机构、证券投资基金管理公司、证券登记结算公司、期货结算机构、证券期货投资咨询机

61

构、证券资信评级机构；审批基金托管机构的资格并监管其基金托管业务；制定有关机构高级管理人员任职资格的管理办法并组织实施；指导中国证券业、期货业协会开展证券期货从业人员资格管理工作；监管境内企业直接或间接到境外发行股票、上市以及在境外上市的公司到境外发行可转换债券；监管境内证券、期货经营机构到境外设立证券、期货机构；监管境外机构到境内设立证券、期货机构，从事证券、期货业务；监管证券期货信息传播活动，负责证券期货市场的统计与信息资源管理；会同有关部门审批会计师事务所、资产评估机构及其成员从事证券期货中介业务的资格，并监管律师事务所、律师及有资格的会计师事务所、资产评估机构及其成员从事证券期货相关业务的活动；依法对证券期货违法、违规行为进行调查、处罚；归口管理证券期货行业的对外交往和国际合作事务。

2. 证监会地方派出机构

随着证券市场规模的不断扩大，为了加强管理力量，全国各地各省一级政府和计划单列市政府相继成立了证券管理机构，即地方证券监管部门，它们根据中国证监会以及当地人民政府的授权管理当地的证券事务。这些机构的成立，对中国证监会监管证券市场起到了有益的补充作用。至1997年年底，全国共有35家地方证券监管部门被中国证监会授权对证券市场行使部分监管职能。中国证券监督管理委员会在省、自治区、直辖市和计划单列市设立证监局，作为中国证券监督管理委员会的派出机构。其主要职责是：根据中国证券监督管理委员会的授权，对辖区内的上市公司，证券、期货经营机构，证券、期货投资咨询机构和从事证券业务的律师事务所、会计师事务所、资产评估机构等中介机构的证券、期货业务活动进行监督管理；查处监管辖区范围内的违法、违规案件。[①]

在实际执行中，各地方派出机构仍然保持了地方证监局的职能模式，新的职能模式未能得到有效执行。

3. 中国证券业协会

中国证券业协会正式成立于1991年8月28日，是依法注册的具有独立法人地位的、由经营证券业务的金融机构自愿组成的行业性自律组织。它的设立是为了加强证券业之间的联系、协调、合作和自我控制，以利于证券市场的健康发展。中国证券业协会是非营利性社会团体法人，接受中

---

① 参见中国证监会官网。

第二章　商业银行与投资银行的联系与区别

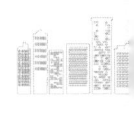

国证监会、国家民政部的业务指导、监督和管理。

中国证券业协会的最高权力机构是由全体会员组成的会员大会，理事会为其执行机构。协会实行会长负责制，设专职会长1名，会长由中国证监会提名、由协会理事会选举产生。协会对会员进行分类管理，会员分为证券公司类、证券投资基金管理公司类、证券投资咨询机构类和特别会员类，会员入会实行注册制。具体组织结构如图2-4所示：

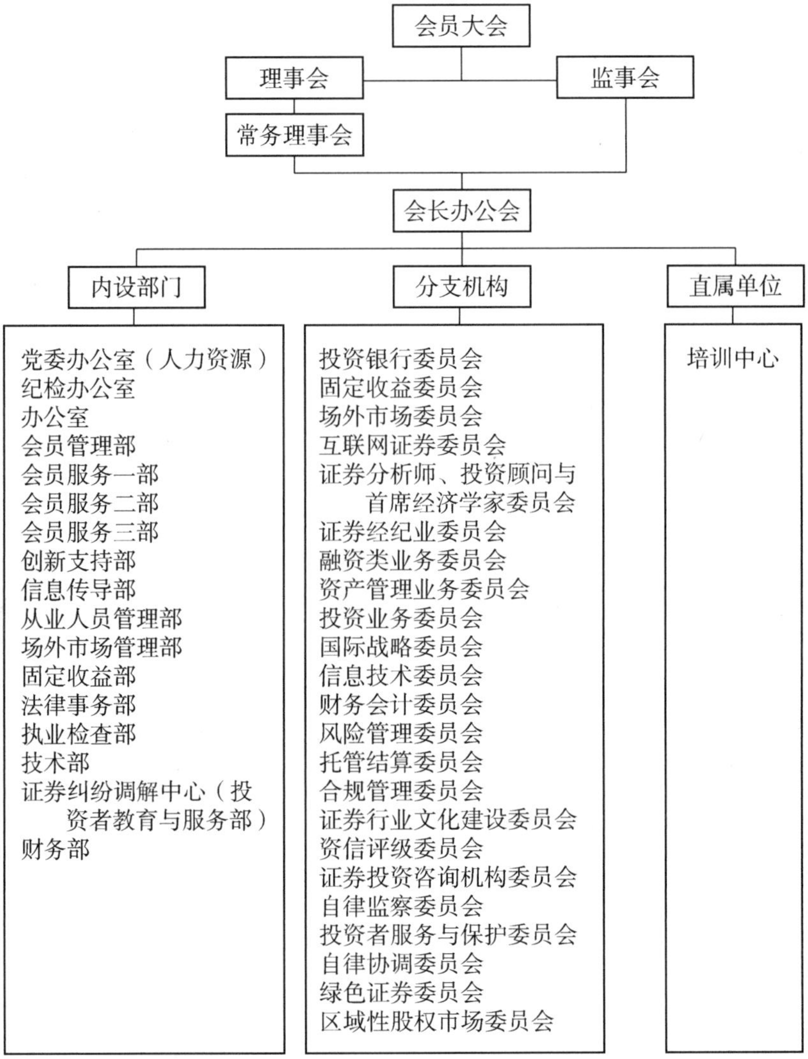

```
                          会员大会
                             │
      ┌──────────────────────┼──────────────────────┐
    理事会                                          监事会
      │                                              │
   常务理事会                                         │
      │                                              │
      └──────────────────────┬──────────────────────┘
                        会长办公会
                             │
      ┌──────────────────────┼──────────────────────┐
   内设部门               分支机构                直属单位
```

内设部门

党委办公室（人力资源）
纪检办公室
办公室
会员管理部
会员服务一部
会员服务二部
会员服务三部
创新支持部
信息传导部
从业人员管理部
场外市场管理部
固定收益部
法律事务部
执业检查部
技术部
证券纠纷调解中心（投资者教育与服务部）
财务部

分支机构

投资银行委员会
固定收益委员会
场外市场委员会
互联网证券委员会
证券分析师、投资顾问与
　　首席经济学家委员会
证券经纪业委员会
融资类业务委员会
资产管理业务委员会
投资业务委员会
国际战略委员会
信息技术委员会
财务会计委员会
风险管理委员会
托管结算委员会
合规管理委员会
证券行业文化建设委员会
资信评级委员会
证券投资咨询机构委员会
自律监察委员会
投资者服务与保护委员会
自律协调委员会
绿色证券委员会
区域性股权市场委员会

直属单位

培训中心

图2-4　中国证券业协会组织机构

（资料来源：中国证券业协会官网。）

63

中国证券业协会的宗旨是：在国家对证券业实行集中统一监督管理的前提下，进行证券业自律管理；发挥政府与证券行业间的桥梁作用；为会员服务，维护会员的合法权益；维持证券业的正当竞争秩序，促进证券市场的公开、公平、公正，推动证券市场的健康稳定发展。

中国证券业协会采取会员制的组织形式，凡依法设立并经批准可以从事证券业务经营和中介服务的金融机构，承认协会章程，遵守协会的各项规则，均可申请加入协会，成为协会会员。中国的所有投资银行都是证券业协会的会员。

中国证券业协会的职能包括：①教育和组织会员执行证券法律、法规，向中国证监会反映会员在经营活动中的问题、建议和要求；②制定证券业自律规则、行业标准和业务规范，并监督实施；③依法维护会员的合法权益；④监督、检查会员的执业行为，对违反章程及自律规则的会员给予纪律处分；⑤对会员之间、会员与客户之间发生的纠纷进行调解；⑥收集、整理证券信息，建立行业诚信记录和诚信评价制度，开展会员间的业务交流，组织会员就证券业的发展进行研究，推动业务创新；⑦组织证券从业人员资格考试，负责证券从业人员执业资格注册及管理；⑧对证券从业人员进行持续教育和业务培训，提高从业人员的业务技能和执业水平；⑨开展证券业的国际交流和合作；⑩法律、法规规定或中国证监会赋予的其他职责。

4. 中国证券投资基金业协会

中国证券投资基金业协会成立于2012年6月6日，是证券投资基金行业相关机构自愿组成的全国性、行业性、非营利性社会组织，从事非营利性活动。协会接受中国证监会和民政部的业务指导和监督管理。会员包括基金管理公司、基金托管银行、基金销售机构、基金评级机构及其他资产管理机构、相关服务机构。

中国证券投资基金业协会最高权力机构为会员大会，执行机构为理事会。协会实行会长负责制。办会的会员分为三类——普通会员、联席会员、特别会员，范围涵盖基金管理公司、银行、保险、信托、合格境外机构投资者（QFII）、资产管理类私募公司等类型。

中国证券投资基金业协会的主要宗旨是：提供行业服务，促进行业交流和创新，提升行业执业素质，提高行业竞争力；发挥行业与政府间的桥梁与纽带作用，维护行业合法权益，促进公众对行业的理解，提升行业声誉；履行行业自律管理，促进会员合规经营，维持行业的正当经营秩序；促进会员忠实履行受托义务和社会责任，推动行业持续稳定的健康发展。

中国证券投资基金业协会的职责范围包括：①依法维护会员合法权益，向监管机构、政府部门及其他相关机构反映会员的建议和要求；②为会员提供服务，组织投资者教育，开展行业研究、行业宣传、会员交流、国际交流与合作，推动行业创新发展；③制定和实施行业自律规则，监督、检查会员执业行为，维护行业秩序，调解会员之间、会员与投资者之间的业务纠纷，推动行业诚信建设、树立合规经营理念，对违反法律、法规或者本团体章程的会员，按照规定给予纪律处分；④受监管机构委托制定执业标准和业务规范，对从业人员实施资格考试和资格管理，组织业务培训；⑤根据法律、法规和中国证监会授权开展相关工作。

5. 中国期货业协会

中国期货业协会成立于 2000 年 12 月 29 日，是依法设立的全国期货行业自律性组织，为非营利性的社会团体法人。协会接受中国证监会和国家社会团体登记管理机关的业务指导和管理。

中国期货业协会由期货公司等从事期货业务的会员、期货交易所特别会员和地方期货业协会联系会员组成。会员入会实行注册制，会员申请加入协会时，应当按照协会的要求进行登记注册。会员大会是协会的最高权力机构，每 4 年举行一次。理事会是会员大会闭会期间的协会常设权力机构，对会员大会负责，理事会每年至少召开一次会议。理事会由会员理事、特别会员理事和非会员理事组成。理事任期 4 年，可连选连任。理事会根据工作下设专业委员会，专业委员会为理事会议事机构，对理事会负责。协会实行会长负责制，会长为协会法定代表人。具体组织结构如图 2－5 所示。

中国期货业协会的宗旨是：在国家对期货业实行集中统一监督管理的前提下，进行期货业自律管理；发挥政府与期货业间的桥梁和纽带作用，为会员服务，维护会员的合法权益；坚持期货市场的公开、公平、公正，维护期货业的正当竞争秩序，保护投资者利益，推动期货市场的规范发展。中国期货业协会的主要职能有 15 个。

（1）教育和组织会员及期货从业人员遵守期货法律法规和政策，制定行业自律性规则，建立健全期货业诚信评价制度，并进行诚信监督。

（2）负责期货从业人员资格的认定、管理以及撤销工作，负责组织期

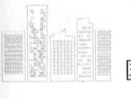

国家金融体系定位

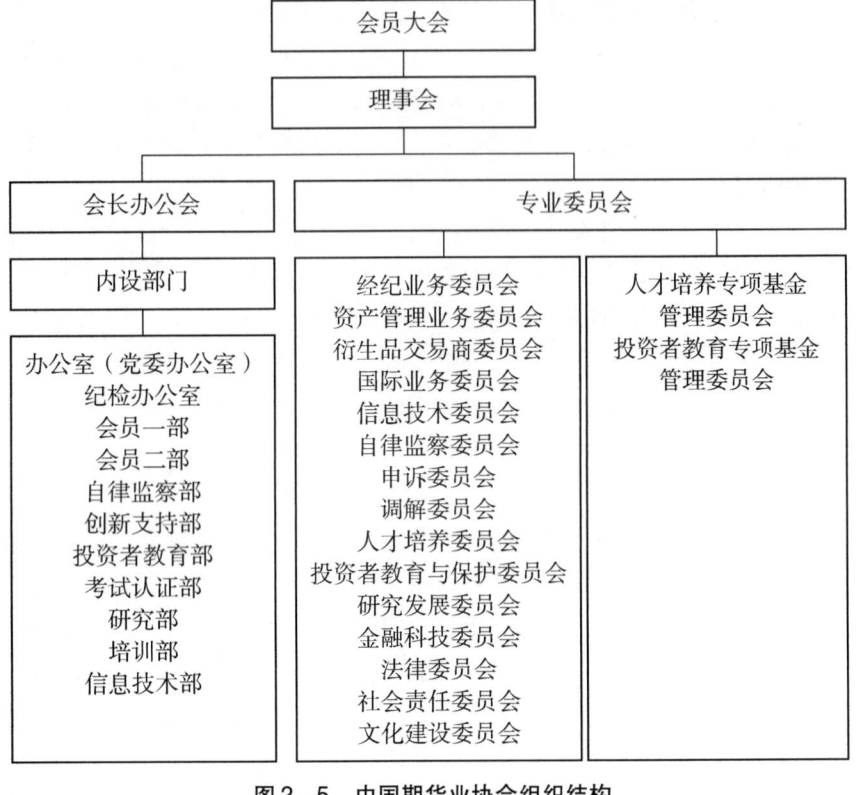

图2-5 中国期货业协会组织结构

（资料来源：中国期货业协会官网。）

货从业资格考试、期货公司高级管理人员资质测试及行政法规、中国证监会规范性文件授权的其他专业资格胜任能力考试。

（3）监督、检查会员和期货从业人员的执业行为，受理对会员和期货从业人员的举报、投诉并进行调查处理，对违反本章程及自律规则性的会员和期货从业人员给予纪律惩戒；向中国证监会反映和报告会员和期货从业人员执业状况，为期货监管工作提供意见和建议。

（4）制定期货业行为准则、业务规范，参与开展行业资信评级，参与拟订与期货相关的行业和技术标准。

（5）受理客户与期货业务有关的投诉，对会员之间、会员与客户之间发生的纠纷进行调解。

（6）为会员服务，依法维护会员的合法权益，积极向中国证监会及国家有关部门反映会员在经营活动中的问题、建议和要求。

66

第二章 商业银行与投资银行的联系与区别

（7）制定并实施期货业人才发展战略，加强期货业人才队伍建设，对期货从业人员进行持续教育和业务培训，提高期货从业人员的业务技能和职业道德水平。

（8）设立专项基金，为期货业人才培养、投资者教育或其他特定事业提供资金支持。

（9）负责行业信息安全保障工作的自律性组织协调，提高行业信息安全保障和信息技术水平。

（10）收集、整理期货信息，开展会员间的业务交流，推动会员按现代金融企业要求完善法人治理结构和内控机制，促进业务创新，为会员创造更大的市场空间和发展机会。

（11）组织会员对期货业的发展进行研究，参与有关期货业规范、发展的政策论证，对相关方针政策、法律法规提出建议。

（12）加强与新闻媒体的沟通与联系，广泛开展期货市场宣传和投资者教育，为行业发展创造良好的环境。

（13）表彰、奖励行业内有突出贡献的会员和个人，组织开展业务竞赛和文化活动，加强会员间的沟通与交流，培育健康向上的行业文化。

（14）开展期货业的国际交流与合作，代表中国期货业加入国际组织，推动相关资质互认，对期货涉外业务进行自律性规范与管理。

（15）法律、行政法规规定以及中国证监会赋予的其他职责。

6. 证券交易所

作为自律性的监管机构，证券交易所的监管职能包括对证券交易活动进行监管，对会员进行监管以及对上市公司进行监管，具体有如下两项内容。

（1）证券交易所对证券交易活动的监管。证券交易所应尽可能使不同市场参与者的需求能在公正、公平的原则下得到适当的平衡，从而确保交易的公正性。交易所必须就交易证券的种类和期限、证券交易方式和操作程序，证券交易中的禁止行为，清算交割、交易纠纷的解决，上市证券的暂停、恢复与取消交易，开市、收市、休市及异常情况的处理，交易手续费及其他相关费用的收取方式和标准，对违反交易规则行为的处理规定，以及证券交易所证券信息的提供和管理等事项制定具体的交易规则。在业务规则中，交易所应对证券交易合同的生效和废止条件做出详细的规定，维护在证券交易所达成的证券交易合同的有效性。证券交易所应当保证其

67

业务规则得到切实执行，对违反业务规则的行为要及时处理。对国家有关法律、法规、规章、政策中规定的有关证券交易的违法、违规行为，证券交易所负有发现、制止和上报的责任，并有权在职责范围内予以查处。

证券交易所有责任促进交易的透明度。应当保证投资者有平等的机会获取证券市场的交易情况和其他公开披露的信息，并有平等的交易机会。对于上市的证券，证券交易所有权依照有关规定，暂停或者恢复其交易。证券交易所应当建立市场准入制度，并根据证券法规的规定或者证监会的要求，限制或者禁止特定证券投资者的证券交易行为。除此之外，证券交易所不得限制或者禁止证券投资者的证券买卖行为。

证券交易所必须建立负责证券市场监管工作的专门部门。中国证监会可以要求证券交易所之间建立以市场监管为目的的信息交换制度和联合监管制度，共同监管跨市场的不正当交易行为，控制市场风险。

（2）证券交易所对会员的监管。证券交易所有责任就取得会员资格的条件和程序，席位管理办法，与证券交易和清算业务有关的会员内部监管、风险控制、电脑系统的标准及维护等方面的要求，会员的业务报告制度，会员所派出市代表在交易场所内的行为规范，会员及其派出市代表违法、违规行为的处罚等事项制定具体的会员管理规则。

证券交易所接纳的会员应当是经批准设立并具有法人地位的境内证券经营机构。证券交易所决定接纳或者开除会员及正式会员以外的其他会员应当在规定时间内申报中国证监会备案。证券交易所必须对会员取得的交易席位实施严格管理，会员转让席位必须按照证券交易所的有关管理规定由交易所审批，严禁会员将席位全部或者部分以出租或者承包等形式交由其他机构和个人使用。

证券交易所有责任对会员的证券自营业务实施监管。对会员代理客户买卖证券业务应在业务规则中做出详细规定并实施监管。证券交易所每年应当对会员的财务状况、内部风险控制制度以及遵守国家有关法规和证券交易所业务规则等情况进行抽查或者全面检查，并将检查结果上报中国证监会。证券交易所有权要求会员提供相关业务的报表、账册、交易记录及其他文件、资料；同时，可根据证券交易所章程和业务规则对会员的违规行为进行制裁。

7. 金融稳定发展委员会

鉴于中国金融业监管体系一直沿用的机构监管模式，其缺陷如上所述，一些长期以来存在的金融业监管空缺和监管冲突问题不断重复出现，这种现状导致的很多问题影响了中国金融业服务实体经济的效果。为了强化中央银行宏观审慎管理和系统性风险防范的职责，强化金融监管部门的监管职责，确保金融安全与稳定发展，2017年7月中旬第五次全国金融工作会议在北京召开。会议决定正式成立"国务院金融稳定发展委员会"，在"一行三会"之上实行协调监管和统一监管。

金融稳定发展委员会的主要职责有四个方面：一是要始终把金融服务实体经济作为工作的基础。提高服务效率和水平，满足经济社会多样化的经济需求。二是优化结构，完善金融市场、金融机构、金融产品体系。坚持质量优先，平衡金融业发展与经济社会发展的关系，便利融资，降低实体经济成本，提高资源配置效率，保障风险可控。三是以强化金融监管为重点，以防范系统性金融风险为底线，加快相关法律法规建设，完善金融机构法人治理结构，加强宏观审慎管理制度建设，加强功能性监管，更加重视行为监管。四是坚持市场导向，发挥市场在金融资源配置中的决定性作用。

2017年11月召开的金融稳定发展委员会第一次会议，确定了委员会的主要工作职责为五个方面：①落实党中央和国务院关于金融工作的决策部署；②审议金融业改革发展重大规划；③统筹金融改革的发展与监管，协调货币政策与金融监管相关事项，统筹协调金融监管重大事项，协调金融政策与相关财政政策、产业政策等；④分析研判国际与国内金融形势，做好国际金融风险应对，研究系统性金融风险防范处置和维护金融稳定重大政策；⑤指导地方金融改革发展与监管，对金融管理部门和地方政府进行业务监督和履职问责。

（三）投资银行的资格管理

由于投资银行在资本市场中的重要作用以及产生巨大风险的可能性，各国都对投资银行的设立规定了最低资格标准。其设立的方式大致可分为两类，即注册制与特许制。所谓注册制，是指投资银行只要符合相关设立标准的规定，只需要在相应的金融监管部门和交易部门注册登记，便可以经营投资银行业务。采用这种方式的大多是成熟的市场经济国家，其典型代表国家是美国，它需要通过证券交易委员会和证券交易所两方面的注册登记。特许制是指投资银行在设立之前必须向有关监管机构提出申请，经监管机构核准以后才能设置。采用这种方式的典型国家是日本，它要求投资银行在开始营业之前必须先向金融监督厅提出申请，由金融监督厅进行审核，在核准时还要规定其经营的业务内容，然后由金融监督厅核发相应的业务许可证。近年来，随着证券市场监管体制逐渐转向由政府监管当局对市场进行统一管理，对投资银行的审核越来越严格，所谓的注册制实际上与特许制已没有太大的区别。

中国对投资银行的资格管理采用特许制。由中国证监会依法对证券公司的设立申请进行审查，决定是否批准设立。

1. 中国的证券公司设立条件

根据《中华人民共和国证券法》（以下简称《证券法》）的要求设立证券公司，应当符合法律法规规定的公司章程；主要股东具有持续盈利能力，近3年无重大违法违规记录，净资产不低于人民币2亿元；有符合《证券法》规定的注册资本；董事、监事、高级管理人员具备任职资格，从业人员具有证券从业资格；有完善的风险管理与内部控制制度；有合格的经营场所和业务设施以及法律法规和国务院证券监督管理机构规定的其他条件。

2. 证券公司注册资本要求与业务种类

《证券法》将证券公司的注册资本最低限额与证券公司从事的业务种类直接挂钩，分为5000万元（经纪、咨询、财务顾问）、1亿元（承销与保荐、自营、资产管理和其他业务之一）和5亿元（承销与保荐、自营、资产管理和其他业务中任意两项）三个标准。证券公司的注册资本必须是实缴资本。证券监督管理机构根据审慎监管原则和各项业务的风险程度，可以调整注册资本最低限额，但不得低于上述限额。

3. 证券公司设立以及重要事项变更审批要求

证券监督管理机构应当自受理证券公司设立申请之日起6个月内，依法审查，做出批准或者不予批准的决定；不予批准的，须说明理由。证券公司设立申请获得批准后，应当向工商管理部门申请设立登记，领取营业执照，并在领取营业执照之日起15日内，向证券监管机构申请经营证券业务许可证。证券公司设立、收购或者撤销分支机构，变更业务范围或者注册资本，变更持有5%以上股权的股东、实际控制人，变更公司章程中的重要条款，合并、分立、变更公司形式，停业、解散、破产，都必须经证券监管机构批准。

第二章 商业银行与投资银行的联系与区别

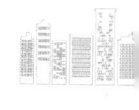

三、风险收益对应组合

（一）投资银行业务是一系列复杂而又充满风险的业务

投资银行一级市场业务由其本源业务证券承销逐渐派生和延伸出项目融资（包括以债券、股票、基金的方式融资，BOT、TOT 等方式）、兼并收购、资产管理（包括代客理财、基金管理、项目托管等）、政府或企业咨询顾问等，这些业务面临着各种风险，如成本费用大小和操作风险、市场风险等。

投资银行二级市场经纪业务也由早期"坐享其成"地对股票和债券交易收取佣金发展成现今包括金融衍生产品在内的许多交易品种，并且强烈的市场竞争使每家投资银行都必须向其客户提供一流的研究分析、一流的服务，才能持续稳定地吸引客户。随着网上交易的普及和佣金比率的降低，这种竞争将越来越激烈。就证券经纪业务来说，投资银行接受客户委托，按照客户指令，促成以客户所希望的交易价格成交并从中收取佣金。这其中，投资银行面临着操作失误风险、机械故障风险、违规违纪风险、违约风险和市场波动风险等。

投资银行的证券投资业务——自营业务，也随着证券投资品种的多元化和证券投资的全球化而变得越来越复杂，建立有效的国内和国际证券投资组合是投资银行规避风险获取收益的最有效途径，但这也需要投资银行具有高水平的国内、国际证券投资分析和管理人才。就自营业务而言，投资银行面临着信用风险、操作风险、流动性风险、结算风险、政策风险和制度性风险等。

在资本市场中，投资者、各种中介机构包括投资银行、交易所等都会面临风险，但投资银行承担的风险系数最高，面临的风险种类最多，对其复杂和充满风险的业务管理，照搬商业银行的资产负债管理论是不切实际的。

（二）投资银行损益表中有明晰的风险收益对应特征

首先，让我们来分析美国高盛、美林和摩根士丹利三家投资银行1999和1998 年两个年度的资产负债情况（见表 2 - 1）和损益情况（见表 2 - 2）。

71

表2-1 美国三家著名投资银行资产负债情况

单位:%

项目	高盛		美林		摩根士丹利	
	1999年	1998年	1999年	1998年	1999年	1998年
资产	—	—	—	—	—	—
现金	1	1	3	4	3	5
上缴储备金	4	4	2	2	3	3
证券存货	65	68	39	40	56	50
转售合同	15	17	30	29	19	25
其他应收款	—	—	—	—	—	—
客户净值	12	7	12	10	13	11
证券经纪商	2	2	3	3	1	1
利息和其他	0	0	2	3	1	1
其他投资	0	0	6	5	0	0
固定资产净值	0	0	1	1	1	1
其他资产	2	1	2	2	2	2
总资产	100	100	100	100	100	100
负债和股东权益	—	—	—	—	—	—
短期借款	15	13	8	6	10	9
回购协议	16	17	22	22	28	29
应付未购回证券	26	26	21	21	17	19
其他应付款	—	—	—	—	—	—
客户净值	23	21	7	7	12	13
证券经纪商	1	0	3	3	0	2
利息和其他	0	0	6	6	1	0
其他负债	7	11	13	10	18	15
长期借款	8	9	16	19	8	9
总负债	96	97	95	96	95	95

续表 2 - 1

项目	高盛		美林		摩根士丹利	
	1999 年	1998 年	1999 年	1998 年	1999 年	1998 年
股东权益	4	3	5	4	5	5
负债和股东权益合计	100	100	100	100	100	100

（资料来源：陈云贤等著《风险—收益决策分析》，新华出版社 2001 年版。）

表 2 - 2　美国三家著名投资银行损益情况

单位：%

项目	高盛		美林		摩根士丹利	
	1999 年	1998 年	1999 年	1998 年	1999 年	1998 年
收益	—	—	—	—	—	—
佣金	10	9	32	29	26	25
利息和红利	50	67	43	52	41	53
主要交易	33	9	13	8	20	11
传统投资银行业务	17	15	10	9	13	11
其他业务	0	0	2	2	0	1
总收益	100	100	100	100	100	100
利息支出	47	62	37	49	35	47
扣除利息后净收益	53	38	63	51	65	53
非利息支出	—	—	—	—	—	—
薪水、津贴、福利支出	35	17	32	27	25	21
房屋和设备租金	3	2	3	3	2	2
经纪、清算和交易费	2	2	2	2	1	2
其他	5	4	14	14	14	13
总非利息支出	45	25	51	45	42	38
税前利润	8	13	12	6	23	17
所得税	−3	2	4	2	9	7
净利润	11	11	8	4	14	11

（资料来源：陈云贤等著《风险—收益决策分析》，新华出版社 2001 年版。）

通过分析表2-1、表2-2，我们可以得到以下结论。

（1）投资银行资产=权益+负债（三家投资银行两个年度的权益、负债比例基本上都是在1：25左右）。

（2）三家投资银行负债来源：①应付未购回证券和回购协议（占总负债的42%～48%）；②短期借款和长期借款（占总负债的18%～25%）；③应付客户款项（即客户交易资金头寸，占总负债的10%～20%）；④其他负债（占总负债的10%～15%）。

（3）三家投资银行的资产构成：①现金（包括上缴储备金，占总资产的5%～8%）；②证券存货、转售合同（占总资产的69%～85%）；③自营与投资（约占证券存货、转售合同的30%，即占总资产的20%～26%）；④固定资产等（占总资产的1%左右）；⑤应收款等（占总资产的13%～23%）。

（4）三家投资银行主要利润来源：①利息和红利（此项都为最大，占总收益的41%～67%）；②佣金（占总收益的19%～32%）；③主要交易（投资与自营，占总收益的8%～33%）；④传统投资银行业务（即承销，占总收益的9%～17%）；⑤其他业务（占总收益的2%左右）。

（5）投资银行的资产负债和损益中，不存在商业银行那样的资产负债比例管理（主要为存贷款比例），并由此对应产生的利润（存贷差）作为其业务主要利润来源的特征，而更多地或主要地表现为无突出风险的佣金（没有资产负债状况与其相关联）占9%～32%，较低风险的承销业务（没有资产负债状况与其相关联）占9%～17%和较低风险的资金营运利息红利收入（与资产负债状况有内在联系）占41%～67%，而较高风险的自营和投资的收入（与资产负债状况有内在联系）则占8%～33%。即投资银行业务没有商业银行业务那样的资产负债比例管理特征，在这个复杂而又充满风险的行业，为了稳定地创造收益，更主要地表现为以最小风险创造最大收益的特征。客观上，高收益伴随高风险，而在管理上，则应以最小风险创造最大利润，这就在管理的核心上有一个对投资银行各类业务把握其收益的最大限值及风险的最小限值相对应的问题。进一步说，为以最小成本获得最大收益，商业银行在管理上抓住了资产负债管理这一轴心，而投资银行则应抓住风险收益相对应这一管理轴心。

（三）风险收益对应论是投资银行业务管理轴心

投资银行从最本源的角度看，就是证券承销商；从狭义的角度看，投

资银行业务包括了证券承销和证券经纪业务；从广义的角度看，投资银行除了证券承销和证券经纪两项最主要的业务外，还包括项目融资、公司理财、资产管理、企业并购、投资咨询等。其业务的构成，形成投资银行利润的四大块来源：①较低风险的，与负债来源、资产管理没有必然联系的经纪人业务佣金；②有一定风险的，但也与负债来源、资产结构没有必然联系的证券承销业务等手续费；③较低风险的，与资产负债结构有内在联系的资金营运利差；④较高风险的，且与投资银行资产负债有必然联系的投资自营收益。它们形成投资银行业务运行的收益结构。增创利润成为投资银行业务负债的动源。然而，收益伴随风险，高收益可能伴随高风险。投资银行收益高低受其风险大小所制约。概括地讲，投资银行业务及其收益水平受约于政策风险、行业风险、市场风险、资本风险、价格风险、信用风险、结算风险以及操作风险等。它们共同形成投资银行业务运行中的风险结构。规避风险、减少风险成为投资银行业务发展的另一方面动因。值此，风险和收益在投资银行业务中存在四种对应关系：第一类风险，风险高而收益低；第二类风险，风险低而收益高；第三类风险，风险高而收益高；第四类风险，风险低而收益低。

正常的投资银行业务倾向于低风险高收益的业务。于是，第一类风险与收益对应业务几乎没有投资银行去做。第二类风险与收益对应业务却人人欲为，但正因如此，此类业务竞争激烈，相对收益就下降，从而形成低收益低风险的第四类业务，低风险高收益的投资银行业务由此变得罕见。因此，投资银行业务就形成第三类风险收益双高对应和第四类风险收益双低对应的机会供选择。高收益伴随高风险，但投资银行勇于承担高风险却不一定能确保高收益。这就使投资银行的业务管理轴心必须确定为：在一定的业务时限内，以最小风险获最大收益。风险（以最小的风险）与收益（获最大的收益）相对应。

四、风险收益对应原则

进一步说，风险收益对应论使得投资银行把实现收益、安全、流动三者的协调和统一当作经营管理的总体目标。作为收益性，投资银行根据其收益来源，把收益分为两个方面：一是与投资银行资产负债业务没有必然联系的业务收益，包括证券经纪佣金和证券承销费用，它是投资银行的本源业务和基础性收益，应不断扩大之；二是与投资银行资产负债状况存在内在联系的业务收益，包括自营投资收入和资金营运收入，这两种收益，要视投资银行自身的资产负债规模、资产负债结构、资金运用成本风险大小而定。

作为安全性，投资银行把业务风险划为三类：一类是低风险甚至是无风险的业务，如证券经纪业务，该类业务应规模发展；一类是中等风险的业务，如证券承销业务，资金运用中的证券回购、票据贴现与拆借业务，该类业务把风险控制在一定程度内，可以扩大发展；一类是高风险业务，如自营投资，该类业务职能限定在资产规模的一定量上进行。因此，投资银行力求低风险、中等风险业务的不断发展，并确保中等风险或高风险业务中资本金、各种借入款以及证券资产等的安全。

作为流动性，主要指投资银行利润的四大来源之一——资金营运收益，其既占投资银行收益的较大份额（41%～55%），又靠其负债的流动性、资产的流动性和应付意外事件的流动性的合理调剂来实现。因而投资银行从资产存量的角度，必须留有一定的现金资产（占总资产的5%～8%）或易变现资产，并使这些存量资产与预期的流动性需求相一致，还应能增加各种借入款等负债来源和及时收回资产的运用本金及利息部分，以有效地进行资金的运转和满足必要的投资需求进而实现收益。

投资银行风险收益对应管理把收益、安全、流动三者紧密联系起来，并根据不同阶段中不同的外部环境和不同的具体要求，使三大目标在其间有所侧重。风险收益对应论使得投资银行力求实现收益、安全、流动三个目标之间的动态平衡和协调统一。

因此，风险收益对应管理促使投资银行必须实行四个对应原则：①资本结构优化与流动性最大化对应原则；②组合投资优化与风险分散化对应原则；③经济周期波动与投资决策科学化对应原则；④风险收益对应管理与投资银行组织体系合理化对应原则。

（一）资本结构优化与流动性最大化对应原则

资本结构优化与流动性最大化对应原则，包括资产与负债在结构和期限对应上的最优化及投资银行资产负债流动性最大化两方面的内容。投资银行的较大收益来源（占总收益的41%～55%）在于其与资产负债有紧密联系的资金运营的结果，因而在客观上要求投资银行的资本结构与其流动性最大化相对应。

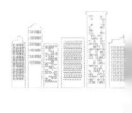

一方面，投资银行根据其资金来源特点，首先应确定其负债来源和负债结构的平衡重点、次重点、非重点，然后再确定其资产结构和资产运用的平衡重点、次重点和非重点，细化如下：①确定对负债结构影响最大、最基本和最活跃的"回购协议"和"应付未购回证券"（二者之和约占总负债的42%～48%）为负债来源和负债结构的平衡重点。确定与此两项负债来源相对应的资产结构"证券存货"和"转售合同"（二者之和约占总资产的69%～85%）为资产结构和资产运用的平衡重点。②确定负债可用量"短期借款""长期借款"和"其他负债"（三者之和约占总负债的31%～37%）为负债来源和负债结构的次重点。确定与此三项负债来源相对应的资产结构"投资和自营"为资产结构平衡和运用的次重点。③确定可在一定程度上按计划运筹使用的"应付经纪商款项"和"应付客户款项"（二者之和占总负债的10%～20%）为负债来源和负债结构的非重点。确定"客户净值""经纪利息"和"现金""上缴准备金"以及"固定资产净值"等为资产结构平衡和资产运用的非重点。④根据负债来源和负债结构、资产结构和资产运用状况，坚持用可用负债量来安排资产规模、资产机构和资产运用，坚持用负债结构和负债量来制约资产结构和资产量，使投资银行在资产机构和期限上与负债结构和期限保持对称和协调，并在加强预测分析工作和严格区分资产、负债对应结构项目管理的基础上，实现资产与负债在结构和期限对应上的最优化。

另一方面，与资产结构优化相对应的应是投资银行资产负债流动性的最大化，它既包括每天按市价计价的证券存货、自营证券交易和客户有关的抵押应收款项，又包括在抵押应收款项中由各类机构担保的返售协议、转售合同等流动性的最大化。投资银行的41%～55%收益靠其资产运用所得，资产运用规模增加的能力与其获得短期（担保）借款、非担保融资的能力，以及长期资本（包括长期借款构成资产基础）的来源能力有关，而与其资产所需数量和资产的流动性成正相关关系，它们又与投资银行资产运用所得收益成正相关关系。所以，投资银行在资产结构优化的基础上，利用回购协议、担保和非担保融资金融杠杆，保持资产负债流动性的最大化，对其资本充足性和由此带来的风险、收益稳定的盈利有较大影响。

（二）组合投资优化与风险分散化对应原则

证券投资风险分为两大类：系统风险与非系统风险。

77

系统风险侧重指某种因素对市场上所有证券都会带来收益损失的可能性。政治、经济、法律、军事、社会环境等变化是导致系统性风险的原因，它们使所有同类证券价格以相同方向变化，是单一证券所无法抗拒的风险。其包括：①国际风险，指由某一市场的问题而引起全球范围证券价格变动而造成的风险；②通货膨胀风险，指由于通货膨胀而使证券投资收益的实际价值下降的风险；③利率风险，也称货币风险，指由于货币市场利率的变动引起证券市场价格的升降，从而影响证券投资收益率的变动而带来的风险；④法规风险，指由于国家改变某些法律法规，引起证券市场价格变动而带来的投资风险；⑤汇率风险，指国际金融市场上汇率的变化所引起的证券市场投资风险；⑥经济周期风险，指经济周期中各发展阶段的变化引起证券市场股价波动而产生的风险；等等。

非系统风险侧重指发行证券的企业由于企业某种因素引起该证券价格下跌而带来收益损失的可能性。该风险只存在于个别企业或个别行业，与整个证券市场不发生系统性的联系，是一种可分散的风险。其包括：①财务风险，指涉及上市企业财务结构不合理对该企业股票价格的影响所形成的风险；②价格风险，指涉及上市企业产品的价格发生变动而给该企业股票投资者带来的风险；③经营风险，指上市企业的决策与管理人员在经营管理过程中出现失误导致该企业亏损、破产而使投资者遭受损失的可能性；④流动性风险，指投资者所投资的证券因流动性问题而影响变现能力的风险；⑤道德风险，指上市公司向外公布信息时弄虚作假、隐藏或欺骗投资者而产生的风险；等等。

对系统风险的防范，投资银行侧重从加强经济形势分析、基准利率跟踪、国际局势观测等宏观预测方法，去不断调整投资自营证券的库存结构和库存总量。对非系统风险的防范，投资银行则在防范系统性风险的基础上，侧重采取"行情资料积累法""单个企业分析法"和"投资品种分散法"进行证券组合投资，从而实现：①在可以接受预期风险的条件下，使预期收益最大化；②在可以接受的预期收益条件下，使预期风险最小化。证券组合投资促使投资风险分散化，其对分散投资风险与防范投资风险极为重要。

一般来讲，投资银行建立有效的证券组合投资，实现收益确定时的风险最小化或实现风险确定时的收益最大化，达到最佳组合，通常采取以下三个步骤。

第二章 商业银行与投资银行的联系与区别

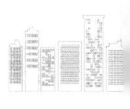

第一步，设立目标。投资银行可根据投资资金来源不同，或本身资产负债状况，再根据自身所处环境中的某些政策限定或惯例，结合本身的发展战略、计划和进行组合投资操作者的水平，设立以下五种目标：①设立以"获得稳定的经常性收入"为目标。在该目标条件下进行证券组合投资，不刻意地讲究投资收益的高低，而是注重风险防范，注重在规避和分散风险的前提下实现稳定的投资收入。以投资国债、信用等级高的公司债和绩优股为主。②设立以"实现资产价值的上升"为目标。该目标使投资银行按照既定收益率下尽量降低风险的方式建立组合，投资具有高成长性的股票或者信用等级比较低但收益率可能较高的债券，或进行金融衍生工具买卖等。③设立以"保证自身的流动性"为目标。该目标投资所形成的资产主要为速动资产，因组合投资方向主要在短期国债、短期票据上。④设立以"保障投资价值的安全"为目标。投资银行可以建立以股票为主的证券组合来防止投资的初始价值和收益的实际购买力因通货膨胀的影响而下降。⑤设立以一种目标为主，另一目标为辅的组合投资目标。显然，投资银行实施证券组合投资，是为了分散投资风险；投资银行设立证券组合投资目标，是为了促使其在风险尽可能低的条件下获取尽可能高的收益。

第二步，建立组合。它是投资银行进行证券投资的最关键点，可以通过三个环节实施此步骤：①第一环节是确定投资范围。投资银行应根据不同种类的证券在收益和风险上各具的特点，按照证券组合投资应与风险分散化相对应原则，结合第一步已设立的投资目标，运用现代证券组合理论（包括分析单个证券的收益与风险、证券组合的收益与风险；运用单指数模型、多指数模型，进行系统风险与非系统风险的组合风险计算；并确定资本资产定价模型和套利定价模型等），来科学地界定具体的投资范围，以进入第二环节。②第二环节是分析选择证券。在运用现代证券组合理论的基础上，投资银行可着手对选择的证券进行基本分析和技术分析。前者从影响证券价格的各种内外因素出发，包括考察微观经济因素中的上市公司行业特征、产品周期、财务状况、市场前景，以及内部组织管理状况，考察宏观经济因素中的政治、经济周期、利率、汇率、通货膨胀等变化，从而分析证券市场以及市场中的某些证券可能面临的系统性风险和非系统性风险大小，以及与之相对应的收益状况，来确定选择证券及其组合投资。后者侧重抓住证券价格的趋势变动来判断未来的证券市场走势和某一证券变动状况，包括运用趋势分析法、形状分析法、强弱指标分析法等，

79

分析证券价格的波动趋势，来选择投资证券和进行证券组合。投资银行可在考虑基本分析中出现的各种因素状况后，结合不同的技术分析方法，来寻找或选择最具投资价值的证券。③第三环节要考虑证券组合中如何分散投资风险，证券组合投资应该要与风险分散化相对应。其中包括运用证券种类的分散、投资行业的分散、投资期限的分散、投资时机的分散、投资市场的分散等方式来分散投资风险。投资银行应该在证券组合投资与风险分散化相对应的原则上，进行证券分析、组合分析并选择组合，从而确立符合投资目标的证券组合。

第三步，监督与调整。即投资银行确立证券组合投资运作后，对其过程中暴露出来的一些问题应进行技术上的跟踪、监督和必要的品种组合调整，包括剔除不良证券，加入其他高质量证券，等等，以在调整中真正达到证券组合投资运作的低风险、高收益。

可见，在证券组合投资中面临着系统风险和非系统风险，而证券组合投资与风险分散化相对应，就是要在其设立目标、建立组合和监督调整的三个步骤中予以相对应，因此，证券组合投资应建立在风险分散的基础上。

进一步说，降低风险和获取高收益是证券组合投资的两大目标，对"收益"有个量的指标，而对"风险"却较难量化。投资银行为了实现证券组合投资与风险分散化相对应，还必须解决"风险"的量化问题。

1988 年以后，尤其是 20 世纪 90 年代以来，为避免因衍生产品交易失误造成企业倒闭或金融体系崩溃，并保证国际金融业的稳定，各国金融机构和监管当局开发了许多风险管理的模型或模式，去专门度量组合投资中的市场风险，以将资本水平与金融机构所承担的市场风险挂钩。在多种新方法中，最重要的就是受险价值管理。

（1）受险价值管理的主要针对性。即在管理市场风险中，全面、准确、及时地估计金融机构整个证券组合投资中的价值和未来可能的损益，同时计算一个距离交割期尚远的交易合同的损益，计算一个未来不确定现金流的损益。而这个"未来可能的损益"的量化，就是"受险价值"。受险价值代表了在未来一定时间内整个组合投资中最大可能的价值损失。

（2）受险价值管理的适用范围。受险价值可以在单一产品交易、部分交易组合，以及整个金融机构组合投资的范围内使用。在受险价值之外，还可结合使用当日损益来度量短期的（如 24 小时以内）整个组合投资最大可能的价值损失，如果只计算一天的受险价值，则受险价值就等于当日损益。

（3）受险价值管理的主要步骤。①计算整个组合投资的市场价值。即对整个组合投资中的所有交易合同进行随市损益结算，在折算成未来现金流的基础上汇总。②组合投资市场风险的度量。即按照一定的置信度估计利率、汇率等各种市场价格的变动对这个组合投资市值的影响。组合投资市值的最大可能改变量就是受险价值。③按照金融企业的资本实力，确立市场风险的控制上限。控制上限确定之后，就成为金融企业监测风险的准绳。一旦所计算的受险价值超过控制上限就要对组合投资进行调整，或增加风险准备金。

（4）受险价值管理的基本要求。①各金融机构必须区分贷款账和交易账，并根据两者具有的风险的不同特点分别考虑资本准备问题。②应将交易账的头寸划分为固定收入证券头寸、股权头寸、外汇头寸、商品头寸等几类，分别考虑各类头寸的市场风险。③按照以上各类头寸的风险的不同特点，规定不同的资本要求。④各类头寸的资本要求之和就是金融机构整个组合投资业务市场风险的资本要求。

（5）受险价值管理的实施条件。为了保证受险价值管理的实行，金融机构高层管理人员应对市场风险有足够的了解；应建立明确的风险管理指导原则和对子公司的业务授权办法；应成立专门的、独立于交易活动之外的风险管理部门；应增强对风险管理的技术支持和风险监测系统；应对风险管理业绩和管理系统进行定期评估；等等。

因此，为了实现证券组合投资与风险分散化相对应，受险价值管理作为一种新的风险防范和规范管理方式，必将得到投资银行的重视和广泛应用。

投资银行运用证券组合投资和风险分散化原则，需要认真分析每一证券的收益、风险及其相关关系，建立有效的投资组合，并实施有效的效益监视和调整，才能实现收益稳定时的风险最小化或风险确定时的收益最大化，进而达到较高的风险收益对应管理水平。

（三）经济周期波动与投资决策科学化对应原则

纵观百年世界经济史，各国经济发展都有起伏，快慢交替，呈现经济周期运转波动的状况，而正是经济周期的波动，给各投资银行实施风险收益对应管理赋予了契机。

经济周期产生的原因，首先在于经济自身矛盾运动的结果。一国经济发展到一定阶段，其经济本身会出现比例失调，如物价上涨过快、原料不足、劳动力结构失衡、与国外贸易摩擦加剧等问题，其经济发展也与社会、政治、文化发展产生一定的矛盾。矛盾的过程亦是调整的过程，从而出现经济循环。

按照各国经济发展的历史，经济循环大致分为四个阶段：低谷、萧条、复苏、高涨。在低谷期，企业关闭、金融紧缩、经济不景气状况严重；在萧条期，经济仍不景气，企业、金融发展状况仍在低水平上徘徊；在复苏期，经济回升有了希望，企业逐渐有了增资计划，强大的资金需求露出萌芽，政府开始放松银根以刺激经济回升发展；在繁荣期，金融借贷业务增多，企业投资规模增大，经济发展速度加快。

按照经济运动自身内在的规律，经济周期存在大循环、中循环、小循环。有的国家，经济大循环36年左右为一周期，经济中循环10至12年为一周期，经济小循环5至6年为一周期。有时候大循环中裹着小循环。它循着一国社会经济自身内在的矛盾运动向前运转。经济周期及其波动性不可消除，但可以调控经济周期的波动幅度及其带来的影响。

各国政府通常在经济发展进入高峰期时，用增加税收、提高利率、增发公债、减少货币供给等手段使经济发展速度降缓；在经济发展进入低谷期时，又用减税、降低利率、回购国债、增加货币供给等手段刺激经济回升发展。

经济周期的波动，带动着股票市场的波动。其中互相牵动的因素有：利率、税率、汇率、货币供应量、国债发行量和物价上涨指数。以利率为例：①在经济低谷时期，企业不景气，金融紧缩，银行贷款非常不易，造成利率顺势上升，导致股票价格急剧下跌。②在经济萧条时期，投资者预期股息不乐观，此外，由于经济从低谷向萧条转化，企业仍然不景气，但利率一般不会再提高，使得股票价格徘徊在低水平上。③在经济复苏阶段，强大的资金需求已经开始，政府采取积极政策，刺激经济，放松银根，降低利率，导致股票价格快速升高。股票价格的上升此时要比实际的经济复苏更快。④在经济高涨阶段，繁荣初期，金融借贷业务越来越多，利率水平可能会提高，但因为企业有增加股息回报的可能性，股票价格会提高。繁荣中期，利率大幅上升，企业股息回报期望也越来越大，于是股票的价格趋高。繁荣末期，银根紧缩，利率上升，预期股息回报趋于减少，股票价格涨势停止，开始下降。经济周期的波动，影响着股市的波动；反过来，股市的波动发展，成为经济周期的"晴雨表""反射器"，股票市场走势图形与经济周期波动状况大致一致，但股票市场走势时间一般要比经济周期波动时间超前3～6个月。

因此，经济周期的波动，带动股票市场的波动，也带动整个资本市场的波动，给各投资银行进行投资决策赋予了契机。投资银行要想有效地进行科学决策，以最小风险获最大收益，就必须预测经济周期。

而投资银行的决策，横向地，应放在大的经济环境中；纵向地，应放在经济周期运行中，即应用动态的方式来对投资项目做出正确的决策。

投资银行在寻找和确定投资方向时，应分以下三个步骤来进行。

第一步，应进行投资决策可行性因素的研究分析（见图2-6）：①技术因素。投资银行应分析该投资项目在实际操作中的可行性，与之相配套的技术设施的保障制度、人员素质、可能产生的偏差、如何解决等问题。②财力因素。投资银行应分析该项目投资所需的资金来源、资金规模、持续时间、可能面临的风险、投资银行自身能承受的最大止损点、成本大小和突发事件下的资金支持问题。③经济因素。投资银行应侧重分析投资项目的投入产出、风险效益、可能实现收益的最高上限和下限。④法律因素。对该投资项目，投资银行还应分析其在政府法律、法规范围内的允许程度，法律、政策风险有多大，是否值得做出此项目投资的决策。⑤社会

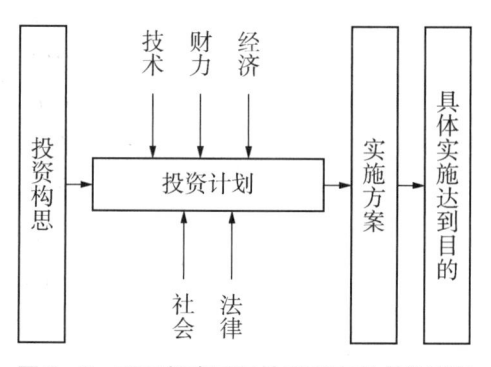

图2-6 项目投资可行性研究应考虑的因素

（资料来源：陈云贤等著《财政金融理论与实践探索——陈云贤文集》，中国金融出版社1999年版。）

因素。此因素包含了上述所说的横向的和纵向的两方面内容。投资银行任何一项大的投资决策，都应该放在社会大的经济环境和经济走势当中来分析。

第二步，应进行投资决策可行性内容的研究分析：①投资必要性。投资银行每决策一个项目，都有其主观和客观的需要以及一定的背景，因而，对其投资项目的可行性研究分析，首先要对项目提出的背景和投资的必要性及经济意义进行分析，以考察其投资的指导思想是否正确。②市场状况。投资银行运用基本分析和技术分析的方法和手段，结合国家（或国际）大的经济走势、经济周期以及经济周期所处的阶段，进行市场分析，以确定其投资立项的可行性及实时策略。它是投资银行在投资立项必要性分析之后所要进行研究的首要环节。③项目规模。它包括需用资金的规模、持续时间的长短、实施的难易程度等所决定投入人、财、物的需求量。投资银行对项目规模研究分析以求最佳的投资方案。④辅助条件。投资银行在投资立项的可能性分析内容中，除了要对其立项规模（对人、财、物的需求）进行分析外，还要对与之相配套的所需要的辅助条件，如舆论、法律、合约、收购与反收购等进行研究分析，以使投资项目届时能够更好地操作运转。⑤设计方案。这是项目投资可行性研究分析内容中最关键的一环。投资银行应组织项目审查委员会、风险管理委员会等对项目投资的设计方案，包括技术要素、操作细节、投资策略、风险防范、进退步骤等进行全面、严格的分析把关，才能使方案更加稳健、更加完善。⑥实施过程。投资银行对其投资立项方案研究分析之后，对方案的实施过程也应审议、分析、把关，它能使投资立项的每一个环节都更加严密，更加合理。⑦操作时间表。投资银行对此项目的把握与分析，特别是该项目所需期限以及在此期限内面临的风险收益问题，尤其是要与经济发展周期衔接起来，以把握其投资操作策略和操作时间长短。⑧投入产出结果。通过分析三个方面来对其进行衡量：一是资金来源、筹措方式、运用策略；二是筹资成本；三是风险收益状况。投资银行应在这八个方面的内容上对其投资项目进行可行性研究分析。其中，作为投资银行，对投资立项必要性研究分析之后，首要环节就是要考察经济走势、经济周期、经济周期所处阶段决定的市场状况对其投资立项风险和收益的影响。可以说，投资银行的投资决策不能脱离一国（或国际）经济周期走势的大环境。

第三步，应按有关程序和有关权限进行投资、决策，其程序主要包括：①项目小组提出可行性方案；②项目评审委员会和风险防范委员会评审投资项目；③按不同的投资权限决策范围，送至部门或公司总裁或董事会决策、审定；④实施；⑤再评价，以及时调整不妥之处；等等。

可见，投资银行投资决策需要经过：①机会研究阶段。它实质是为投资银行建议投资方向，在确定的范围内寻找有利时机，并做相关的资料准备。②初步选择阶段。它实质上是投资银行项目投资可行性研究的第一步——五个因素分析，目的是弄清楚是否有投资成功的可能性。③项目拟定阶段。它实质上是投资银行对投资项目进行八个方面内容的论证——投资银行项目投资可行性研究第二步，目的是找出最优方案。④评价决策阶段。它实质上是投资银行进行项目投资的第三步，目的是按有关程序和有关权限进行投资决策。

投资银行的上述项目投资决策过程及其步骤告诉我们三个方面的内容。

（1）投资银行投资决策应具备一定的理论基础。该理论基础不仅包括投资银行自身的资产来源、资金营运、资产负债特点、损益结构和业务特征等，而且包括投资对象的行业特点、总资产、资产负债、损益、发展方向及未来盈利水平以及该投资项目在同行业与整个证券市场中的表现，还包括对国家财政政策、货币政策、国际贸易政策、汇率政策、经济周期、供求关系等的把握状况。恩格斯说过，任何一个结果都是平衡四边形作用力的结果。投资决策的最终确定也是如此。从与宏观经济基础理论结合的角度来看，投资银行投资决策与国内（国际）经济周期的波动状况相对应，能使决策更加客观有效。

（2）投资银行投资决策应掌握基本的分析方法。它既包括及时分析法，以价格的变动为基础，运用图表法、条形法等对未来走势和投资决策做出预测，又包括基本分析法对影响市场的宏观因素、微观因素、资金因素以及有关信息做出分析，从而对投资决策做出判断。其中，宏观因素包括政治、军事等因素，经济因素包括国内生产总值、经济周期、通货膨胀、货币政策、财政政策、产业格局以及增长状况等，它们（包括经济周期）作为投资银行投资决策分析防范的影响因素，制约着投资银行的决策和判断。或者说，在项目投资中，正确运用、了解、把握有关投资决策的基本分析方法以及影响这些分析方法的主要因素（包括经济周期，或者说经济周期是其中一项很主要的影响因素），将能促使投资银行的投资决策更加完善。

（3）投资银行的项目投资应该结合预测经济周期波动的实际状况来决策。一是应结合经济周期循环的四个阶段的不同特点来进行投资决策。尤其在经济复苏期，投资银行可以较为大胆地进行项目投资，而在经济繁荣期，特别是在繁荣阶段的末期，投资银行应果断地杜绝规模比较大、期限比较长的投资。二是应根据"股市状况一般比实际经济运行超前三个月至半年"的规律来进行投资决策。因而投资银行在实际项目投资中应避免"盲目跟风""犹豫不决"和"错误估计形势"等投资决策大忌。三是应考虑小周期循环是建立在大周期循环的轨道上以波动与运转的特点来进行投资决策的。有时候小周期循环曲线呈上升趋势，但它是在大周期循环曲线呈下降趋势中的小循环曲线上升，此时投资决策容易被局部现象所迷惑；有时候小周期循环曲线呈下降趋势，但它是在大周期循环曲线呈上升趋势中的小循环曲线下降，故此时投资决策也不要被局部现象所干扰；有时小周期循环曲线与大周期循环曲线呈同一方向波动，或者上升，或者下降，此时投资银行可根据实际情况做出有效的投资决策。投资银行投资决策与经济周期发展阶段相对应，能更有效地稳定投资收益，防范风险于未然。

（四）风险收益对应管理与投资银行组织体系合理化对应原则

正因为风险收益对应管理是投资银行业务管理轴心，所以投资银行业务组织体系就应与之相适应。首先，它要求投资银行要了解各类风险业务的来源和性质，估计各类风险发生的概率，研究可供选择的对应方案。其次，投资银行应做好风险决策，在某一特定的业务活动中存在的多种可供选择的风险收益对应关系中，选择一种适合投资银行自身条件和外部状况的风险收益投资决策，以达到避其风险、获其收益之目的。然而，对其实施过程，客观上也要求投资银行内部的组织体系、决策体系、管理体系和监控体系合理化和科学化，投资银行风险收益对应管理应与内部组织体系合理化相对应。

（1）风险收益对应管理与投资银行组织体系合理性。从狭义的范围来讲，投资银行组织体系的合理性主要体现在投资银行内部控制制度和对分支机构内控细则的合理性。内控细则指投资银行为完成经营目标和防范风险，对内部各分支机构从事的业务活动进行风险控制、制度管理和相互制约的方法、措施和程序。内部控制的目标包括确保主管机关的法律法规和公司规章制度的贯彻执行，确保将各种风险都控制在规定范围之内，确保公司的发展战略和经营目标的全面实施，确保各分支机构经济效益指标的完成。内部控制的要素包括对分支机构内部部门组织机构的控制，对委托买卖风险的控制，对会计系统风险的控制，对授权授信的控制，对计算机业务系统的控制，等等。对健全内部控制的基本要求包括：分支机构应设立监控防线，实行责任分离制度，规范岗位管理，完善信息资料保全系统，建立服务质量控制制度，完善硬件设备控制系统，完善交易差错处理系统，建立风险预警预报系统，制定应急应变有效措施。投资银行内部控制制度的实施和监督，多由投资银行内部稽核法律事务部去执行。可以说，投资银行要实施风险收益对应管理，其内控制度的健全与完善是其保障因素之一。

（2）风险收益对应管理与投资银行决策体系科学性。投资银行决策体系包括了三层含义：第一层次，决策程序；第二层次，决策体制；第三层次，管理授权。投资银行决策体系的科学性，包含了这三个层次的内容与实施的科学性。

关于第一层次，投资银行决策程序，其应该包括：①项目投资小组提出可行性方案；②项目评审委员会和风险防范委员会评审投资项目；③决策；④实施；⑤再评价（以及时调整不妥之处）。

关于第二层次，投资银行决策体制，应该按照不同的事项和重要性，分三个层次决策：①涉及有关投资银行发展的方针、政策、组织框架、重大战略、重点项目及其预算等，应该交给股东大会决策；②涉及投资银行大的投资计划、年度预决算、资本增减、盈利分配、机构变更、主要负责人调整等，应该交给股东大会的执行机构——董事会去决策；③涉及投资银行日常经营管理、业务计划、投资方案等，应该由行政经营班子去决策。三个层次形成一个整体，投资银行按照不同事项，根据不同的决策权限，交送不同的层次去审定。

关于第三层次，投资银行管理授权。它既包括法定代表人董事长对总裁行政班子的授权，又包括总裁行政班子对管理各部门的授权和总裁或管理部门对业务分支机构的转授权三级授权方式。就投资银行对管理各部门授权管理而言，可探讨分为基本授权和特别授权两类，基本授权可界定在对日常管理事务的决策授权，特别授权内容可包括人事、资金、财务、行政事务、机构管理、集合法律以及计算机技术等方面的管理上。授权期限可探讨为两年一次。越权违规者应追究相关行政或法律责任。就投资银行对各业务分支机构授权管理而言，也可探讨分为基本授权和特别授权两种，授权内容包括资金经营、调剂、自营、代理交易、承销、代理权益分派、鉴证过户、员工聘用与解聘、岗位组合、福利、分配、投资审定、经济纠纷处理等管理决策。授权期限与越权处理方式可与管理部门授权方法相同。

也可以说，投资银行要实施风险收益对应管理，其决策体系三层次内容及实施操作的科学性是其保障因素之二。

（3）风险收益对应管理与投资银行管理体系严密性。对投资银行管理体系的严密性，各个国家的各个投资银行均有不同的具体措施。实施有效的分支机构分级管理办法，是值得探讨的有效途径之一。

投资银行管理体系的严密性，就是要针对各分支机构存在的经营环境、损益水平、资金规模、管理质量、员工素质等差异并带来风险收益不一的问题而采取严密有效的管理措施，以促使分支机构因地制宜、灵活管理、目标统一地既能防范风险又能增创高效益地向前发展。而投资银行实施分支机构分级管理的目的，也在于促使各分支机构能合理安排人、财、物，促进资产优化组合，投资结构稳健合理，同时发挥自主经营、自我发展、自我约束、自我完善的积极性和创造性，既防范风险又提高效益。对分支机构实行分级管理，是投资银行管理体系严密性的重要体现。

可以考虑把分支机构分级管理的基本原则定为：统一领导、分级管理；挖掘潜力、规范运行；增创效益，防范风险。

可以探讨按照全系统各分支机构经营成果（包括营业收入费用率、营运资金利润率、总资产利润率、利润总额、利润计划完成率、利润增长率等）、资金来源及运用状况（包括客户保证金头寸、拆入资金额度、营运资金状况、固定资产比率、资金坏账率等）、管理水平（包括领导学历与专业素质、员工学历与专业素质、业务开拓情况、风险防范状况、稳健安全表现、执行制度情况、培训教育状况等）和监控结果（包括财务核算标准化、财务管理规范化、电脑技术安全措施以及各种违规违纪累计）等实际情况，把各分支机构划分为 A、B、C、D 四个等级，按百分制根据上述指标细分给予定级。定级的宗旨为：A 级为经营管理先进单位，B 级为经营管理达标单位，C 级为经营管理欠佳单位，D 级为经营管理较差单位。达 A、B 级标准的分支机构，投资银行总部将对其在经营管理、投资规模、员工福利、发展条件等方面给予不同程度的优惠或奖励，对评为 C、D 级的分支机构，投资银行总部将对其经营条件、工资福利等方面进行一定控制，并确定其防范风险、增创收益的具体措施。对连续两年不能改善其面貌、提高其指标的分支机构，应考虑撤换领导人或进行其他形式的处置，从而达到鼓励先进、鞭策落后、规范管理、自求发展的效果。

可考虑对分支机构实行分级管理的实施操作，即一年一度考核定级，各分支机构按百分制明细指标先予自评，总部各管理部门给予初评，在专门机构汇总后由投资银行分级管理评审委员会终评，并产生结果。

对分支机构实行分级管理，以权、责、利相挂钩，既能充分发挥分支机构各自的积极性、增创效益，又能防范风险、规范管理，因而它对严密投资银行管理体系具有重要意义。从另一个角度说，投资银行实施风险收益对应管理，对分支机构实行严密的分级管理，也将成为其保障因素之一。

（4）风险收益对应管理与投资银行监控体系严肃性。投资银行的监控体系包含了外部监控与内部监控两个方面。本书所讲，主要从后者入手，探讨投资银行业务发展之前、发展过程中、发展之后（产前、产中、产后）的三个阶段监控操作如何与防范风险、增创收益相对应的问题。

现以项目投资为例，来具体说明。

首先，在业务开始前，应注重合同管理办法。投资银行在对外签署合同之前，应就合同涉及的项目进行充分的可行性研究和风险预测，在保障投资银行最大权益的基础上，与合作方协商一致后，拟定合同。拟定合同应遵守国家有关法律、法规、政策和投资银行自身的有关规章制度；要注意考查对方当事人的法律身份（包括订立合同的主体资格、代理人的资格和授权委托书），要查明对方的信用状况、履行能力和经营范围；拟定的合同条款要完备，权利义务要明确；在合同签字生效前，应报投资银行稽核与法律事务部审查与备案；经审查，合同手续、内容符合要求的，应按合同签字程序签署合同，它是项目投资开始前，作为投资银行监控体系必须要重视的事情。

其次，在业务发展中，应注重稽核管理办法。稽核内容可包括：业务发展中的资金与财务计划的实施与完成情况；业务经营与效益情况；各项指标落实情况；会计核算的完整和真实情况；资产结构与安全状况；资金筹措与运用、负债规模与清偿情况；电脑管理制度执行情况及电脑运行状况；内部控制执行及可能产生的违规违纪问题；等等。稽核人员应有权处理以下事项：检查各种凭证、账簿、报表、库存现金、有价证券、空白凭证、文件资料；打开电脑数据库检查收据文件；参加或召开有关会议；向有关单位或人员调查，索取证明材料；提出制止、纠正和处理违反财经纪律事项的意见、提出追究行政责任的建议；提出规范管理、提高效益的建议；向上层领导反映稽核中暴露出来的问题；等等。稽核制度要健全，稽核程序要规范，稽核人员要严谨，稽核方案要全面（包括稽核目的、对象、内容、时间、方法、程序和要求等），稽核时间要经常，稽核工作要公正。可以说，投资银行健全内部稽核管理制度，对完善项目经理人自我约束机制、提高经营管理水平、增强风险防范能力都极为重要。它是投资银行监控体系必不可少的核心组成部分。

最后，在业务结束后，应注重离任审计办法。离任审计内容应包括：经营活动的效益性；业务开展的合规性；财会资料的真实可靠性；资产状况的安全性和流动性；债务偿还性；内控制度的健全性、有效性；等等。离任审计程序应包括：审计时间、主要负责人述职报告、填写离任审计报表、就地审计、交换意见、撰写审计报告、领导批示、将离任审计报告归档等。未进行离任审计，不能办理交接手续工作。它也是作为投资银行完善监控体系、健全内部监督检查的一种方式。

投资银行监控体系的健全，将能更好地保障"风险收益对应管理"发挥主导作用。"风险收益对应论"是投资银行业务管理轴心。投资银行风险收益对应管理应与投资银行的组织体系、决策体系、管理体系、监控体系的健全与完善相对应。

五、风险收益对应分析

风险收益对应论作为投资银行业务的管理轴心多年来已被成功地应用在投资银行各项业务的实践中，包括证券承销风险与收益、证券经纪风险与收益、证券投资风险与收益、营运资金风险与收益、证券公司管理风险与收益等。由于资金营运是投资银行利润和风险的主要来源，接下来将对

第二章　商业银行与投资银行的联系与区别

风险收益对应论在投资银行资金营运中的应用做概括性的介绍。

（一）投资银行营运资金分类及其运作风险与收益的对应分析

投资银行总资产（负债＋权益）一般包括固定资产投资、股权投资和营运资金（也称流动资金）三部分，其中营运资金的有效运作是投资银行利润的主要来源，但营运资金运作时风险防范的实务也可能给投资银行带来灭顶之灾。根据风险收益对应论，投资银行资金营运首先需要根据资金运作性质及风险大小等因素进行分类，然后要清楚认识各类资金的性质和具体组成，最后要对各类资金的风险与收益进行分析。这样才能在投资银行的资金营运实践中以最小风险获取最大收益。

作为投资银行，其运作的两大要素为人才与资金。流动资金的运用是利润之源泉。资金的来源主要有三部分：①股本金；②借入款（包括短期拆借与长期债务，例如债券发行）；③客户保证金。对其管理，三部分资金应分户立账、分离管理。

构成投资银行的总资产＝权益＋负债。国际成熟资本市场的权益与负债比可达至 1：25，保守一点也可达 1：20。中国作为发展中的资本市场，为控制风险，规定"证券专营机构负债总额与净资产之比不得超过 10：1"[①]。

总资产＝权益＋负债，在投资银行业务运行中主要应用于三个方面：①固定资产投资，其不得超过投资银行注册资本金的 50%；②股权投资，其只能向其他金融机构投资，累计金额不得超过注册资本金的 20%；③营运资金。

按照实际用途，我们可以把投资银行总资产扣除固定资产投资、股权投资之后的营运资金使用分为四个档次。第一档次，是为了保证日常业务支付、清算所需要的资金，即我们所说的备付金（现金留存）。第二档次，是为了能够利用市场时机创利，但又不是即时的，而是需要相对固定量的需求资金。比如说证券承销，股票自营所需要的资金。第三档次，是为了既能够获利，又能够为了应付突发事故或危机而滞留和运作的资金。如国

---

① 见中国证券监督管理委员会于 1996 年颁布的《证券经营机构证券自营业务管理办法》第十八条。

91

债投资（包括国债交易、买入返售与卖出回购、公开市场操作、贴现与再贴现等）、利差管理（包括同业往来、协议回购、票据贴现、证券存货、抵押放款等）、互换交易（包括利率掉期、货币掉期等）以及套利（包括地点套利和品种套利等）和套期保值业务所需要的资金，与这部分资金相对应所形成的资产多数为速动资产。第四档次，是可能创造高收益，但同时又可能带来高风险的某些业务，如金融期货套期保值、金融期货自营等所需要的资金。这四个档次的资金需求，其运作应同时与成本考虑联系起来。①

在营运资金规模受到最高限额制约的条件下，为了达到营运资金创利，同时又防范风险之目的，针对投资银行营运资金四个档次结构（即各资金或资产规模比例）的优化，成为至关重要的问题。因此，我们还可以进一步细化营运资金分类，即把投资银行营运资金分成了四个档次之后，与其相对应的，应该说每一部分都有其资金使用原则和风险防范目标。

我们可以把投资银行第一档次营运资金称为"稳定型"资金。它以库存现金、清算准备金、上缴储备金等形式存在。虽然该部分资金基本上不会给投资银行带来直接收入，但其将合理保证投资银行在一定期限内的有效支付、交易结算、还本付息。对这部分资金，用审慎的最低限额决定其规模并保持相对稳定，有利于投资银行制定包括融资规模、融资期限、投资放款、风险管理等在内的资金管理策略。

我们可以把投资银行第二档次营运资金称为"运营型"资金。其作用于投资银行承销证券和自营股票的需求，实际所需金额随证券承销规模、自营股票状况、融资成本及其可能性以及风险大小和有关主管机关规定最高限额的制约条件而确定。但该部分资金营运是投资银行核心业务的主要部分，也是投资银行除了经纪代理业务之外的基本利润来源之处，因而是资金管理中既需注意防范风险又需按规模确保的"运营型"创利资金。

我们可以把投资银行第三档次营运资金称为"可调整型"资金。其多数以速动资产的形式而存在，主要靠利差为收入。该规模大小根据增加融

---

① 笔者对上述资金营运四个档次的业务界定不一定很确切，第三档次中的某些业务因其特性也可以被归纳到第二档次业务中。但笔者认为，为便于管理和防范资金营运风险，把资金使用分为四个档次的方法是可取的。

第二章　商业银行与投资银行的联系与区别

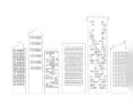

资的不同成本以及相关投资决策和收益而决定，并随投资银行融资计划和投资策略的调整而变化。

我们还可以把投资银行第四档次营运资金称为"高风险型"资金。该资金投入所开展的业务，不仅要确立止损点，而且要随时调整投资规模和投资策略，并根据风险大小程度，以决定是否继续开展此类业务。

对投资银行营运资金的分类及细化，有利于管理者提高资金营运水平，多创资金营运收益。

作为投资银行第一档次营运资金——"稳定型"资金，基本上不能给投资银行带来直接收益，因而也不存在具体对应的运作风险，它只需用审慎的最低限额确定其规模而已。

作为投资银行运用的第二档次营运资金——"运营型"资金，主要用于以下两方面：①用于证券承销。其收益在国际资本市场中作为主承销商的承销佣金一般为发行总额（即募集资金总额）的1%～3%。在国内证券市场中作为A股主承销商的承销佣金：承销金额在2亿元以内，收费标准为1.5%～3%；承销金额在3亿元以内，收费标准为1.5%～2.5%；承销金额在4亿元以内，收费标准为1.5%～2%；承销金额在4亿元以上，收费标准不得超过900万元（采用上网发行方式）或不得超过1000万元（采用线下发行方式）。而其对应的风险，包括行业风险、价格风险、包销风险、信用风险、操作风险等，由于证券承销收益比较固定，防范承销风险的主动权相对掌握在投资银行手中，且证券承销的成功与否和收益大小不仅依靠资金占用的多少，更主要的是依赖于投资银行业务人员的素质和技能。因此，此类业务是资金占用规模相对确定，且收益较为稳定的核心业务之一。②用于证券自营。其收益大小随牛市、熊市的变化和投资银行操作人员的素质技能高低而定，其所面临的系统性风险（包括国际风险、通货膨胀风险、利率风险、法规风险、汇率风险、经济周期风险等）和非系统性风险（包括企业财务风险、价格风险、经营风险、流动性风险、道德风险和自然灾害风险等）大小也随投资银行管理制度的完善程度和操作人员的素质技能高低而定。而按有关规定，证券自营业务账户上持有的权益类证券按成本价计算的总金额，最高不能超过其净资产的80%；在国际成熟的资本市场中，成功的投资银行用于自营与投资（含各类投资）的资金最高额只能占该公司总资产的25%左右。因此，此类业务也

93

是受到最高限额制约、资金占用规模具有上限限定的核心业务之一。可以说，从投资银行流动资金的运用角度挖潜更多的融资来源，创造更高的流动资金的运用收益，对于第二档次营运资金——"运营型"资金来说，受到其业务自身性质（证券承销）和业务风险因素（证券自营）的制约。

作为投资银行第四档次营运资金——"高风险型"资金，其运用规模更是受到自身业务风险因素的制约。为此，投资银行要在流动资金的运用中寻找扩大融资来源、增创营运资金收益，其分析着眼点只能放在第三档次营运资金——"可调整型"资金上，在国外成熟的资本市场中，成功的投资银行对第三档次营运资金的运用，其收益占投资银行总收益的41%～55%。这种"可调整型"资金的主要来源具体为短期借款、回购卖出证券、贷款证券、出售的融资证券（空头）、应付款项（支付给经纪人、交易商和客户）等方面，而这些资金的运用具体在返售买入证券、借入证券、拥有的融资证券（多头）、应收款项（包括应收经纪人、交易商、客户款项）等方面。投资银行通过"可调整型"资金的运用而持有的资产的相当大比例是利率敏感的证券（包括国债交易、买入返售与卖出回购、贴现与再贴现、协议回购、票据贴现、证券存货、证券抵押放款、互换交易、品种套利、地点套利、套期保值等所体现的债券、票据及其他证券）；这些利率敏感性证券为投资银行带来利息和红利收入，同时，这些头寸需要的融资也产生利息支出。从某种程度上讲，利息和红利收入超过利息和红利支出，持有该类证券便会盈利；由于净利息红利收入对投资银行盈利能力的作用，使得投资银行对头寸进行融资和利用，并由此花费大量的人力、物力来实现融资策略，成为对投资银行至关重要的大事，而促使投资银行短期融资来源的多样化及资产负债流动性的最大化，则成为投资银行有效运用第三档次营运资金——"可调整型"资金的主要着眼点。

目前问题的焦点是，投资银行把短期负债用于对长期资产的融资以求利息和红利收入的同时，将面临哪些风险及如何化解这些风险。可以说，投资银行以利率敏感性证券作为扩大第三档次营运资金——"可调整型"资金的来源及运用，同时这些证券或头寸也承担着大量的利率风险、汇率风险和股票市场风险，而且还面临着信用风险、结算风险及其他风险等。

因此，投资银行防范风险的措施应包含以下内容：①针对利率风险、汇率风险和市场风险等。一是投资银行应从事一些自营交易的套利活动，

第二章　商业银行与投资银行的联系与区别

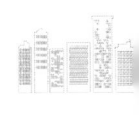

其应该在公司债券、股权债券、政府债券、市政债券、抵押和担保证券等
方面创造套利市场，利用不同市场中证券交易出现的价格差异或利用相关
产品、衍生证券的价格差异赚取利润。二是针对投资银行必须保持大量存
货以确保和促进客户交易活动进行的同时，其应主要通过对冲交易，如期
权、期货和远期合同进行套期保值。三是可成立投资银行风险管理委员
会，检查投资银行自营账户的构成和每天每位交易者的盈亏情况；掌握各
部门头寸、损益和交易策略；用高超的证券组合套期保值技术和高自动化
的分析系统对风险状况加以监控，以确保融资、交易策略保持在可接受的
风险参数之内。②针对违约风险、信用风险、结算风险等，投资银行应加
强信贷监管技术。一是可成立投资银行机构信贷委员会，为那些寻求回购
和逆回购协议服务及借入证券、贷款证券安排和非担保信贷的客户规定信
贷限度、风险范围；并及时对抵押价值进行控制，对客户承担的违约风险
加以监控，在必要时向投资银行追加额外担保，以保证相关的信贷风险最
小化。二是投资银行对可能承担某些客户不能履约清算交易而造成的信贷
风险，可通过每日监控保证金担保水平及必要时追加额外担保来控制此类
风险，并可通过开发计算机风险控制系统来加强对此类风险的防范。由此
可见，投资银行对短期融资的大量依赖，对第三档次营运资金——"可调
整型"资金的大量运用以及由此产生的较大收益，并不一定同时产生较大
的风险。

　　综上所述，投资银行的营运资金可分为四个档次，表2-3将上述四
个档次资金的性质、组成及其在实际营运中风险与收益的对应性进行了简
要概括。

表2-3　投资银行营运资金档次划分及其组成、性质和分析与收益对应分析

类别	组成	性质	风险与收益对应分析
第一档次（稳定型资金）	以库存现金、清算准备金、上缴储备金等形式存在	该部分资金不带来直接收入，但会合理保证投资银行在一定期限内的有效支付、交易结算、还本付息	该类型资金基本上不给投资银行带来直接受益，因而不存在具体对应的运作风险，只需用审慎的最低限额确定其规模并保持相对稳定

95

国家金融体系定位

续表 2-3

类别	组成	性质	风险与收益对应分析
第二档次（运营型资金）	证券承销、股票自营等所需资金	该部分对流动资金的运用是投资银行核心业务的主要部分，是投资银行除了经纪业务之外的基本利润来源之处，因而是资金管理中既需注意风险防范，又需按规模确保的"运营型"创利资金	（1）证券承销佣金一般为募集资金总额的1%～3%，其对应的风险有行业风险、价格风险、包销风险、信用风险、操作风险等。由于承销收益比较固定，防范承销风险的主动权相对掌握在投资银行手中，且承销成功与否和收益大小不仅依靠资金占用的多少，更主要的是依赖于业务人员的素质和技能。因此，此类业务是资金占用规模相对确定，且收益较为稳定的核心业务之一 （2）证券自营收益随市场变化和操作人员素质技能高低而定，其所面临的系统和非系统性风险大小也随管理制度的完善与否和操作人员素质技能高低而定。在成熟的资本市场中，成功的投资银行用于投资自营的资金的最高额只占公司总资产的25%左右。因此，此类业务也是受最高限额制约、资金占用规模具有上限限定的核心业务之一

96

第二章　商业银行与投资银行的联系与区别

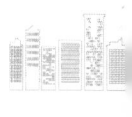

续表 2 - 3

类别	组成	性质	风险与收益对应分析
第三档次（可调整型资金）	国债投资（包括国债交易、买入返售与卖出回购、公开市场操作、贴现与再贴现等）、利差管理（包括同业往来、协议回购、票据贴现、证券存货、抵押放款等）、互换交易（包括利率掉期、货币掉期等）以及套利（包括地点套利和品种套利等）和套期保值业务所需资金	该类资金所对应的资产多以速动资产形式存在，主要靠利差为收入。该类资金规模大小根据增加融资的不同成本以及相关投资决策和收益而决定，并随投资银行融资计划和投资策略的调整而变化	在成熟的资本市场中，成功的投资银行该类流动资金的运用收益占总收益的41%～55%。该类资金主要投资于能带来利息和红利收益的利率敏感性证券。如该类资金的融资成本——利息和红利支出小于收益，则投资银行就有净盈利。因此，投资银行短期融资来源的多样化及资产负债流动性的最大化，成为投资银行有效应用该档次营运资金的主要着眼点。但投资银行以利率敏感性证券作为扩大该类营运资金的来源与应用的同时，这些证券或头寸也面临着大量利率风险、汇率风险、股票市场风险、信用风险、结算风险等。投资银行要针对上述每一项风险研究制订防范的具体措施和操作流程，如通过对冲、套期保值、成立风险管理委员会和信贷委员会等来确保该类资金大量运用产生较大收益的同时，不一定产生较大的风险

97

国家金融体系定位

续表 2 - 3

类别	组成	性质	风险与收益对应分析
第四档次（高风险型资金）	金融期货套做、金融期货自营等	该类营运资金可能创造高收益，但同时又可能带来高风险	该类资金投入所开展的业务，不仅要确立止损点，而且要随时调整投资规模和投资策略，并根据风险大小程度决定是否继续开展此类业务

（资料来源：陈云贤等著《风险—收益决策分析》，新华出版社 2001 年版。）

（二）投资银行资金营运的根本原则

上文所述风险收益对应论要求资本结构优化与流动性最大化对应原则是投资银行运用流动资金的根本原则。如何在实际资金运作时坚持这一原则是投资银行获得收益并有效防范风险的根本保证，下面将对此做详细介绍和分析。

通过资金分类，资产结构中资金使用有三种类型；从流动资金的运用中又划分出了四个档次；根据资本结构优化与流动性最大化对应原则，又划分了负债来源和负债结构中的"平衡重点""次重点"和"非重点"，以及与负债来源和负债结构相对应的资产结构和资产营运中的"调剂重点""次重点"和"非重点"；使用可用负债量来安排资产规模与资产管理的运用，用负债结构和负债量来衡量资产结构和资产量。如前所述，投资银行负债主要来源于：①客户交易资金；②长期借款；③短期融资。这些界定为我们提供了探讨投资银行资产管理的两种办法："资产汇集法"和"资金配对法"。

（1）是否可考虑在探讨投资银行结构优化与流动性最大化对应时，对其管理实施"资产汇集法"，即把投资银行的各种资金来源（负债＋权益）汇集起来，在上述三种类型的资产运用中进行分配。投资银行可根据"安全、效益、流动"的原则和每一年度的实际情况，把流动资金的运用配置到最能满足投资银行目标需要的资产上。

在整个资金运用的三种类型中，可以考虑把汇集后的资产配置按照以

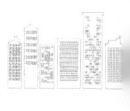

下优先顺序来安排：①安排在现金留存（包括清算准备金和上缴储备金等）这一能够马上用来满足交易结算和客户提款需要的资产上；②安排在流动资金第三档次营运（包括国债买卖、互换交易、套利业务等）操作，同时又能作为投资银行的速动资产在较短时间内可变现的资产上；③安排在流动资金运用的第二档次（包括证券承销和股票自营）的资产上，这个层次的资产配备应在满足了上两个层次基本需求的基础上来确定其运用规模；④安排在固定资产支出和股权投资上；⑤最后安排在开展金融期货交易与期货套做的营运上。这种资产汇集法及其顺序安排，与上文界定的负债来源和资产运用调剂的"重点""次重点""非重点"不矛盾，资产汇集法是从投资银行业务性质的角度来考虑资金划拨的程序，后者则是从流动资金的运用效益的角度来讨论对负债来源和流动资金的运用调剂的重点与非重点。

（2）在"资产汇集法"的基础上，投资银行应进一步实施"资金配对法"。即根据资金（或资产）来源的四个方面——资本金、长期负债、短期融资和客户交易资金的不同规模和不同性质（或流动性强弱），来相应地配对在资产运用的三种类型和流动资金运用的四个档次上。

可考虑将客户交易资金的一部分侧重配对在第一优先顺序的流动资金第一档次资产上；将客户交易资金的一部分配合多种形式的短期融资配对在第二优先顺序的流动资金第三档次资产上；将长期负债的主要部分和资本金的一部分配对在第三优先顺序的流动资金第二档次资产上；将资本金的一部分配对在第四优先顺序的固定资产投资和股权投资上；最后，如有资金规模可能，才去考虑从事证券期货的自营与套做业务。

为便于理解，现将"资产汇集法"和"资金配对法"以简单示意图表示如下，见图2-7。

根据投资银行管理实践经验，我们尝试设定投资银行"资产汇集法"和"资金配对法"，再借助于现代管理中的计算机科学和运筹学，投资银行的流动资金的运用——资产结构优化和资产负债流动性最大化并由此带来好的赢利，是可以实现的。

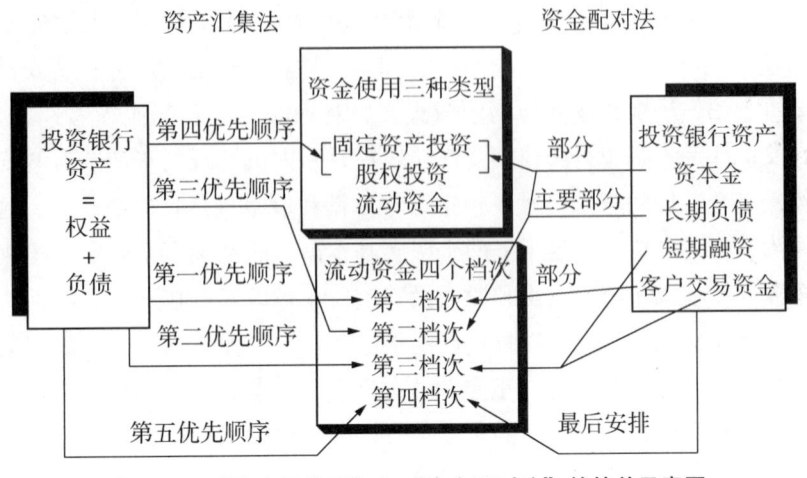

图2-7 "资产汇集法"和"资金配对法"的简单示意图

（资料来源：陈云贤等著《风险—收益决策分析》，新华出版社2001年版。）

在上述探讨"资产汇集法"和"资金配对法"实施资产管理的基础上，投资银行应进一步探讨资产管理策略。比如：①是否可考虑，对第一优先顺序安排并以客户保证金的一部分与之相配对的流动资金第一档次流动资产——现金留存，可采取不影响交易的正常结算和客户的正常提现的"最低限度"确定现金留存量的管理策略。即以"最低限度"策略来管理第一优先顺序安排的资产。②是否可考虑，对第二优先顺序安排并以客户保证金的一部分和多样的短期融资与之相配对的流动资金第三档次营运资产——国债买卖、互换交易、套利以及买入返售、卖出回购合约等，可采取"利差管理"策略和"缺口管理"策略。作为"利差管理"策略，投资银行对流动资金第三档次的流动资金的运用，在保持一定量的速动资产的基础上，其主要目的就是为了利差（资产的管理运用收益与负债利息支出之间的差额）。因而，投资银行应该在正确预测资金营运风险和收益趋势的基础上，根据市场利率变动的走向来改变或调整流动资金第三档次资金营运的结构和与之相配对的负债来源的结构，并从该资产和负债的期限组合、利率结构和违约风险等三个方面去入手调节。一是关于第三档次营运资产和与之相配对的负债的期限组合问题。如果投资银行的此项负债期限长于该资产期限，投资银行就必须再投资于利率不稳定的有一定期限的资产上，如果此项资产期限超过负债期限，投资银行就不得不再另外筹集利率不稳定的较长期资金以支持期限较长的资产。在这种情况下，利差是

100

第二章　商业银行与投资银行的联系与区别

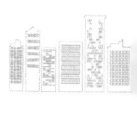

未知数，具有较大风险，此时，如果投资银行能从资产和负债的期限组合变化中去正确预测该项资产未来的利率和它的成本费用，那么，投资银行就有可能去取得较大的利差，从而获得较大的利润。即利用第二优先顺序安排的资产和与之相配对的负债来源的期限差来获取收益的"利差管理"策略之一。二是关于第三档次营运资产和与之相配对的负债的利率结构问题。成功有效的利差管理，还要求资产与负债的利率结构恰当，它包括投资银行流动资金第三档次营运资产和负债的利率敏感性结构。而利率敏感性取决于该项资产的利息收入和负债的利息支出是否随市场利率而发生变化，同时取决于该项资产和负债之间的调整速度。例如，浮动利率的资产和浮动利率的负债对市场利率是敏感的，它们的利息收入和成本支出将随市场利率的变化而变化，而固定利率的资产和固定利率的负债对市场利率却缺乏敏感性。因此，投资银行如能及时调整利率敏感性的资产和负债的结构，就能在负债的利息支出和资产的利息收入之间保持一个适当的利差。这是利用第二优先顺序安排的资产和与之相配对的负债来源的利率结构差异来获取收益的"利差管理"策略之二。三是该项资产和与之相配对的负债的利差管理还需考虑违约风险。由于投资银行在该项资产营运方面所面临的违约风险往往大于投资银行对负债方的违约风险，所获得的一部分利差需要用于补偿此种风险损失，如果投资银行能努力尝试使该项资产营运所承担的违约风险与承担这种风险所能得到的报酬相平衡，那么，投资银行便能保持一个有利可图的利差。这是利用第二优先顺序安排的资产和与之相配对的负债来源在减轻违约风险相对获取利差收益的"利差管理"策略之三。本书所述的流动资金第三档次资产营运工具、品种及与之相配对的负债来源工具、品种，多为短期融资和短期资产运用工具和品种，把它们有效地运用于"利差管理"策略中，将有助于投资银行获取更大的资金营运收益。作为"缺口管理"策略，如果投资银行对第三档次的流动资金的运用实行缺口管理，则是在市场利率变动循环时期使投资银行的该项资产和与之相配对的负债所形成的利差为最大化的一项措施。所谓缺口，是利率敏感性的资产超过利率敏感性负债的金额，或者为零缺口——利率敏感性资产等于利率敏感性负债，或者为正缺口——利率敏感性资产大于利率敏感性负债，它表明有一部分利率敏感性资产是由固定利率负债筹措的，在预测市场利率上升时能使正缺口扩大，增加投资银行利差。或者为负缺口——利率敏感性负债大于利率敏感性资产，它表明有部

101

分固定利率的资产是由浮动利率的负债去筹措的，当预测市场利率将要下降时，扩大负缺口也能提高投资银行的利差收益。因而，在市场利率周期变动的不同阶段运用不同方式的缺口管理办法，能扩大投资银行第二优先顺序安排的资产和与之相配对的负债来源的利差，从而获取更大收益。"利差管理"和"缺口管理"策略，应该成为投资银行第二优先顺序安排并作为客户保证金和各类短期融资相配对的流动资金第三档次营运资产的管理策略。③是否可考虑，对第三优先顺序安排并将长期负债的主要部分和资本金的一部分配对在投资银行流动资金第二档次上的资产——证券承销和股票自营所需资金，实行"成本控制"管理策略。一方面，该两项业务的资金运用规模受到有关主管部门的一系列政策限制。另一方面，投资收益与资金（负债）成本形成一个非常大的制约关系。此成本包括资金来源的直接成本，也包括投资风险大小所引致的相对成本。因此，对第三优先顺序安排的流动资金第二档次营运资产，应该实行"成本控制"管理策略。④对第四顺序安排以及资本金的一部分相配对的固定资产投资和股权投资，有关政策已有严格限定。⑤对最后顺序考虑从事的金融期货业务，其资金运用最好能够用确定"最低止损点"的策略，以使风险防范于未然。

除了上述几类资产管理策略外，还可以设计风险价值 VaR 模式。VaR 是一种利用现代数理技术测度金融风险的方法，同时考量投资组合中所有资产以及风险因子，用简单的一个金额就能够表现目前投资组合风险的暴露程度，以及发生最大损失的可能性。Jorion 对 VaR 的权威解释是："在一定概率水平下（置信度），某一金融资产或证券组合在未来特定的一段时间内的最大可能损失。"[①] 在统计上较严谨的 VaR 定义为资产组合的单尾置信区间，即 $P(\Delta p \Delta t \leqslant VaR) = \alpha$。其中，$P$ 为 probability，表示资产价值损失小于可能的损失上限的概率；Δt 是金融资产的持有期；Δp 表示某一档次的金融资产在一定持有期 Δt 的价值损失额；α 是给定的置信水平，即置信区间的大小；VaR 是给定置信水平 a 下的在险价值，即可能的损失上限。要确定一个金融机构或资产组合的 VaR 值或建立 VaR 的模型，必须首先确定三个系数。

第一个系数是要确定持有期限问题，持有期限是指衡量回报波动性和关

[①] Jorion P. *Value at Risk: The New Benchmark for Controlling Market Risk*. New York: The McGraw-Hill Companies, Inc., 1999.

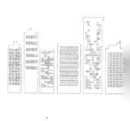

联性的时间单位，也是取得观察数据的频率，如所观察的数据是日收益率、周收益率、月收益率还是年收益率等。持有期限应该根据组合调整的速度来具体确定。调整速度快的组合，如有些证券公司所拥有的交易频繁的头寸，应选用较短的期限，如 1 天；调整速度相对较慢的组合，如某些基金较长时期拥有的头寸，可选用 1 个月甚至更长的期限。巴塞尔委员会出于风险审慎监管的需要，选择了两个星期（即 10 个交易日）的持有期限。此外，持有期限的选定通常会受到观察期间的选定的影响。在既定的观察期间内（如 1 年），选定的持有期限越长（如 1 个月），在观察期间所得的数据越少（只有 12 个），越会影响到 VaR 模型对投资组合风险反映的质量。

第二个系数是观察期间。观察期间是对给定持有期限的回报的波动性和关联性考察的整体时间长度，是整个数据选取的时间范围，有时又称数据窗口。例如，选择对某资产组合在未来 6 个月还是 1 年的观察期间内考察其周回报率的波动性（风险）。这种选择要在历史数据的可能性和市场发生结构性变化的危险之间进行权衡。为克服商业循环等周期性变化的影响，历史数据越长越好，但是，时间越长，收购兼并等市场结构性变化的可能性越大，历史数据越难以反映现实和未来的情况。巴塞尔委员会目前要求的观察期间为 1 年。

第三个系数是置信区间的选择。置信水平是指总体参数值落在样本统计某一区间内的概率，一般由证券公司的管理层进行规定，它反映了证券公司的风险容忍度。经济资本是指在一个给定的置信水平下，用来缓冲所有风险带来的非预期损失的资本。在利用抽样方式对总体参数做出估计时，由于样本的随机性，其结论总是不确定的。另外，所选择的置信区间越大，置信水平越高，发生支付风险的概率也就越低。置信区间，即容忍度的设定，取决于证券公司的风险管理理念及监管当局的资本充足率要求。一般而言，证券公司的风险管理理念越保守，容忍度就越小，置信水平也就越高，证券公司越安全，反之亦然。此外，为了满足监管资本的要求，证券公司容忍度也不可能设置得过高。可见，VaR 的定义与经济资本的定义要素完全吻合，考虑到市场因素的波动是双向的，既有可能给证券公司带来损失，也有可能向证券公司有利的方向变化，理论上其预期损失为零，如果置信水平与预测期间选择相同，则 VaR 的计算结果与经济资本需要量在数值上是趋于一致的。

除了要确定 VaR 模型的三个关键系数外，另一个关键问题就是确定金融机构或资产组合在既定的持有期限内的回报的概率（频率）分布，即概率密度函数。如果能够拥有或根据历史数据直接估算出投资组合中所有金融工具的收益分布，以及整个组合的收益分布，那么作为该分布的一个百分位数的 VaR 值也就很容易推算出来。但在实践中，要取得所有金融工具的收益分布是不容易的，尤其是在组合包括许多种金融工具时，要保存和拥有所有金融工具的充分的历史数据几乎是不可能的。这使得投资组合收益分布的推算成为整个 VaR 模型中最重要也是最难解决的一个问题，目前解决的办法是不试图直接寻求组合中每一种金融工具本身收益的概率分布，而是将这些金融工具的收益转化为若干风险因子的收益，进而整个投资组合成为这些风险因子的因数，然后通过各种统计分析方法得到这些风险因子收益的概率分布，再在此基础上得到整个组合收益的概率分布，最终求解出 VaR 的估计值。

从 VaR 的定义可以看出，VaR 实质上是一个统计估计量，因此可以在不同的统计假设下通过应用不同的统计方法来得到 VaR 的估计。VaR 方法由三个基本要素组成：当前资产价值、资产价值对市场风险的敏感度及对市场风险潜在变动的预测。在实际运用中，当前资产容易确定，只要按当前市场价格计算出资产价值即可。对第二个和第三个因素进行不同的假设及处理就相应产生了不同的计算方法。

VaR 值的计算方法具体可以分为两种：参数法和非参数法。参数法包括方差 – 协方差法和解析法。非参数法包括历史模拟法和蒙特卡罗模拟法。

尽管 VaR 的定义要素与经济资本相同，但在实践中证券公司内部模型 VaR 经济资本还是有一定差别的。

首先，证券公司内部模型中计量得出的 VaR 通常反映的是市场风险的单日指标（或短期的 1 周、10 日风险值），而经济资本通常是以年度为基础来考虑的。为了严格管理和控制市场风险，证券公司内部特别是投资自营部门，在计量 VaR 时选定的时间单位通常是 1 天（持有期）；而经济资本预算与分配的基础往往与会计年度保持一致，即以 1 年为衡量期限。其次，确定 VaR 和经济资本的置信水平存在差异。通常情况下，证券公司内部管理和市场控制所选择的置信水平 $(1 - \alpha)$ 为 97.5% 或者 99%，在这些置信水平下，VaR 模型预测比更高置信水平的预测更为可靠，因为高置信水平下观测数据会减少。但靠这些预测来计量经济资本是远远不够的。由于市场风险产生的损失经常和证券公司规定的永续经营的目标发生对

104

比，在 97.5% 的置信水平下，证券公司每年预期会有 5 ～ 6 天的 VaR 被突破，在 99% 的置信水平下，突破天数为 2 ～ 3 天，这足以使证券公司不得不进入破产状态，因而经济资本的置信水平要更高，一般为 99.97%。

针对这两个问题，监管机构力图使净资本要求与证券公司内部风险管理相结合的做法为我们提供了解决思路。因此，我们可以将单日 VaR 按以下方式进行扩展。

（1）不考虑证券公司内部使用的置信水平，将 α 固定为 1%。

（2）持有期规定为 10 天，即假设证券公司正常释放市场风险，出售头寸需要 10 个工作日，这比日风险值对市场流动性的估计更为保守与稳健。假设资产组合价值的变化分布相同，且相互独立，这个从 1 天变成 10 天的过程可以通过将单日 VaR 乘以 $\sqrt{10}$ 来解决，即 t 日内方差之和为 $t \times \sigma^2$，t 日的标准偏差为 $\sqrt{t}\sigma$。

（3）根据商业银行单日 VaR 转换为监管机构 VaR 公式：

$$VaR_R = VaR \times \sqrt{10} \times CF \times \frac{\emptyset(1 - \alpha_R)}{\emptyset(1 - \alpha_1)}$$

其中，该公式假设中单日市场交易的金融资产为正态分布，$\emptyset(1 - \alpha)$ 为正态分布的四分位数[①]，单日 $VaR = \emptyset(1 - \alpha_1)\sigma$。因此，我们借鉴这个公式可以通过单日推导市场风险所需的经济资本 VaR_{EC}：

$$VaR_{EC} = VaR \frac{\emptyset(1 - \alpha_{EC})}{\emptyset(1 - \alpha_1)} \sqrt{250} = VaR_P \frac{\emptyset(1 - \alpha_{EC})}{\emptyset(1 - \alpha_P)} \frac{\sqrt{250}}{\sqrt{10}}$$

可以说，投资银行资产结构优化和促其流动性最大化，是投资银行资金营运的根本原则，是整个投资银行业务管理的关键点，多方式的投资银行资产管理策略，是投资银行防范风险并获取最大资产营运收益的成功之径。

第三节 商业银行与投资银行的联系与区别

一、商业银行与投资银行的发展分野

我们已知，商业银行主要从事资产、负债业务，以及与此相应派生的

---

① 例如，$\alpha = 2.5\%$ 其约为 1.96，$\alpha = 1\%$ 其约为 2.33，$\alpha = 0.03\%$ 其约为 3.43。

中间业务。作为负债业务，以吸收存款和借入资金为主，从而形成商业银行的资金来源；作为资产业务，以贷款、投资、贴现、租赁业务为主，包括现金资产业务和其他资产业务，从而形成商业银行的资金运用；作为中间业务，主要以收取手续费或加强与社会各界的联系从而以提高自己的声誉为目的的一些金融服务，它和国际业务一样，是商业银行业务竞争和国际化发展的产物。效益、安全、流动（资产与负债的流动性）是商业银行的经营目标。然而，初期建立的商业银行，却与投资银行同出一源。

　　五千年前的商业银行与投资银行，实际上就是专门从事货币经营业务、偶尔也利用职业之便帮助商人们进行资金融通的金匠。它作为商业银行与投资银行的原始形态，从古希腊到古罗马，直至欧洲工业革命的萌芽时期，在漫长的岁月中缓慢地进化着。之所以说这些金匠是近现代商业银行的原始形态，是因为金匠们从作为客户的货币保管人开始，逐步发展到为商人们提供便利的货币兑换商。从单纯的收取储存货币开始，到发现有一笔"安全的"库存货币可以用来借给其他商人以运转；从收取储存货币保管费，到向储存货币的人们支付存款利息；从开具存款收据以作为取款凭证，到据此收据可以直接支付（标志着银行作用的产生）。其一系列现象均表明在金匠那里已经产生了近现代商业银行的原始形态，是因为与此同时，这些金匠还为商人们提供票据的兑现、各类证券的抵押放贷和转让，以及财务和经营的咨询等金融服务，它与近现代投资银行业务相联系。

　　诚然，如果说"蒙昧时期"的商业银行和投资银行都诞生于古代的金匠铺里，那么，典型的商业银行和投资银行的出现，则是在分离—融合—分离之间形成的。1694 年成立的英格兰银行，1787 年成立的北美银行，均以商业银行典型的标志而产生，而由于业务实质的不同，以发行证券和票据承销为主要业务的英国商人银行在 19 世纪前后也相对独立，美国投资银行业创始人内萨尼尔·普莱姆在 18 世纪 90 年代以股票经纪为主业，到了 1826 年他也正式成立专营证券包销的普莱姆·伍德·金公司。然而，19 世纪末 20 世纪初，证券市场在世界范围内的"亢进"和经济利益的驱动，不仅使投资银行家发了大财，商业银行家更是一马当先，利用自己雄厚的资金实力"大刀阔斧"地活跃在证券市场上，此时商业银行与投资银行没有了业务界限。终于，短期资金运用于长期证券投资，当周期性的经济波动带来周期性的货币需求变化时，商业银行无法收回资金以缓解客户取款之急，于是出现信用危机，最终导致经济全面衰退。1929 年至 1933

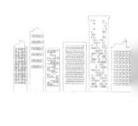

年的世界性经济大危机之后，以美国为主的商业银行与投资银行最终分离，商业银行以存放款为主要业务，投资银行以证券承销与证券经纪为主要业务，二者互不穿插，纯粹意义上的商业银行和投资银行从此诞生。

二、商业银行与投资银行的区别

（一）从本源上讲，商业银行是存贷款银行，投资银行是证券承销商

商业银行的负债业务是商业银行开展资产业务的前提和基础。商业银行的负债业务包括存款负债业务和借款负债业务，存款负债是商业银行资金来源中最主要的部分。而商业银行的贷款业务是商业银行的最主要资产业务，也是商业银行整个业务的核心，一般占商业银行总资产业务量的一半以上。

投资银行业务则包括证券一级市场、二级市场、项目融资、公司理财、资产管理、资产证券化、风险投资、金融工具创新等。其中，证券承销业务是投资银行业务中最核心的一项业务，它连接着筹资者和投资者，同时它又是证券流通市场的基石，如果没有将新的股票和债券发行出去，流通市场上就没有新的证券可供流通交易。投资银行是证券市场上的主角和关键环节，而证券承销是投资银行业务的轴心，它不仅体现在投资银行的起源上，而且从现在投资银行业务多样化发展中看仍是这样。从本质上讲，投资银行就是证券承销商。

（二）从业务上看，商业银行主要是资产负债业务，投资银行无明显资产负债管理特征

如上文所述，商业银行主要开展负债、资产业务以及由此派生的中间业务及国际业务。负债和资产业务及其资产负债管理是商业银行业务及管理中的核心问题。而投资银行的主要特征是作为一个证券中介机构，通过发行和交易证券形式，为投资者和筹资者融通资金。投资银行的资金来源有三部分：①自有资本金；②借入款；③客户交易资金。投资银行的资金运用除了保持一定的现金头寸之外，主要在于投资和固定资产的购置、更新。投资银行的投资带有高风险、高收益的特征，它不同于商业银行的投资（主要是债券和基金等）。从投资银行的业务特点及资金来源与资金运用的状况来看，它并无明显的与商业银行类似的资产负债管理特征。投资

银行管理有投资银行业务自身需求的特点，这又是区别于商业银行的一个不同点。

（三）从功能上看，商业银行行使间接融资职能，投资银行行使直接融资职能

商业银行对筹资者行使间接融资职能，即商业银行从客户 A 处获取资金来源——存款，再向客户 B 实施资金运用——贷款，筹资者 B 并不直接与客户 A 接触，只是与商业银行接触，此时债权债务和风险大小均由商业银行与客户 B 承担。

投资银行则不一样，它在筹资者需要资金时，帮助其向资金盈余者发行权益凭证，这种由资金盈余者购入资金筹措者所发行的权益凭证的方式从而进行的融资就是直接融资，投资银行在此过程中扮演咨询、策划与操作的中介角色。

（四）从利润构成上看，商业银行首先来自存贷差，投资银行来自佣金

商业银行与投资银行在利润来源的项目、比重等方面存在根本区别，详见表 2 - 4。

表 2 - 4　商业银行和投资银行利润构成比较

	投资银行	商业银行
利润来源	佣金，包括一级市场上承销有价证券获取佣金，二级市场上作为证券交易经纪收取佣金，金融工具创新中资产及投资优化组合管理中收取佣金。佣金是投资银行业务主要的利润来源	存贷款利差
	资金营运收益，包括投资收益与其他收入，它是投资银行参与债券、股票、外汇、掉期以及衍生金融工具投资和资金对外融通而获取的收入	资金营运收入
	利息收入，包括证券抵押贷款的利息收入和客户交易资金存差的利息收入	表外业务收入
利润重心	佣金	存贷款利差

108

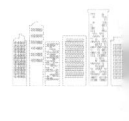

续表2-4

	投资银行	商业银行
佣金来源	主要是证券承销和证券经纪业务	存贷款业务相联系的表外业务
资金营运	通常是用于参与企业兼并、策划上市等，一般不是实质性的股权投资，而是契约式的股权投资，资金营运较少具有长期性	贷款业务和证券投资，后者通常适用于风险较小、收益较稳定的国家债券和基金投资上。资金营运具有长期性

（资料来源：陈云贤等著《风险—收益决策分析》，新华出版社2001年版。）

（五）从管理方式上看，商业银行行使稳健方阵，投资银行以稳健和开拓并重

商业银行以稳健管理为主，取决于其负债来源及资产运用。负债来源于中大量存款和借入款，其中活期存款和储蓄款作为短期资金很难长期运用，而借入款大小与期限长短则受金融市场所左右，因而需慎重。而其资金运用，资产结构中以贷款为主，却存在不少风险因素。因而，商业银行无论是负债管理还是资产管理，都应该严格按照有关管理规则，以稳健为主。

而投资银行管理则须稳健与开拓并重。之所以要稳健，是由于其在一级市场上承销或兼并、转让中的投资，均属高风险业务；其在二级市场上的经纪，则要随时防范证券市场上的波动以及由此带来的大量提取、挤兑现象的状况，失慎而易乱阵脚。之所以要开拓，是由于投资银行的利润来源首先来自佣金，而欲获取大量手续费，这需要进取精神、业务创新精神、优质的服务水平和过硬的技术本领。证券承销与经纪业务是这样，项目融资、公司理财、资金管理、资产证券化以及金融工具创新等业务要求，同样也是这样。而这正是投资银行经营与管理的特色。

由以上比较可见，商业银行与投资银行在业务本源、业务范围、资金来源与应用、金融职能、利润来源与构成以及管理方式上都存在很大的区别。

第四节　金融科技给投资银行和商业银行带来的冲击和挑战

一、网络银行的发展概况

（一）网络银行的定义

世界各国各地区以及国际机构对网络银行的定义都有不同的阐述，比较有代表性的是巴塞尔银行监管委员会的定义——网络银行是利用电子手段为消费者提供金融服务的银行，这种服务既包括零售业务，也包括批发和大额业务。美联储的定义——网络银行是指利用互联网作为其产品、服务和信息的业务渠道，向其零售和公司客户提供服务的银行。从中可以归纳出网络银行范畴的两条主要骨架，即"网络"与"银行业务"。

从技术操作的角度，网络银行运作的全过程都是通过信息技术手段构建在互联网空间中，是虚拟银行，但从业务类型的角度分析，其所有开展的业务都必须有实际操作存在，只是操作手段上被"虚拟"了。

（二）网络银行的类型

网络银行分为两类，即纯网络银行和分支型网络银行。前者可称为"只有一个站点"银行，一般只有一个办公地点，无分支机构、无营业网点，几乎所有业务都通过互联网进行，是一种纯粹的虚拟银行；后者是原有的传统商业银行以互联网为工具通过引航网络站点或客户端应用向个人或企业客户提供的在线服务类型。

（三）网络银行的国外概况

美国在1995年出现了世界上第一家纯网络银行——"安全第一网络银行"（Security First Network Bank，SFNB），完全依靠互联网进行运作，设有营业场所和金库，为客户提供多种便捷、优惠、安全的3A服务（Anytime，Anywhere，Anyhow）。随后，美国其他银行和金融机构也纷纷推出网上银行业务。日本与英国、德国、法国等欧洲国家也纷纷出现网络银行，并且每年以翻倍的速度在增长。

以100万美元起家的SFNB在经历了初期的快速发展之后，逐渐陷入了经营困境并出现巨额亏损，于1998年被加拿大皇家银行以2000多万美元收购。SFNB的历程说明，在当前技术手段、网络征信、监管条件都未成熟的前提下，纯网络银行的发展会受到诸多因素的掣肘。具体体现在以下四个方面：①资金运作渠道少。营业网点与从业人员较少是纯网络银行的特点，在节省成本方面有优势，但反过来看，在当前技术条件下，该类银行很难像传统国际性大银行那样在国际金融市场上灵活运用各种金融工具以获取利润。②运营风险大。在网上交易法律制度不完善、网络安全技术保障不确定性大、网络征信体系发展不均衡等因素的作用下，纯网络银行面临的风险是极其巨大的。③客户信息的真实性难以保证。因为是纯网络方式的运作，对客户提供的个人信息、信用记录、还款能力等信息，无法有效确认。④监管难度大。目前在世界范围内，纯网络银行尚未成为行业主流。

（四）网络银行的国内概况

我国于1996年首次将传统银行业务扩展到网络上，目前，几乎所有大中型商业银行都推出了自己的分支型网络银行或在互联网上建立了自己的主业和网站。但迄今为止，还没有出现一家纯网络银行，只有分支型网络银行。近年来出现的"人人贷""余额宝"等新颖的网络金融形态，以及腾讯的"微众银行"等，只能说是网络银行、网络货币基金的一个雏形。究其原因，一是法律体系与监管机制尚不明确；二是纯网络银行存在与发展的基础性条件尚不具备。即完善的网络征信体系，高效可靠的金融基础设施仍待提升。

（1）我国目前分支型网络银行提供的主要服务，其内容包括：①信息服务。包括新闻资讯、银行内部信息及业务介绍、银行分支机构导航、外汇牌价、存贷款利率、股票指数、基金净值等。②个人银行服务。包括账户查询与管理（存折与银行卡之间转账、活定期种类互换、利息试算等）、存折与银行卡挂失、代理缴费、外汇买卖服务、个人电子汇款服务、个别银行提供小额抵押贷款和国债买卖服务等。③企业银行服务。包括账户查询，企业内部资金转账、对账、代理缴费，同城结算和异地汇款，国际结算服务等。④银证转账。银行存款与证券公司保证金实时资金转移。⑤网上支付。包括企业对个人（B2C）、企业对企业（B2B）两种。⑥投资理财服务。包括理财产品、第三方存管、银期证业务、股票、保险和黄金等。其中，股票、债券和基金买卖基本能在所有分支型网络银行上进行。经过 20 多年的发展，分支型网络银行服务已有长足发展，但仍存在以下问题：广度方面，业务的涵盖领域过于狭窄；深度方面，个性化服务不足。

（2）我国网络银行发展阶段。综合比较国内外网络银行发展的历程以及所提供的业务类型的转变，可以把其发展划分为四个阶段：一是"银行网络"阶段。网络银行更多地作为银行的宣传窗口，提供业务仅限于账户查询等简单的信息服务。二是"银行上网"阶段。把商业银行已获准开办的传统业务移植到互联网上，将互联网作为银行业务的网上分销渠道，同时通过互联网提高工作效率、降低经营成本、提升服务质量。三是"个性定制银行"阶段。在大数据及第三次产业革命发展浪潮下，网络银行的服务由以产品为导向逐步转向为以需求为导向，真正实现以客户为中心的创新金融服务体系，在服务标准化的基础上按照客户个性化需求设计产品。四是"网银托拉斯"阶段。以网络银行业务为核心，业务经营范围涉及保险、证券、期货等金融行业以及商贸、工业等其他相关产业，建立起互联网托拉斯企业。按此判断，我国网络银行现处在第三阶段向第四阶段发展的过程中。

二、电子货币的发展概况

（一）电子货币概念

从古至今，货币表现形式的发展经历了几次大变革：实物货币→金属货币→信用货币→电子货币。电子货币，是以数据或电子形式存在，通过计算机网络进行传输以实现流通和支付功能的货币。其特点是具有匿名性、节省交易费用、节省传输费用、持有风险小、支付灵活方便、防伪造及防重复性、不可跟踪性。电子货币完全具备了货币的五大属性：价值尺度、流通手段、支付手段、储藏手段、世界货币职能。

（二）电子货币类型

按照支付方式分类，电子货币可分为五类：一是储值卡型电子货币。二是信用卡应用型电子货币。三是存款利用型电子货币，如借记卡、电子支票，其本质是可以在计算机网络上传递的存款货币的电子化支付方法。四是"现金模拟型"电子货币。五是电子账单提交与支付，它是消费者通

第二章 商业银行与投资银行的联系与区别

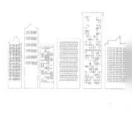

过互联网接收并支付账单的一种方式，由电子账单支付和电子账单提交两部分组成，其通过网络将账单以在线的方式传递给消费者，消费者以在线的方式收到账单后进行在线支付。

电子货币以电子计算机技术为依托进行储存、支付和流通，广泛应用于生产、交换、分配和消费领域，集金融储蓄、信贷和非现金结算等多种功能为一体，具有使用简便、安全、迅速、可靠的特征，现阶段电子货币的使用通常以银行卡（磁卡、智能卡）为媒介。

（三）电子货币与虚拟货币

（1）联系与区别。电子货币与虚拟货币的联系是：虚拟货币实质就是数字货币，但数字货币并不完全等同于虚拟货币。作为电子货币形式的替代货币——数字货币和密码货币都属数字货币，它更多地被应用于真实的商品和服务交易中，而非局限在网络游戏等虚拟空间。数字货币（或虚拟货币）是电子货币的一种深化表现形式，分为法定数字货币和私人数字货币两大类型。私人数字货币不采用法定数字货币的名称与单位。虽然电子货币与虚拟货币在概念使用上经常被混淆，但它们两者之间有着严格的区别。电子货币是能够代替纸币流通、具有法定数字货币功能的货币的电子形式，而虚拟货币指的是基于网络系统软件产生或由网络单位发行的电子信息价值单位，它不采用法定数字货币名称与单位，即我们通常指的私人数字货币。

（2）法定数字货币，也称央行数字货币。它不仅可以取代货币现金流通，保持货币主权的控制力，更好地服务于货币发行和货币政策，而且具有四大作用：一是法定数字货币可以完善货币政策的利率传导。其通过法定数字货币的技术提升而不同于金融市场间的资金流动性和单个金融市场的流动性，能降低整个金融体系的利率水平，使利率期限结构更平滑，货币政策利率传导机制更顺畅。二是法定数字货币可以提高货币指标的准确性。它通过法定数字货币形成的大数据系统和信息优势，提升货币流通速度的可测量度，有利于更好地计算货币总量、分析货币结构、丰富并提高货币指标体系的准确性。三是法定数字货币有助于监管当局在必要时追踪资金流向。与私人数字货币相反，监管当局可以采取可控匿名机制，掌握数字货币的使用情况，补充现有监测控制体系，减少洗钱、逃漏税和逃避资本管制等行为，增强现有制度的有效性。四是法定数字货币可更精准地

113

提升金融风险监测和评估水平。它从多个方面倒逼央行加强金融基础设施建设、完善支付体系、提高结算效率、增强结算的便利性和透明度，从而使监管当局根据不同机构和不同频率的完整、实时、真实的数字货币交易记录，更精准地实施监测评估，防范金融风险。

正因为如此，世界各国开始探讨发行法定数字货币的可能性。例如，美国国会呼吁美国政府制定国家政策，重视对法定数字货币的应用；英国央行考虑由央行发行法定加密数字货币；欧盟委员会将加密数字货币作为重点建设目标；等等。近年来，互联网在我国得到了迅猛发展。据统计，截至2016年12月底，我国网民规模达7.31亿人，相当于欧洲人口总量，互联网普及率达到53.2%，超过全球平均水平3.1个百分点，超过亚洲平均水平7.6个百分点。庞大的网民数量和快速发展的移动支付业务，使我国在发行法定数字货币方面具备了良好的基础条件，而发行法定数字货币，又将推动与提升我国金融体系现代化水平和人民币的国际化影响力。

（3）私人数字货币。私人数字货币有以下两类典型代表：①以比特币为代表的各种虚拟货币；②以Q币为代表的网络服务流通手段。

1）以比特币为代表的各种虚拟货币。它包括比特币（Bitcoin）、以太坊（Ethereum）、瑞波币（Ripple）、莱特币（Litecoin）、门罗币（Monero）、达世币（Dash）、Ethereum Classic、互联网币（MaidSafcCoin）、新经币（NEM）、Augur等等。

据统计，截至2016年7月，全球私人数字货币已达740多种，其中710多种可供在线交易。截至2017年1月，已有26种虚拟货币的市值超过1000万美元。

比特币是全球投资者最熟悉的虚拟货币，也是当时第一个去中心化、可在市场上交易的虚拟货币。其程序设定比特币总数量为2100万个，在2140年左右将被全部挖出。比特币的产生、流通和管理不属于某一个人、组织、公司或者国家。它是真正意义上的互联网货币，也是人类历史上第一次尝试去中心化、不再基于对各国中央发行机构有所依赖的货币系统。世界上首台比特币自动存取款机早已落户加拿大，可自由兑换加元。未来比特币能否成为一种大众货币还尚在争议中，但这种"去中心化"和"点对点交易"的理念将可能催生出功能强大的、被世界各国、各地区客户广泛接受的世界虚拟货币。一方面，它作为非主权货币体系的建立，已在一定区域的市场范围内被接受；另一方面，"比特币技术将占领金融业

114

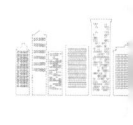

核心"，已经引起了世界各国的高度关注，作为一国国家层面，还是应该正视并重视比特币的存在，主动谋划，动用国家运算能力，思考是否需要集中比特币，或思考是否需要促进可能的非主权货币体系的建立，并通过新型国际结算货币手段，丰富国际结算方式，促使国际金融体系更加和谐、稳定地发展。

2）以Q币为代表的网络服务流通手段（还有百度币、微币、侠义元宝、纹银、点券等）。Q币最初是腾讯公司设计的为网络游戏服务的工具。1Q币=1元人民币。一般情况下，Q币与其他网络游戏或网络虚拟服务提供商设计的"点数卡"或游戏卡的性质是一致的，都是网络虚拟服务的附属工具。但随着腾讯网络业务类型的拓展、综合化业务的出现和融合、腾讯用户数量的增长，Q币所发挥作用的范围逐渐扩大，涉及网络服务的兑换、商品购买，与现实的结合越来越多，Q币的货币属性越来越强。近年来还出现其他网络平台和网络企业接受Q币作为支付凭证的现象。Q币作为一种虚拟的网络货币，在虚拟世界中的流通范围越来越广泛。目前，法律上对Q币的监管，包括发行、流通等都是欠缺的，监管机构也比较模糊。按照腾讯的设计，Q币的流向是单向的，即现实货币（以网络银行存款货币形式）兑换Q币，用于购买网络虚拟服务（网络游戏中的附加服务或筹码购买、即时交流工具中的附加功能，等等）和电商渠道的购物（B2C），制度设计上还不能由Q币兑换现实货币。普遍认为，Q币性质上是数据化的"提货凭证"，在无法与现实货币互兑的前提下，不可能冲击现行货币发行体系。但在现实中，有很多变通的情况，如消费者间私下协议、线上转账Q币、线下现金或者电子转账支付等。如此，Q币就表现出半货币性质。另外，随着Q币等虚拟货币的不断发展并形成统一市场，各个公司之间可以互通互兑，在一定范围内，虚拟货币就是通货了。这相当于在已有的法定货币、支付手段外，又形成了一种货币和支付手段。如果发行公司违反规则，把虚拟货币发行当作一种新的融资工具，必将造成金融系统混乱。鉴于当前法律的缺失和监管缺位问题的存在，Q币的发行量、安全系数、风险防范等都应该有序地纳入国家对货币监管的视野范围内。

三、网络金融发展趋势

基于以上分析，我们可以做出判断，一是中国（包括世界各国）当前

分支型的网络银行还没有形成对现有银行体系的根本冲击；二是中国（包括世界各国）当前电子货币、虚拟货币的出现和发展还未对国家货币发行体系、货币监管政策造成实质性的冲击。但存在以下几个需要关注的趋势。

（一）网络银行业务融合发展的趋势

其推动的条件有两个：一是技术准备。随着信息技术的不断发展，特别是基础网络传输宽度和速度的大幅提升，大规模集成电路的更聚集化，超级计算机运算速度的跨越式增长，云计算存储方式的出现，原来不可能在同一时间、同一地点集中批量操作的业务，现在得以在一个整合的平台上实现。网络银行的运营平台完全具备了开展多种业务的能力。二是外部倒逼。例如，阿里金融（网络小贷）、人人贷、第三方支付方式等网络金融模式的迅猛发展，是商业银行（涵盖网络银行）的业务份额及盈利空间在不断缩减的情况下，创新业务融合发展成为各商业银行寻求的出路。

（二）网络平台金融化发展的趋势

（1）微博、微信平台嫁接金融服务。微博、微信等拥有庞大用户数量的社交网络平台，其嫁接金融服务，使平台化的网络金融带给传统金融机构结构式的冲击。网络金融技术突破了时空的界限，原来以布点式、层级化为主要管理方式的传统金融机构，将在便捷高效、方便民众的网络平台化的互联网时代失去优势，甚至有可能面临被淘汰的境况。

（2）场景金融成为未来网络金融的核心研究方向。场景金融，也称嵌入式金融，是指利用新型的以互联网为代表的金融科技，将金融活动有机嵌入已有的场景服务中，实现金融服务的爆发性应用，使商家和用户收益，使经济行为能够高效地完成。它包括两个方面：一是互联网企业走向场景金融。例如，微信红包、优步和滴滴打车、O2O等。用一句话来描述此类场景金融，就是"当你在日常生活中需要金融时，它恰好就在那里！"它把金融机构的电子渠道和用户的使用场景融合起来，并向用户端延伸，既淡化了金融，又出现了像支付宝等第三方支付电商交易的那种，似乎没有支付的感觉，但又能疯狂购物的状况。二是金融机构走向场景金融。例如，保险和旅行场景的结合形成航空险、人身险、财产险等；又如，有金融牌照的村（镇）银行、农商行、城商行等与互联网企业的战略合作产生了巨大的发展潜力；等等。它们使场景金融根据切身实际，高度关注市场

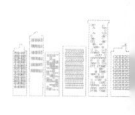

和用户需求，从贴近消费者金融服务的视野和角度，以快速易用的"嵌入式金融"功能设置，来完成消费需求转换和提升金融服务。金融与场景的嵌入方式，成为网络金融的革命性变革点。就目前的衍生产品而言，现实中还有嵌入式信贷、嵌入式保险、嵌入式理赔、嵌入式期权等嵌入式金融。

（3）供应链金融使互联网、金融、产业链"三位一体"。供应链金融指的是金融机构向核心客户企业提供融资、结算和理财服务等，同时又向这一客户的上下游企业（如供应商和分销商等）一起提供灵活多样的金融产品和金融服务的一种融资方式。供应链通过对物流、资金流、信息流的控制，从原材料采购到制成中间产品以及最终产品，最后通过销售网络把产品送到消费者手中，将供应商、制造商、分销商、零售商直至最终用户连成一个整体的网链功能结构。供应链金融则是在供应链基础上，金融机构利用融资和风险缓释的措施和技术，对供应链流程和交易中营运资本的管理以及流动性投资资金的使用进行优化，从而实现商业企业活动需求的"互联网＋金融＋产业链"的信息流、资金流、物流"三位一体"的金融服务模式。供应链金融服务主要包括应收账款融资和基于贷款或放款融资两类；应收账款融资又包含应收账款贴现、福费廷、保理、应付账款融资等。不同实体企业供应链条的运作流程有不同的量身定制的供应链金融服务方案，它衍生出供应链金融产品和金融服务的多样化。因此，金融机构熟悉产业的专业化、金融信息采集的集成化、金融数据传递的电子化、金融产品交易的在线化，以及供应链金融需要业务流程的规范标准化与相关法律法规支持等，就成为客观的必然要求。

（三）网络金融监管挑战趋势

（1）网络金融产品监管冲击。我国网络金融新产品有三类：一是网络支付型产品。包括网络银行支付、基于第三方独立机构交易支付平台的第三方支付和基于移动终端对消费进行账务支付的移动支付。二是网络信贷产品。主要是以阿里金融和P2P网络借贷为代表。三是网络基金代销产品。主要以余额宝、百度"百发"理财产品、微理财、微银行为代表。"余额宝"等获得了央行批准的支付牌照，也就是说其主体准入资格是获批的，但是对其所从事的业务的监管仍处于欠缺状态。"人人贷"等这类公司从主体准入到业务监管，也还是灰色的。这些新网络金融形态的出现，一方面把现有金融监管模式带入尴尬的境地，另一方面也对作为传统银行业务延伸的分支型网络银行业务的开展带来了挑战。正如国内外媒体所分析的一样，如果一批网络金融产品缺乏监管，它将会威胁到中国的金融安全。

（2）区块链金融监管冲击。区块链是比特币的一个重要概念，区块链是比特币的底层技术和基础架构。区块链是一串使用密码学方法相关联产生的数据块，每一个数据块中都包含了一次比特币网络交易的信息，用于验证其信息的有效性（防伪）和生成下一个区块。从数据存储方式看，它是分布式的非中心化存储，就像一个分布式的账本，所有的记录由多个节点共同完成，每个节点都有自己的完整账目。没有任何节点可以单独记账，从而避免了记录被篡改的可能性，所有节点都被作为参与监督交易的凭证。区块链是一个网络和权限对等、去中心化的结构。因此，区块链呈现五大特征：一是去中心化分布式存储；二是保持数据单独原始性；三是具有不可撤销性；四是交易的可追溯性；五是具有数字化特征。

区块链技术可应用于优化金融支付体系和构建高效安全的金融科技体系。在银行系统，随着利率市场化竞争加剧，区块链技术可以将不排除有违规操作的金融机构、票据市场或银行间、企业间、个人间跨境支付等的交易透明化，它使所有接入的节点都能通过追溯交易历史去检验金融机构、票据市场或跨境支付的运行是否合规，这样既有利于银行业务简化流程，又有利于维护金融秩序和防范金融风险。在证券市场，区块链技术可应用于证券登记与发行、证券清算与结算等业务，大大简化了交易流程和中间环节，有助于推动交易结算实现 T + 0 的实时全额交易，提高市场效率。在保险业及整个金融领域，区块链技术不仅可以深入货币市场、支付系统、金融交易和金融服务等各个领域，而且也会改变人们与之相关的经济生产方式和消费生活方式。

区块链的发展可分为三个阶段：一是区块链的 1.0 时代，即加密货币的应用，如货币转账、汇款和数字支付系统；二是区块链的 2.0 时代，即合约应用，区块链在市场和金融的应用中更加广泛；三是区块链的 3.0 时代，即将超越货币、金融和市场——尤其在政府、健康、科学、文化和艺术领域得到应用，基于分布式信息技术的平台将推动按需经济和共享经济的发展。

一方面，区块链领域科技创新及金融运用正受到世界各国越来越多的青睐。比如，美国国土安全部（Department of Homeland Security，DHS）和美国国家科学基金会（National Science Foundation，NSF）对区块链的项目给予了多次补贴和资金支持；英国政府正在努力探索区块链技术应用于传统金融行业、公共和私人服务领域的巨大潜力；德国联邦金融监管局试图在跨境支付、银行间转账和交易数据存储等领域应用区块链技术；中国工业和信息化部在发布的《中国区块链技术和应用发展白皮书（2016）》中公布了区块链在多个领域的应用场景和中国区块链技术的发展路线图；2016年年底，区块链技术被首次列入中国《"十三五"国家信息化规划》。可见，在过去的几年里，信息技术发展一直在世界各国的金融领域具有重要作用。随着云计算、大数据对传统金融产业的渗透，金融服务主体和金融服务模式呈多样化发展，这对现有金融体系造成了明显的业务冲击和技术传染，而功能更加强大的区块链技术还将使世界经济和金融体系再次发生变革。但是，另一方面，区块链技术在金融领域上的规模化应用，各国都尚未做好准备。区块链技术应用在金融领域有五大风险关注点：一是点对点网络的安全稳定型风险。区块链技术采用点对点网络结构，节点可自由加入或退出网络，易遭受路由欺骗、地址欺骗攻击，导致节点共识算法结果的波动。二是共识机制的交易回滚风险。由于采用分散化存储模式，同一区块可能在不同时间到达不同节点，不同节点的共识算法版本难以保持一致，在达成交易共识过程中易发生区块链分叉，导致交易回滚风险。三是交易数据的信息安全风险。区块链技术未采用硬件加密措施，允许节点在区块中附加自定义信息，且区块链中历史信息不可更改。若自定义信息中包含病毒或木马，将会自动传播到全网进行恶意攻击。四是信用的技术背书风险。区块链技术高度依赖于加解密算法、共识机制等，一旦密码技术被破解或密钥被盗用，交易数据将变得不可信。五是扩展运用的安全漏洞风险。区块链技术具有可编程扩展性，若加载于区块链的扩展应用存在后门或安全漏洞，将会对交易安全构成较大隐患。从金融运行与金融监管的角度看，中国如何做好区块链技术在金融领域上规模化应用的技术规则制定和法律规则制定，目前还缺乏具体的行动方案，区块链金融应用与监管受到挑战。

（3）货币政策、货币监管冲击。不断有媒体报道：金融传销组织隐身微信朋友圈；网络传销组织发售价值3.5亿元虚拟货币；有人打着比特币名义制造"旁氏骗局"；应阻击洗钱、恐怖融资犯罪活动；等等。它们又直接构成了对国家货币发行主体、货币流通、货币政策工具以及货币监管、金融稳定等的系列冲击。

综上所述，一方面，数字货币将扮演更加重要的角色。随着大数据、云计算、物联网、人工智能、区块链等新技术的不断发展，中国的数据连接群体、智能手机用户、电子商务、互联网上网、工作时空拓展，使以网络技术为支撑的网络金融数字货币、法定数字货币及其移动支付、跨境支付的运用变得越来越便捷和低成本，它将产生与创造中国经济金融新的增长点。区块链技术有望成为全球经济金融负债的新动力。区块链作为比特币去中心化、高透明度、无法篡改和无单点故障的底层技术和基础架构，以及包含分布式数据存储、点对点传输、共识机制、加密算法等若干计算机基础技术的稽核，将直接影响网络金融的未来，并重塑货币市场、支付系统、金融服务和经济金融形态的方方面面。区块链技术是驱动网络金融变革的关键技术，将成为中国经济发展的新动力。嵌入式金融（场景金融）、供应链金融等将成为中国金融服务实体经济的重要切入点。它通过实体经济与融资、支付、结算、理财等金融手段的有效结合，借助于网络平台金融化的发展和网络金融技术得以突破时空界限，为实体经济（包括中小微企业）提供便捷、优惠、安全的 3A 服务，促进和提升了金融服务实体经济的发展水平，金融科技正深度改变中国金融业的面貌。"金融科技＋普惠金融"将能有效解决普惠金融因征信不足而困扰其发展的"最后一公里"的瓶颈问题；"金融数据＋信息技术"正在衍生出众多足以改变中国民众生产和消费习惯的金融产品；"人工智能＋区块链"逐渐成为催生智能金融发展、改变现代金融体系、改革现代货币体系、改革金融清算结算体系的强大动力，驱动世界金融业潜移默化又突飞猛进地变革。另一方面，网络金融产品、平台、机构"缺乏监管"威胁国家金融安全；网络金融"暴力催收"事件不断，成为社会稳定的隐患；网购维权"缺少法规"、欠缺标准，难以维护金融秩序；应阻击"私人数字货币"，建立监管规则，迅速改变金融市场乱象。

作为金融业，永恒的主体是安全、流动和效益；作为网络金融介入的任何经济主体，追求的目标也不外乎避险、流动和获利。而这三个目标往往是矛盾的，尤其是获利与避险，相互兼容又互相排斥。根据风险收益对应论，收益蕴藏在风险管理中心。于是就产生了现实中可能的两种选择：第一种选择是用确定性来代替风险；第二种选择是仅替换掉于己不利的风险，而将对己有利的风险留下。因此，在我国，尤其是国家央行，一方面要推动网络金融的发展，另一方面要用"确定性"来代替风险、防范风险。认清和防范网络金融的特性风险，成为我国网络金融业的首要选择。

◆**思考讨论题**◆

1. 商业银行的起源是什么？为什么说"资产负债管理论"是商业银行管理的轴心？

2. 试述投资银行的历史演变过程以及投资银行和商业银行的主要区别。

3. 投资银行具有哪些风险收益特征？为什么说"风险收益对应论"是投资银行管理的轴心？

4. 网络银行的特征是什么？

5. 如何稳健发展网络金融？

第三章　银行主导型金融体系的发展

第一节　世界各国银行主导型金融体系的概况

根据第一章第二节的内容，结合金融体系演变的历史进程可知，英国和法国的两大"泡沫事件"的出现使得金融体系开始出现了银行主导型和资本市场主导型的差别，法国的"密西西比泡沫事件"与英国的"南海泡沫事件"发生的时期大致相同，英、法两国都采取了在股票市场上引入严厉管制的应对措施。但是英国在19世纪初就废止了《泡沫法案》，而法国直到1980年才废除了对股票市场的限制，它们的经验都极大地影响着欧洲大陆金融系统的发展。银行主导型金融体系以法国作为起点，逐渐发展到德国和欧洲其他国家以及日本，如今的银行主导型金融体系的代表国家是德国。

1716年，一名叫约翰·劳（John Law）的苏格兰人在法国用他之前设计出的"银行不再需要100%储备金就能发放纸币"的多种方案成功地说服了法国议会并随后成立了劳氏银行。1718年，劳氏银行被重组为皇家银行，并被授予了发行纸币的权力，且发行权力只受议会的控制，而不必受制于储备金的水平。随后，该银行与密西西比公司合并。合并后的公司股票被当成了狂热投机的对象，股票价格在大幅度上涨后出现了泡沫，随后急剧下跌。

经历了"密西西比泡沫"后的法国股票市场开始萎缩，金融发展的程度也落后于英国，加上法国大革命的爆发，公司证券市场在整个19世纪和20世纪的大部分时间里都没有得到实质性的发展，资本市场的发展受到了限制。但与此同时，法国出现了各类为企业或特定部门提供信贷的银行机构。例如，拿破仑成为第二帝国的君主后不久，佩里埃兄弟就创建了动产信贷银行（Credit Mobilier），对资助法国铁路和其他公共事业发挥了

122

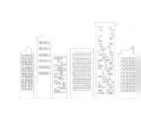

第三章　银行主导型金融体系的发展

重要的作用，经济学家卡梅伦（Cameron）强调这正是德国和欧洲其他地区的产业银行的原型。

在欧洲大陆的其他国家，19世纪法国和德国（德国的发展历程详见下一节）的范例比英国和美国的具有更为深远的影响。西班牙仿效法国的系统，在股票投机和1847年的金融危机之后，产业利用市场融资的活动受到阻碍，一批法资银行纷纷成立，同时还有很多国内出资的银行。意大利则在19世纪经历了两次外国银行设立的高潮，但资本市场在这期间却没有多大的发展。第一次世界大战后，意大利政府介入以填补本国银行机构因能力不足而无法满足资金需求的空缺，自此以后，政府一直在意大利的产业资金供给上发挥着重要的作用。在北欧，德国系统最具影响力。奥地利、瑞士和瑞典的德国式银行都与产业形成紧密的联系。瑞典比较特别，其大部分投资于银行的资本都是长期存款，而不是轮番替换的短期存款。所有这些国家的金融市场都是为政府债务服务的。

除了上述欧洲国家外，日本也经常作为另一个典型的银行主导型金融体系和德国一起被提及。但事实上，两国的金融系统在历史发展和政府在其中的作用方面都有着显著的差别。在德国，银行系统首先是在私有部门中发展起来的，而在日本，政府在主银行系统的发展中起到了推动的作用。日本政府在1868年的明治维新之后还致力于确立现代化工业经济，并引入了西方的金融制度。日本在明治维新之后相继成立了汇兑公司、商业银行并确立了中央银行制度和专业银行制度。起初，日本的银行业准入标准由于缺乏政府管制而非常宽松，并引发了三次银行恐慌，日本政府由此开始直接介入日本的金融系统。日本的金融系统分别在第一次和第二次世界大战后进行了调整，随着战后日本经济的高速增长，主银行系统在战后形成，并在20世纪50至70年代达到了顶峰。主银行系统的主要特点是：一家银行与它的客户企业间建立起长期的关系并提供贷款；银行提供与发行企业债券相关的服务；银行直接持有企业的债务或持有股份而成为公司的大股东之一；当客户企业陷入财务困境时，银行会积极主动地介入实施救助。随着金融市场的重要性进一步加强，20世纪60年代中期，日本政府放松了对金融系统的管制。进入20世纪80年代以后，由于证券市场的扩展与对市场融资限制的放松，企业开始寻求更加广泛的融资渠道，导致企业对银行资金整体上的依赖性下降，内部资金比重日益上升，使主银行的地位与作用有所下降，但作为一种融资制度，它一直发挥着积极的作用。

123

第二节 以德国为代表的银行主导型金融体系特征

德国是银行主导型金融体系的代表国家，银行贷款在公司负债中占较大比例，是德国公司最重要的融资手段，特别是德国三大全能银行——德意志银行、德国商业银行和德累斯顿银行更是在银行体系中占有举足轻重的地位。在市场层面，相对于银行体系，德国资本市场规模较小，流动性相对不高。具体来说，德国的银行体系是以全能银行为基础，以专业银行为补充。全能银行包括商业银行、储蓄银行和合作银行，其中商业银行是核心，可以全面参与各种金融活动，包括吸收存款、发放贷款、承销证券、直接投资包括股票在内的各种证券，既从事传统商业银行业务，又开展投资银行业务，还可以通过代理股东投票、获得企业监事会席位等方式，进一步施加对上市公司的影响，是一种多功能、全方位的银行。德国的专业银行提供的金融服务少于全能银行，如专门从事抵押贷款、农业信贷或中小企业信贷的银行等。德国的股票市场相对不太重要，国内债券市场尽管发展良好，但参与的主要是政府和银行，一般工商企业很少发行债券，企业外部融资主要依赖银行贷款，贷款债券化程度也较低。

德国金融体系的形成及演变与其工业化进程和面临的经济发展环境有密切关联。德国产业化、工业化进程晚于英国和美国，所以必须加速发展本国产业，才能赢得发展空间。为此，德国采取了国家调节下的市场经济模式，政府采取了控制价格形成、参与企业投资等直接和间接的干预手段以调节经济运行中的问题。经济发展路径更着重解决就业的诉求，更依赖实体产业，同时实行积极的劳动力市场和福利政策。与此相应，其银行主导型金融体系相比市场主导型相对简单，特别是对法律体系的要求相对较低，中小投资者利益受到全能银行的有效保护，不像美国的小股东利益必须由十分健全的法律体系来保障。而且德国的银行全力发展与企业的关系，不仅给企业提供长期资金，还给企业经营提供其他支援。从历史进程看，银行主导型金融体系为德国经济赶上英美做出了重要贡献。

不同于其他国家，德国的银行占据着很重要的地位，而市场的作用却非常小。1993年，银行资产相当于国内生产总值的152%，而股票市场市值只相当于国内生产总值的24%。表3－1是对德国金融系统的简要考察。

124

第三章 银行主导型金融体系的发展

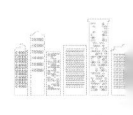

表 3-1 德国金融系统构成

银行系统	商业银行	包括三家主要银行：德意志银行、德累斯顿银行和德国商业银行。这些全能型银行提供全套服务，包括吸收存款、发放贷款和抵押贷款，提供人寿保险，承销证券，以及直接进行证券投资，包括股票
	储蓄银行	不追求利润最大化并以公益为经营目标的机构，分为三层：当地储蓄银行、州储蓄银行和中央储蓄银行
	合作银行	存款者就是股东。和储蓄银行一样分为三层，分别为当地银行、州银行和中央银行
养老基金	公共	覆盖所有的工人，养老金与工作年限内的平均收入挂钩，替代率高
	个人	主要是以统一缴费率为基础的确定受益型；有指数化条款；因为税收原因，主要以账面储备形式投融资
	保险	由全能型银行或者保险公司提供。与银行相反，对保险业的监管很严格。保险产品通常由许多金融机构一起提供，因为不允许跨品种、跨部门经营
金融市场	股票市场	7 家地区性交易所中，法兰克福交易所规模最大；上市公司不多；股票市场一向不是公司融资的主要渠道
	债券市场	各级政府和银行融资的重要渠道，对非金融企业来讲意义不大
	衍生产品市场	不发达，1990 年才建立金融期权和期货市场，交易额也不大

（资料来源：富兰克林、艾伦、道格拉斯·盖尔著《比较金融系统》，王晋斌等译，中国人民大学出版社 2002 年版。）

德国现代银行体系是由德国中央银行体系、全能银行体系和特殊目的银行体系组成的综合体，其核心是德国的中央银行体系。到 1991 年，德国全能银行和特殊目的银行分别为 4457 家和 69 家，前者占同期德国银行总数 4526 家的 98.5%。德国的商业银行是全能型银行。最大的三家银行——德意志银行、德累斯顿银行和德国商业银行，为个人和企业提供全套服务。对于企业，银行提供短期和长期贷款；对于个人，银行提供一系列

125

产品与服务，包括储蓄工具、贷款以及人寿保险。最后，德意志银行拥有自己的保险公司，而其他两家大银行与主要的保险公司结成战略联盟。

一、中央银行体系

德国的中央银行是德意志联邦银行，是根据1957年7月20日通过的《德意志联邦银行法》成立起来的。德意志联邦银行的总行设在法兰克福，在原联邦德国每一个州设立一家州中央银行，共建立了11家州中央银行，并在全国建立了230家分支机构。1990年两德统一后，州中央银行减少到9家，分支机构减少到160家。德国中央银行具有较强的独立性，它独立于政府，对议会负责。联邦银行在行使职权时，不受联邦政府的约束或干扰。

欧盟货币一体化之后，欧洲中央银行于1998年6月成立，总部设在法兰克福，其前身是欧洲货币基金组织，由欧盟15个成员国的中央银行共同组成，德国是其成员国之一。欧洲中央银行的资本金为50亿欧元，德国作为最大的股东，拥有24.4%的股份。欧洲中央银行的核心任务是制定和实施欧盟区的货币政策，保证欧盟区支付清算体系的正常运转，发行欧元现钞、管理存款准备金，并通过理事会及其下设的13个专业委员会来实施，具有较强的独立性。

德意志联邦银行此后虽然不再决定货币和信贷政策，主要是按照欧洲中央银行的指示和方针办事，但仍然肩负着一定的职责，拥有决定业务政策的权力，保留了参加国际货币组织的权力，并可以继续支持德国政府的经济政策，承担着银行监管、外汇储备管理、现金和非现金结算业务等职能。

二、全能银行体系

全能银行作为单个金融机构提供着各种各样的金融服务，包括传统的银行业务、投资和证券业务、不动产交易、组织救助陷入财务危机的企业、企业并购等。全能银行主要又可分为商业银行、储蓄银行和合作银行三类。

商业银行，是德国商业银行体系的主体部分，但其业务权限远比美国商业银行宽泛。到1991年，德国共有商业银行340家，其中最重要的有5家，即德意志银行、德累斯顿银行、德国商业银行及其两家柏林子公司。德意志银行是建立于1870年1月的一家私营性质的银行，是德国最大的商业银行，在1996年7月的英国《银行家》杂志全球1000家大银行的排名中位居第6。德累斯顿银行是建立于1870年12月的股份制银行，是德

国第二大银行。德国商业银行是建立于 1870 年的德国第三大银行。

除了主要的全能型银行以外，其他银行在德国也很重要。储蓄银行源于为穷人提供信用和储蓄手段，资金被用来提供抵押贷款和资助本地或地区性的投资行为，并仍将发挥这种作用。储蓄银行的结构通过三个层次逐步集中：最上层是中央储蓄银行，负责储蓄系统内的资金调节；中间是中央银行所属的 12 家地区性银行，主要从事地区性的放款和证券投资业务；最下层是 12 家地区性银行所属的超过 700 家的当地储蓄银行。只有市或辖区等地方政府可以创建储蓄银行，并且作为银行的担保人。

合作银行是具有互助合作性质的金融机构。建立信用合作银行的最初目的是支持急需资金的工商企业，是由存款者所有的互助组织。如同储蓄银行，合作银行也分为三层，即当地银行、3 家地区性银行和 1 家中央银行。

德国银行业的一个特色是大部分机构（按资产界定）不是标准的利润最大化实体，占银行资产 36% 的储蓄银行不追求利润最大化。同样，占全部银行资产 15% 的合作银行由存款者所有。尽管所有的国家在其金融系统中都存在这样的所有制形式，但是德国因其特有的组织形式而独树一帜。

德国对银行的监管比较少。银行可以直接承销证券而不必建立附属公司，另外也不必设置防火墙。银行的保险业务受到某些限制，只能通过附属公司来开展保险业务，并且必须像其他保险公司一样受到保险监管局的监管，但银行可以代理保险业务而不受任何限制。银行可以进行房地产投资，投资于股票和房地产的账面价值不能超过银行的负债，但是，通过附属公司进行的不动产投资不受此限。银行可以持有非金融公司的股份，反之亦然。

三、社会保障体系

德国的社会保障体系为所有工人提供养老金。国家养老金与工作年限内的平均收入挂钩，替代率较高。个人养老金体系广泛存在。个人养老金计划常常是受益型的，并有一个统一的缴费率。德国养老基金的特色是在公司层次上进行课税。养老金账面上的储备可以享受某种特殊优惠，企业可以在免税的情况下自由运用这部分积累在报表上的资金，结果是几乎所有的资金都表现为账面储备。另外，这种投资所得可由养老金担保协会进行投保。和法国相同，养老基金持有的资产很少，只占家庭全部资产的

4%。对于其他类型的资金，在投资方面存在严格的管制，投资于股票、不动产和外国证券的上限分别为20%、5%和4%。在全部养老基金资产中，股票其实只占6.6%，债券占42.8%，抵押贷款占到29.5%。

在德国，对保险业的监管比对银行业要严格得多。保险监管局要求保险基金的投资要满足安全性、盈利性、多样性和流动性的要求。保险公司超过80%的资产存在银行里。尽管保险公司可以投资股票，但在投资组合中的比重很小。德国保险业的重要特色是法律规定人寿保险与其他种类的保险产品相分离，保险监管局将此扩展到其他保险业务，结果必须由许多分支机构联合组成一个集团来提供保险组合。保险公司持有的资产规模较大，占全部家庭资产的20%。

四、金融市场

与大多数工业化国家相比，德国的金融市场很不发达，家庭很少直接参与市场交易。由于缺乏禁止内幕交易的规定，市场只对老练的投资者才有吸引力。另外，与其他国家相比，共同基金比较少，其他间接持有股票的方式又受到限制。总之，德国投资者拥有的市场投资手段很有限。

德国的债券市场比股票市场更重要。交易的大部分债券和票据由联邦政府、州政府或当地政府、政府法人、银行以及其他中介机构发行。市场上由德国工商企业发行的债券规模非常小，不到全部公开发行债券的0.5%。一些大企业在欧元－马克市场借款，但总量不到国内债券的2%。

德国的证券市场是由商业银行组成的。德国的《银行业务法》赋予商业银行同公众进行证券业务的独占权利。一般的证券经纪商只允许在证券交易所大厅内从事交易。德国的证券交易所以《1908年股票交易法》为基础，但其组织、管理和监督则在州一级的水平上进行。即使由政府制定的管制条例，也由各州执行。

德国的证券交易所共8家，它们分别设在法兰克福、杜塞尔多夫、汉堡、柏林等地。这些交易所的管理机构可分为三部分：①交易所委员会，它由交易所的主要使用者（银行、经纪人）选出的成员及交易所的总经理组成。该委员会根据州政府的批准，拥有广泛的管制权力，能处理同交易所组织有关的大部分问题，并直接管制交易大厅内的交易。②批准上市委员会，它由银行及各产业代表组成，主要负责证券的上市事项和负责监督与此项有关的宣述。③官方经纪人会社，它有自己的理事会和一个纪律部，其作用有限，交易所委员会一般就一些较次要的管制向其咨询。

德国新证券的发行，存在着一种非正式的排队制度，它受到德国中央银行和其他私人银行的支持。这种制度也扩大到欧洲马克债券市场。根据德国的法律，证券发行无须宣述。但发行者在其证券进入交易所从事交易时，必须附有说明书。德国的二级证券市场由证券交易市场和"交易厅外"市场构成，后者主要是在商业银行间通过电话来进行交易，故又称为电话市场。

德国二级市场的主要参加者是商业银行和经纪商。按照法律规定，只有商业银行才可同公众进行证券交易。此外，他们还提供各种全能服务，同时充当投资银行家。但只有那些在交易所所在城市设立了机构并参与当地证券交易的商业银行，方准进入证券交易所。证券经纪人分两种：一种是官方经纪人，他们由各州地方政府任命并接受其监督，其主要任务是组织沟通供求，使卖方和买方同时相遇，并确定上市证券的价格。另一种经纪人叫自由经纪人，他们或在交易所内为商业银行之间的交易充当中介。这种证券经纪人数目有限，如在法兰克福交易所内只有23人。

证券的上市须由商业银行提出申请，由德国的批准上市委员会批准。批准的条件基本是：证券的名义值至少为5万马克；必须是已完全缴清款的股票；证券的印刷必须遵守印刷品安全规则；须发表一项全面的说明书。在发表说明书之前，必须先将它递交给批准上市局。说明书的内容部分也由前述1960年政令规定，但主要根据一些实务规则确定。批准上市局有法律的责任，保证公众得到评估证券所需的全部事实，也可以拒绝那些被认为有害公众的证券上市。说明书必须在政府官方公报及本地报纸上发表。在说明书发表的次日，证券交易方可开始。在证券发行后，发行该证券的公司还须发表年度报告，但立法上不要求宣述上半年的资料。公司所发表的年度报告中的账目，必须经独立的会计师的审计。对上市公司的宣述，一般由其上市所在的证券交易所监督，但是其他地方的证券交易所仍可要求公司提供除已宣述内容之外的资料。

在德国证券交易所内的交易，通常都是现金交易。远期交易自1931年后已不复存在。客户的证券交易委托单必须交给商业银行，然后商业银行或者将其传递至交易所大厅内，售于官方经纪人；或者自己充当中介，从事证券交易。证券交易的清算，一般在交易后的两日内完成。

德国规定，内幕人士必须遵守由股票交易政府专家委员会制定的《行为的自愿准则》。该准则禁止从事证券的内幕人士交易。内幕人士包括重要的股东，即持有公司股权25%以上的股东。这些准则得到德国所有工商协会的认可，因而其约束力也较普遍。

1992年10月7日，德国最大的股票交易所法兰克福交易所宣布，德国现有的8个股票交易所，从1993年1月起合并为一个持股公司——德意志股票交易所。新交易所以目前占有德国股票和债券交易量70%的法兰克福交易所为基础，同时收购一家以电子屏幕交易为基础的期货期权交易所和一家独立的德国证券清算与结算机构，其他7家股票交易所将购买新持股公司10%的股份，并在扩大的监管局拥有4个席位。另外，卖给德国官方经纪机构10%的股份，其余一些股份由德国信贷机构拥有。新股票交易所的主席为原德意志银行的主要董事。

合并成立新的股票交易所，是加强法兰克福国际金融中心地位的一项重要改革，这将消除德国现有8家股票交易所之间不必要的竞争，降低股票交易成本，增强流动性，有利于联合对外，与伦敦、纽约和东京股票交易所相抗衡；并能吸引在其他金融中心，特别是在伦敦交易的德国股票回流。

合并现有8个股票交易所仅是第一步。德国还在1993年年底制定出台内幕交易法和持股信息新规则，并成立德国证券业和中央监管机构。在交易技术方面则采用双轨制，准备在三至四年内，对30～50家交易量最大的公司的股票和债券采用以电子屏幕为基础的交易系统，即欧洲网络。对有较强地区联系的国内证券仍采用场地交易，但也通过提供电讯服务加以改善，即地区网络。

然而，法兰克福要发展成为与伦敦、纽约和东京相抗衡的国际金融中心，仍存在许多问题。首先，截至2012年，德国有660家上市公司，这些公司的产量占德国经济的比重远比美国和英国的比重小得多。德国股票交易额占国内生产总值的比重在35%，显著低于美国的13%和英国的95%。因为"战后"以来德国的银行融资一直占主导地位。其次，德国政治体制对加速解决市场问题不利，如集中化的证券交易管理条例的制定，还需要经过政府与各州之间激烈的商讨才能获得通过。最后，在新结构中，另外7家股票交易所仍然存在，这些交易所之间及电子屏幕交易与场地交易之间的协调问题，也需要解决。

尽管如此，法兰克福交易所的这次改革，对它能否成为国际金融中心

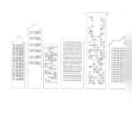

地位，仍是一种挑战。

德国的期货和期权市场没有多少实际意义。德国的第一个期货与期权交易所，即德意志期货交易所，创建于 1990 年，交易量至今仍不大。

五、德国商业银行与证券市场的关系

德国银行（除中央银行外）按业务性质分类，可粗略划为两类：一类是全能银行（理论上也称商业银行），可从事多方面的业务；一类是专业银行，业务范围较窄、较特殊。其中，全能银行既有全国性的，也有地区性的，还有外国商业银行在德国的分行。

由于历史的原因或其他原因，德国各商业银行偏重的业务各有不同，但德国法律对它们从事多种业务的限制较少，可以随时开拓新的业务领域。因此，商业银行作为全能银行，它们能够从事吸收存款，发放短期、中期和长期贷款，托收承付，买卖证券，信托投资，财产代管，投资咨询，外汇交易，国内外汇兑等业务。

德国商业银行的证券业务主要有四个方面。

（一）证券的保存与管理

德国的有价证券保管业务从技术上说已发展到了一种"无券"阶段，也就是说，证券的交易已经同银行转账支付一样，只需在账户上过户而不需要把证券具体地、真实地从某人之手转移到另一人之手。这种"无券"式交易是参照非现金交易同样的办法，由保管（证券存款）账户和证券汇划系统实现。这种"无券"交易系统的法律基础是《证券保管与收购法》。[①] 这个法律适用于股票、记名或无记名公司债券、国债、地方债、分红息票、息票等。从商业银行业务实践看，这种证券存款和汇划系统也适用于记账国债（这种国债不以债券为凭，而仅仅记载在国债簿上）；还适用于公司准备增发的新股但还没有来得及发行的股票。这个"无券"的证券存款和汇划系统已发展得相当庞大，而且很高级。

（1）证券存款的最初形式是存户把要保存的东西交给商业银行单独保存，不与其他物品相混，并在到期后，银行把被保存的原物归还存户。这种存款形式称为分立存款，又称为纸条保管，纸条是指捆钞票的纸条，纸

---

① 参见严武、李汉国、吴冬梅等著《证券市场管理国际比较研究》，中国财政经济出版社1998 年版。

条保管是用纸条把客户的证券捆成一捆，并在纸条上写上客户的名字，然后把这捆证券放进相应的保险柜。按照"证券保管与收购法"，分立存款是证券保管的最基本形式。商业银行在保管证券的过程中，可以将它们转存到另一家银行，这样就可能形成一个梯级结构，证券被几次转存。但对于分立存款的证券，无论转存几次都应指明这些证券属于何人，而不能使保管分行误以为这些证券属于某家银行。法律并没有排除保管银行用这些证券去抵押而获得贷款的做法，但是，接受这些证券作为抵押的银行必须相信保管银行确实拥有这样做的权利。

（2）在存户的授权之下，商业银行也可把存户的证券和银行自有的同类证券以及其他存户的同类证券混在一起保管，证券只要是同类的、同值的，就不必再分是谁的，只要存户可以取走同类、同值的证券，他便不会介意自己拿到的那张证券是不是最初存进银行的那一张证券。这种共同存款方式在德国称为汇划集中保管。这种保管方式使现代化的"无券"式证券交易得以实现。共同存款因为要把不同存户的证券共同保管，因此对证券的要求很严格，不允许不合格证券混杂其间。所谓"合格"应当满足这样一些条件：例如，证券必须是可交换的、可转让的；证券必须是大家熟悉的、发行量大的；共同保管的证券必须是同类的并具有其他一些相同特征，如面值相同、到期日相同等。无记名股票一般都可用于共同存款，记名股票必须先空白背书才能用于共同存款，无记名债券如属同类、同期则可共同保管，如果一种债券可以不同的分期付款方式偿付，则一般要把它分解成几个证券系列，在同一系列内所有的债券都可以在同一日偿付。存户在存进每笔证券时，都必须书面明确授权银行哪些证券可以共同保管。一般来说，全能银行在接受客户的证券存款后，都要转存入专业的证券信托银行，德国只有8家证券信托银行，它们只吸收共同存款。在业务实践中，把证券存入证券信托银行要经过这样的步骤：客户把证券交给某商业银行的分行，分行把它们转给总行，总行再把它们存入证券信托银行；这时，信托银行内有客户开户行总行的证券存款户头，总行有分行的户头，分行有各证券存户的户头。只有分行才知道每个存户的存款金额以及证券种类。

（3）证券信托银行共同保管证券的方式使"无券"式证券交易得以实现。这时，证券的过户可以像银行转账支付一样方便地完成。为了和证券信托银行打交道，商业银行往往使用所谓的"证券支票"，这种"证券支票"跟一般支票的定义不一样,实际上不是支票而只是在证券存款及汇划系统中使用的一种通知,它相当于普通银行转账过程中使用的转账通知单。在接到通知单后,证券保管行就可以变动客户账户上的证券存款数,然后向总行发出通知,总行接着向证券信托银行发出通知,信托行再向与转账有关的其他银行发出通知,直至证券过户完成,且所有牵涉到的银行的相应账户都做了相应改变为止。

(4)商业银行对于存在它这里的证券要实施管理,即要定期代客户收取证券的利息、分红和应归还的本金;同时,要向客户就证券兑换、投资计划、股票价格变动、优先购买新增股票等事项提供咨询;还应当及时提醒客户注意与其持有的证券有关的公告,如客户持有股份的公司在发生财务困难的消息等。如果客户的证券存款中有某公司的股票,那么商业银行还应与这家公司保持联系,随时将与股东有关的事项通知存户,在存户的授权之下,商业银行也可代客户出席股东会议并代客户投票表决。这种代客户表决的做法是德国银行的特有做法,它使银行对公司有了更大的发言权。

(5)证券存款也有保护问题。如果保管银行倒闭了,证券存户将受到保护,因为存户是证券的所有者,商业银行只是代管者。如果存的证券没有动用,那么存户在商业银行倒闭时可以原样收回;如果商业银行已动用了存户的证券并已丧失了对这些证券的所有权,那么在银行破产时,存户对银行拥有破产债权,而且证券存户的破产债权有优先权,应先于其他债权而受清偿。

(二)证券的承销与上市

承销证券的业务是指发行人要求商业银行帮助把证券卖给公众或法人。原则上说,这种业务可采取两种形式。

(1)银行自己并不担保购入这些证券,而只是帮助发行者出售。

(2)银行承诺自己购入这些证券,然后再把它们卖出去。在德国的银行业务实践中,多数采取第二种方式。

1)承销股票。商业银行承销股份公司的股票往往有三种情况:①当一家新股份有限公司开业时;②一家已存在的私人持股的股份公司想把一部分股权卖给大众(所谓的"大众化");③一家已存在的股份公司,它的一部分股份已经掌握在成千上万的公众手里,当它想增资时,要卖掉一些新股。在德国，主要是第三种情况居多。根据德国股份公司法，股份公司原有的股东对新增发的股权有优先认购权。由于大众化的股份公司可能有几万甚至更多的股东，在增发新股时要预先全都通知到这么多股东再等待他们认购是很复杂的，所以普遍的做法是由商业银行把全部新股都买下来，然后按原有股东持股比例分给他们一部分新股，同时向其他公众公开出售其余的新股。

2）承销债券。债券的承销有很多种方式。但无论哪种方式，商业银行都要明确承诺对这些债券的承销。各种方式之间的区别主要在于：参加承销的银行不止一家，它们之间的组织方式不同；此外，这些银行与发行人之间的法律关系也有不同。例如，联邦银行作为政府债券的发行管理人采取个别银团的方式，按这种方式，主管理人与参加银团的多家银行分别签订协议，规定各家银行购买债券的数额。更常见的是统一银团，按这种方式，参加银团的所有银行和发行人签订一个统一的协议，规定每家银行认购的份额。其他的方式还有管理银团方式，它采取总包和分包的方式，参加银团的银行只和发行管理人签约而不与发行人签约。这种分包方式特别流行于欧洲货币市场上发行的欧洲债券。商业银行承销的债券可采取公开出售（公募）或私下出售（私募）两种出售方法。公募和私募证券在法律意义上并无区别，唯一的区别是私募债券往往面值很大。一般说来，私募债券的利率比公募债券略高，但对私募债券的发行人来说，他可以节省组织大银团所需费用和上市费用。因此，私募债券的成本未必高于公募债券。私募债券的另一个好处是可避免因发行人信誉受损时输出的波动而造成的债券价格下跌。

3）证券的上市，指发行人或承销人、发行管理人申请在交易所出售证券，经核准后允许在交易所挂牌、注册，因而具有在该交易所交易这种证券的资格。证券的上市不能由发行人提出申请，而要由一家已被准许在股票交易所进行交易的商业银行提出申请。申请书必须包含申请上市的股票或债券的详细说明和关于发行人的详细说明，并附有参考资料。发行人必须在德国的某交易所所在地开设一家长期营业的交付所，并在交付所所在地的一家银行里拥有户头和证券存款户头。发行人还必须在德国境内定期、不间断地公开发行关于自己的真实报告，特别是财务报告。申请书还要包括一份募集章程，经交易所核准后公开印行。募集章程必须由发行人和申请银行共同签署，签署者需要对章程内容的真实性负责。在证券被允

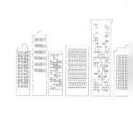

第三章　银行主导型金融体系的发展

许上市日起的五年之内，如果由于募集章程中介绍了虚假情况或虚假条件而使购买证券者受骗或蒙受了损失，则签署者应共同负责赔偿损失，但如果签署者以原价购回证券使持票人复原，则可不赔偿损失。

（三）代理证券买卖与自营

（1）商业银行作为代理商。在德国，商业银行的证券交易业务的最典型方式，是银行作为客户的代理商在股票交易所代替客户买卖证券。如果银行把一位卖主的证券的所有权（限于卖主指定的代理范围内）过户给买主代理，它通常应首先以自己的名义把证券买下，然后把自己的所有权过户给买主。商业银行作为经纪人也可以自己参加买卖，但一般是作为被代理人的对方。例如，银行受命代理买主收、购证券，这时它可以自己作为卖主代买主购买银行自有的证券；如果银行受命代理卖主出售证券，它可以作为买主收购卖主的证券。

（2）商业银行作为自营商，它也可以自己买进证券，然后再卖出去。商业银行作为自营商在证券的价格问题上有较大的自由，它可以通过证券的买、卖价差赚取收入，这与经纪人只收手续费的情况不同。但银行作为证券商要承担买、卖价差的风险。

（四）金融创新及国际证券业务

德国商业银行除了参与传统的证券保管、证券承销和证券交易业务外，还积极参与派生金融业务和国际证券业务。作为派生金融业务，德国商业银行参与交易所的期货、期权交易，也参与各类债券创新工具操作，如发行债务券贷款、浮动利率债券，以及各类金融债券等。此外，为改善本国在境外（尤其是在欧洲市场）的货币和资本流通条件及其竞争条件，德国商业银行也积极参与国际上通用的零息票债券、浮息债券以及和利率调期、外汇调期相联结的各类债券的发行和交易，参与国际其他证券交易所的证券、股票的买卖与操作。在管理上，他们还自发组织了一个中央资本市场委员会以定期讨论与调节证券市场上出现的有关问题。

对德国商业银行业务的监督与调节，从政府角度而言，来自两方面，即银行监督局和德国联邦银行。在1931年德国银行业大危机之前，只有十分有限、零碎的调节和监督制度；1931年和1932年，银行业危机几乎摧毁了德国的银行系统，像在美国和其他西方国家一样，银行业的危机又触发了总危机。此后，德国政府为应付危机临时制定了一些紧急法令，首

135

次引入了针对银行的官方监督系统。对于证券业务，德国银行法规定，其受《有价证券收购法》管辖，并受银行监督局监督，同时接受证券存款审计。

（1）银行监督局是一个独立的国家准部级机构，局长由政府及联邦银行同意后提名，由总统任命。银行监督局由国家财政部代管，主要任务有两项：一是监督银行的业务；二是防止银行系统中滥用权力的现象，以保护信用机构资产的安全性，保护经济不受损害，保障银行业务顺利进行。因此，银行监督局执行着对所有银行的监督，其具有的特殊权力有两项：一是情报权和调查权。根据《德国银行法》规定，银行监督局有权要求商业银行提供有关其业务的任何情报；检查商业银行的所有表册和记录；随时抽查审计，无须提出任何理由；参加商业银行的股东大会或监督委员会会议，发言并提问；要求银行召集股东大会或监督委员会，并有权安排这些会议的议程，提出问题要求澄清或解答。二是干预权。例如，当监督局认为某家商业银行对债权人的责任特别是委托给该银行的资产的安全性受到威胁时，监督局有权对该商业银行的业务进行直接指导；限制该行继续进行某一业务；限制该行负责人的管理权；指定一个监督人，监督该行业务。如果监督局认为情况严重，此时监督局是唯一有权申请商业银行破产的机构。如果商业银行违反了法律，或违反了监督局的规则和指令，监督局也有权要求该银行撤换负责人，直至吊销该商业银行的营业执照。

（2）《德国银行法》还要求联邦银行与银行监督局密切合作，共同完成对银行业的监督和管理。联邦银行作为德国的中央银行，其主要职能有四项：①发行的银行，唯有联邦银行有权发行以德国马克命名的纸币。②银行的银行，包含了在正常情况下，平缓由于银行体系对资金需求造成的波动。③政府的银行，即在某种程度上充当了联邦政府及州政府的"家政银行"，其中一个重要表现是它参与了联邦政府与州政府在证券市场上的筹资活动。对于大多数由联邦政府发行的债券，联邦银行都扮演了财政代理的角色，它负责国库券、联邦储蓄债券、5年期特别联邦债券以及财政贴现票据等的发行和偿付。④货币储备的监管人。联邦银行是唯一持有德国官方货币储备的机构。德国银行法要求联邦银行与银行监督局之间进行密切合作，以交换情报，实现各自任务。当银行监督局需要制定有关条例时，必须与联邦银行共同协商。联邦银行对制定银行业监督条例的参与程度则取决于该条例影响其职能的程度；同时，在银行监督局执行对所有商

业银行的监督过程中，由于该局在全国无下属机构，因而，一切实际工作也由联邦银行在各地的分、支行（共200多个）来执行。

德国证券市场的发展，跟德国商业银行作为全能银行的角色分不开，也跟商业银行业务受德国中央银行（联邦银行）领导、德国银行监督局监督的作用分不开。

六、德国金融体系的特征

由此看来，德国的金融体系表现出如下五大鲜明的特征。

（一）高度独立的中央银行体系

德国曾在20世纪两次遭受恶性通货膨胀的打击。一次是1929年经济大萧条时期，另一次是第二次世界大战末期。德国各界牢记这两次惨痛的历史教训，因而将稳定币值和控制通货膨胀放在与经济增长同等重要的地位，并将稳定通货的任务载入宪法。1948年颁布的《联邦银行法》将联邦银行的宗旨规定为："为了行使法律授予其在货币政策方面的权力，联邦银行将控制货币流通，以达到保卫货币的目的。"联邦银行实行极为严厉的货币政策，这突出地反映了德国中央银行始终如一地保卫货币的目标，而不为其他因素所左右。

德意志银行虽然在国内享有高度的独立性，但在其发展的过程中，其中央银行职能有所弱化。因为随着《欧洲联盟条约》的生效，欧共体在1999年1月1日起进入欧洲货币联盟第三阶段，即实行统一的货币、统一的中央银行、统一的货币政策。德国作为成员国之一，为适应发展，对《联邦银行法》进行了第六次修改。随后，在欧洲货币联盟的3年过渡期内，德国马克的发行要经过欧洲中央银行批准。过渡期完成后，德国的货币政策制定权、货币发行权就全部移交至欧洲中央银行，它的职责是按照欧洲中央银行的指示和方针监督本国金融市场、协调欧洲中央银行及本国金融事务。

（二）建立最早的综合化银行制度

德国综合化银行制度，区别于英美等国的专业化银行制度，是指德国银行既从事短期金融业务，又从事长期金融业务；既从事间接金融业务，又从事直接金融业务；既从事银行业务，又从事广泛的非银行金融业务的银行经营制度。这一制度在19世纪中期就已经形成，因而要比20世纪80

年代后开始的各国银行综合化及混业经营提前了100多年。综合化银行制度的突出特点是银行与企业相互依赖、合作程度高，这种制度极大地促进了经济社会发展，但也有资本和负债的安全性和流动性难以被保证的弱点。综合化银行制度固有的弱点，能够因严格的金融监督管理措施和政府设置的各种长期信用机构而得到一定程度的解决。

（三）特殊的银企关系

德国银行制度的综合化和万能化，导致银行与工业相互依赖、关系密切。银行通过公司透支、长期贷款、发行股票债券、股份参与和人事渗透等形式对工业企业有压倒性优势和支配权。德国和日本的银行相比，前者是企业的"保姆"，后者是企业的"保护神"。银行资本与工业资本的结合，经济金融与政权的融合，既有保证经济和金融迅速发展、整体协调及整体效益高的突出优点，同时也使经济、金融、政权形成更为牢固的"铁三角"关系。这种关系牢固而稳定，但却蕴涵着金融资本严密控制和极端统治的危险性。在经济相对落后和贫困的德国、日本的历史中，这种危险更以地方贵族和官僚贵族同新兴资产阶级的紧密结合为补充，从而使这种潜在的危险性可能演变为法西斯极端反动统治的现实性。迄今为止，人们一直在寻求工商企业、银行、政府三者结合和控制的最佳方式，但从未完全成功。

（四）结构完善的银行协会

19世纪末，为保护银行集团的利益，德国建立了银行协会，第二次世界大战后虽被解散，但随着经济的复兴又逐步得到恢复，发展成为全国性的组织。目前，德国全国性的银行协会有德意志协会、德意志储蓄汇划协会、德意志大众银行和农业合作银行协会、公营银行协会。这些协会均为民间性质，其宗旨是保护本国金融行业利益，与外国银行协会进行联系和往来，在货币、信贷、资本市场和公共关系事务等方面为当局提出建议。

（五）相对落后的证券市场

作为发达国家，德国的经济、金融业非常发达，但与经济规模相比较，证券市场却相对落后，证券市场中股票的市值占国内生产总值的比率仅为10%左右，远远低于其他发达国家。究其原因，主要是因为德国实行综合化银行制度，银行与企业关系密切，企业通常不愿公开内部信息，因

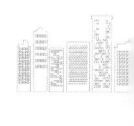

而更多通过向银行申请贷款而不是发行股票来筹集资金，再加上股息税和股东所得税的征收，也在一定程度上影响了企业发行股票的积极性，企业较少采取股份公司的形式进行生产经营。因此，无论是股票种类、发行数量还是交易规模都严重不足，交易活动也不太活跃，使得证券市场发展缓慢并滞后于经济和金融的发展。不过，随着欧洲经济一体化日益加速，欧洲金融业与证券市场的整合不断加强，德国也分别在 1990 年、1994 年、1998 年和 2001 年通过连续颁布"资本市场振兴法案"来促进资本市场的发展。

第三节　德国金融体系的形成与演变

德国的金融体系是以全能银行为主导地位，其形成可以以第二次世界大战前后为界划分为两个阶段。现代德国发达的银行业和完善的金融制度，也经历了一个以银行制度为主要内容的发展和完善的演变过程。

一、19 世纪中叶至第二次世界大战前德国全能银行制度的酝酿

（一）银行体系的发展

与英国和法国不同，德国在 19 世纪的大部分时间里都处于政治上的分裂状态。在 1871 年统一之前，德国至少由 30 个公国、共和国和王国组成。在 19 世纪初期，德国最重要的金融机构都是家族式的私人银行。19 世纪的德国与英、法两国相比，工业化起步较晚，金融市场相对比较落后。在 1850 年之前，德国很少有联合股份公司。金融市场虽然存在，但主要分布在法兰克福和柏林，且主要是为各种形式的政府债券以及贵族、城邦、外国政府提供贷款服务。

直到 19 世纪中叶，德国才出现了联合股份银行，即 1848 年在普鲁士成立的德国舍夫豪森银行，它被赋予了广泛的权力。随后在 1850—1857 年出现了以此银行为模型建立新银行的浪潮，其势头因 1857 年的金融危机被遏止。但是，受到国家统一和单一流通货币出现的刺激，第二次浪潮于 1866—1873 年再次兴起。1867 年后，德国经济强劲上升，在经济高潮

139

中期的 1870 年 6 月，政府对股份制公司法律进行了修改，解除了对执照颁发的控制，大量的股份制公司成立，法国赔款的涌入进一步推动了这种发展。开办股份公司的热潮也出现在信贷体系中，1870—1872 年德国成立了 107 家股份制银行，但其中多数的存活时间都不长，到 1879 年年底已经有 73 家被清算。在这次股份制银行成立热潮中，有三家银行后来成为德国杰出的银行。1870 年，一批私人银行家在柏林成立了德意志银行，汉堡主要的银行家和船主包括华宝银行都在这个城市建立了商业银行，两年后来自德累斯顿的私人银行家古特曼的儿子尤金·古特曼（Eugen Guttmann）与一位巨商兼私人银行家创立了德累斯顿银行，德国大型股份制银行就此兴起。这些新成立的股份制银行是全能银行，参与各种形式的业务，包括短期商业贷款、中长期工业信贷、基本账户透支和贴现业务；国内外证券交易、公司债券和股票发行、为政府和地方当局发放贷款；吸收存款；等等。

在这段时期已有不少的德国银行家都到过法国，他们当中有很多是从企业家转变而来并受到法国的动产信贷银行经验的影响，因此，德累斯顿银行就是专门成立来寻求产业贷款的银行。其他银行，如汉堡的商业银行和柏林的德意志银行，则是为了向对外贸易提供援助而建立的，但不久它们都转为向产业贷款，因为它们发现在国际领域难以与已占主导地位的英国和法国进行竞争。

在这一时期，德国工业迅速发展，银行既对企业贷款，也对企业投资，银企关系有了长足的进展。银行通过发放贷款、帮助发行债券以及对企业投资的方式，来为企业的资金融通提供便利并且开展全方位的服务。同时，银行也通过持有非银行部门的公司股份来取得收益，从而进一步增强银行提供服务的能力。银行派出公司的董事，而产业界也在银行的董事会拥有席位。银行和企业的这种相互联系的关系相当普遍但并非绝对，不过大部分企业还是主要依赖于银行贷款和内部融资。据推测，许多行业中普遍存在着在当时还是合法的卡特尔，企业因此提高了利润，使得内部融资变得更加容易。银行和产业间的紧密关系推动了开户银行制度的发展，企业和特定的银行建立长期关系，并利用它们获得自身所需的大部分资金。虽然从关于银行拥有对企业多大的控制权为宜一直都存在的争论可以推断银行的影响在不同的企业间是不同的，但正是由于德国银行和企业的关系，保证了德国工业化较高的增长率，而银行业也由此得以迅速扩张。

第三章　银行主导型金融体系的发展

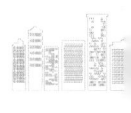

在这样的背景下，许多综合性的银行相继建立，并为德国国民经济的发展发挥了重要的作用。

从第二次银行的形成浪潮开始，大约是从德国统一到 20 世纪初这段时间，德国银行业开始了联合与集中的过程，建立起遍布全国的网络，直到 1926 年，是德国地方性小银行不断合并、大银行不断扩展其业务网络的时期。

大型的股份制银行并非德国在 19 世纪唯一发展起来的银行。为解决农业信贷中的多种问题，德国从 19 世纪 30 年代开始发展抵押贷款银行这种专业性金融机构。德国的第一家抵押贷款银行是 1835 年成立的拜耳里希抵押贷款银行，1864 年它获得发行抵押债券的权力。德国的第一家专业化贷款银行成立于 1862 年，一群法兰克福的银行家在那里成立了法兰克福抵押贷款银行。同年，又有几位银行家发起并成立德意志抵押贷款银行。之后的 10 年时间里，又有 17 家抵押贷款银行在德国成立。这些银行并不追求利润的最大化，而是以公众利益为经营目标，其董事会成员由当地政府任命。

此外，19 世纪中叶，也是合作银行和储蓄银行产生和发展的重要阶段。在德国，下层阶级的成员如工薪阶层、家庭佣人等，长期以来都没有获得各类银行机构服务的通道。他们不是被法律所拒绝，而是被银行的经营做法所拒绝。关于下层阶级如何获得必要银行服务的问题早在工业化开始之前就已经出现讨论，慈善人士、神职人员以及高级公务员和地方当局都关注这些问题，它们寻求低成本信贷的可能来源，以及试图帮助低收入和贫穷的人存钱。

虽然德国储蓄银行业的起步可以追溯到 17 世纪，但直到 18 世纪后期才成立了真正意义上的储蓄银行。1778 年，德国根据慈善共济社的倡议在汉堡成立了德国第一家储蓄银行。到 1810 年，这个机构吸收了约 100 万马克的储蓄存款，主要投资于汉堡公共债券。在这个机构成立之后，有更多的储蓄银行在德国北部的其他地方成立。1816—1830 年，储蓄银行如雨后春笋般涌现，其筹建者一般是当地市政局，极少数是由当地一些协会、基金会和个人筹建的。1840 年以后，也出现了由政府部门推动产生的县市级储蓄银行，其目的在于为农业劳动者提供储蓄和信贷机会。1840—1860 年期间，是储蓄银行成立的高峰期，共有 800 多家储蓄银行产生。到了 19 世纪中叶，合作银行出现，为农民提供乡村信用，帮助小店

141

主和零售商，并且服务于存款者的利益。农村信用合作社事业的发展也突飞猛进，到 1883 年已发展到 500 个。

到 1914 年，德国已经发展了多样性很强的信贷体系，有多种类型的银行机构存在其中，但是没有像英国那样在不同类型机构之间有非常明确的分工。全能化发展趋势造成股份制银行、私人银行、信用合作社与储蓄银行之间的分界模糊，各类型银行之间的差异不在于所从事的银行业务种类方面，而是在于不同类型机构在不同业务领域中的相对重要性。

在以后的几十年里，德国银行业也是一直沿着上述四条路径发展的，并成为德国经济发展的主要支柱：股份制银行和个体私营银行主要服务于工业经济领域，合作银行和储蓄银行主要服务于中小型加工企业和商业企业以及农业领域，抵押银行主要服务于作为工业中心的城市建设。

（二）证券市场的成长

德国的第一支公司股票于 1804 年在柏林交易，1816 年在法兰克福交易。1825 年 58 位银行家在法兰克福组织运营证券交易，但没有正式固定的交易场所。19 世纪 30 年代德国建成几条铁路路线后，铁路公司开始成立，但公司数量较少且大多数证券都在柏林交易，没有能够刺激当地证券市场的成长。相对而言，柏林市场集中了比较多的铁路公司证券，如 1847 年有 51 只铁路公司证券在交易；法兰克福仍然是各邦国债务的主要市场，但业务量充足，1843 年建立了一个专门进行证券交易的机构。

受政府借款与铁路证券大规模发行的推动，德国的证券市场在 1850 年后不仅规模大幅度扩张，而且成为更加有组织的市场。证券交易所在德国各主要城市形成，1857 年在德累斯顿、1860 年在斯图加特、1874 年在杜塞尔多夫。但这时德国证券市场尚未形成任何明显的中心，多个重要性大小不一的证券交易所满足着当地投资者与当地公司的投融资需要。法兰克福不仅为当地股票和债券提供了市场，而且为奥匈帝国的股票和债券提供了市场。由于传统的经济联系，汉堡则是德国航运和商业公司证券以及斯堪的纳维亚国家证券的重要市场。银行都是这些交易所的成员，这也反映出银行家比较早就参与商业交易所的历史事实。

在 1871 年德国实现统一、1873 年实现货币统一以及 1875 年帝国银行成立后，柏林证券交易所很快就成为德国证券市场的主导力量。随着柏林证券交易所取得主要地位，法兰克福作为政府债券市场的重要性不断降低，维也纳拿走了奥匈帝国的业务，柏林拿走了各州的业务。根据纳税额估算三大证券交易所的交易额，1882—1883 年柏林证券交易所占德国二级市场交易额的 66%、法兰克福证券交易所占 12%、汉堡证券交易所占 9%。

德国证券市场的发展深受政府税收和立法的影响，德国统一之前市场长期面临着市或者邦层面的管制和限制，统一后这种限制成为全国性的。德国在 1881 年引入了证券交易税，1894 年税率又提高了一倍，目的就是针对为获得证券买卖价差而不断进行证券买卖的证券投机者。1896 年生效的《证券交易所法案》给予帝国政府监督所有证券交易所的权力，规定外国和本国证券在交易所上市交易需经过由银行和工业界代表组成的委员会审核，以达到控制证券上市的目的。该法案同时将远期交割的买卖列为非法的投机行为予以禁止。该法案实施之前，德国的证券交易所是自律监管性的，一定程度的公共干预也通常是在地方层面。由于这些严厉的管制，德国多数的国际证券交易转移到了海外尤其是伦敦，有冒险精神的德国人就到伦敦进行投机。在国内业务方面，由于在普法战争时期无法在国外融通的证券业务部分地在大银行内或大银行之间进行，形成了证券业务的银行内部化，银行的证券业务因此免于征税和外部审查。1908 年，德国对证券交易所法律做了修订，管制多少有些放松，但仍然限制着交易所自由买卖证券的能力，这使德国的证券交易所难以作为开放的市场繁荣发展。而德国的银行则被迫在满足经济的金融需要方面发挥更大的作用，向其企业客户发放长期贷款。

1913 年，全德国有 24 个证券交易所，但多数在其所在地之外没有什么重要性。1901—1913 年，最大的地区性交易所之一的法兰克福证券交易所的交易量仅是全国的 5%。1900—1913 年，有价值 355 亿马克的证券在柏林证券交易所发行，这显示了它在德国证券市场中的重要性。其中 83%的证券是国内发行，仅 17%是国外发行，这使柏林金融中心的国际性逊于伦敦、巴黎甚至阿姆斯特丹。

二、两次世界大战之间的德国金融

1914 年之前的 10 年里，欧洲局势已经比较紧张，随时都可能爆发战争，但各国政府和金融市场都没有对战争的最终爆发做任何准备。政府没有任何应对战争爆发可能带来的金融危机的计划，也没有应对联结各国金融市场的国际交易的计划。结果，战争的趋近及其实际的爆发对金融市场的参与者产生了巨大的冲击，迫使各国政府不得不实施各种紧急管理措施。1914年6月28日萨拉热窝事件后，欧洲局势高度紧张，大战一触即发。1914年7月上旬，各国的经济金融形势还算比较平稳；7月20日后，主要国家的金融市场都处于恐慌之中，股票交易崩溃，利率上升，资金从银行撤出，银行要求借款人偿还贷款。其中最严峻的是无力支付的风险，其逐步累积有引发金融机构破产和整个信用机制瘫痪的危险。在这种形势下，只有进行国家干预实施特别的措施，才能使经济金融活动恢复常态，各国纷纷关闭证券交易所以躲开可能吞噬整个市场的抛售浪潮。德国金融市场也弥漫着恐慌气氛，证券价格的不断下跌迫使柏林证券交易所在7月30日关门，挤兑使银行存款减少了20%。与伦敦和巴黎不同的是，帝国银行并没有发布债务延期偿还令，而是成立了放贷办公室以使陷入困境的银行能获得所需要的流动资产，这种措施具有高度的通货膨胀效应。

战争的爆发使国家的融资需要成为头等大事，各国的资本市场成为政府融资的场所，官方资本的国际流动取代了私人资本流动，而且政府对金融体系的干预程度显著提高。第一次世界大战爆发后，各交战国政府立即开始发行证券以吸收其民众的储蓄为战争融资使用。1913—1919年，德国的国债增加了20倍，从49亿马克增加到928亿马克。为了认购政府所发行的证券，德国政府先是劝说后是强迫投资者用外国证券换马克标价政府债券，战争结束时投资者手里的外国证券已所剩无几，所有的外国证券也都从德国的证券交易所中消失了。

第一次世界大战也带来了国际货币体系的变化。19世纪80年代以来一直运行顺畅的国际金本位制在大战爆发之初就停止发挥职能，德国在大战爆发时终止了货币可兑换性。

作为第一次世界大战的战败国，德国面临着马克的恶性通货膨胀，这也使德国主要的银行损失了资本金的30%和准备金的40%，被迫靠存款而非资本金经营，并通过发展分支银行业务与大规模并购加强自身实力。德国在战败后也兴起了一波银行并购浪潮，主要是大银行合并小银行。

20世纪20年代也是德国公共银行的扩张时期，最为突出的是储蓄银行。德国多数的储蓄银行都是社区性信贷机构，在1913年之前没有任何法律地位，依附于城市和乡村地区的地方政府；1908年开始有转让支票的权利，逐步建立起自己的无现金支付交易流通网络。储蓄银行所在地的

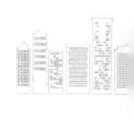

第三章　银行主导型金融体系的发展

市当局组织建立兑付协会，并由这些协会成立中心汇划机构作为其会员银行的清算中心，也管理各储蓄银行的流动性准备。第一个中心汇划机构于1909年在萨克森诞生，到1920年各联邦州都成立了中心汇划机构。1918年，德意志中央汇划机构成立，充当所有中心汇划机构的中心。此后，储蓄银行通过覆盖整个德国的庞大汇划网络联合在了一起，它们也通过德意志中央汇划机构获得了进入货币市场和资本市场的通道。1930年，德国储蓄银行的总储蓄存款为106.7亿帝国马克，汇划存款15亿帝国马克。同年，中央汇划机构持有85亿帝国马克的证券和长期贷款以及14亿帝国马克的流动资产，各储蓄银行持有25亿帝国马克的短期贷款资产。储蓄银行的经营范围也不断扩大，到20世纪20年代末，已经成为完全意义上的全能银行。

到1929年，德国银行体系的规模已经非常庞大，有1400家私营银行（包括大约1100位私人银行家）、39家抵押贷款银行、21499家信用合作社、9家联邦州银行、8家普鲁士银行、31家中心汇划机构、43家城市银行和3100家储蓄银行。不同类型银行的法律地位和组织虽仍存在差异，但彼此在所从事的业务方面越来越接近。

三、"二战"后德国金融体系重建，得到恢复与发展

（一）银行体系重建

"二战"爆发后，德国的经济遭受了严重破坏，直至大战结束后，德国被一分为二，形成了联邦德国（即西德）和民主德国（即东德）。在西德，公共银行机构（储蓄银行、中心汇划机构和州中心银行）、信用合作社、私人银行和区域股份制银行在1945年夏季恢复业务，而私营大型商业银行的总部则仍然关闭，只有分支机构可以继续经营。在战后的美英法占领区，被迫实行的是美国式的分业银行制度，首先在各州建立了州中央银行，将原帝国银行的中央银行职权分散至各州。1948年，还由各州中央银行出资在法兰克福成立了州级中央银行，作为贯彻中央政府意图的中央银行。1957年，德国颁布了《德意志联邦银行法》，州级中央银行和原西柏林中央银行合并成立了德意志联邦银行，建立了统一的中央银行。至此，原西德地区有了稳定的中央银行制度。

1948年年初，三家较大的股份制银行被解散。其后续金融机构没有

145

自己独立的法律地位，并且仅允许在各自所在州内从事业务活动，不得跨区经营。其他银行不受此新的业务规则限制。在联邦德国建立后，为了国民经济的发展，有必要重建德国银行业的运作机制。1950年，赫尔曼·约瑟夫·阿布斯（Hermann Josef Abs）等人就德意志银行、德累斯顿银行、商业银行未来的发展提出了建议。在1952年金融分支机构设置法颁布以后，三家区域性银行成立并作为大银行的后继者。随后，区域性银行又开始相互较为紧密的合作，组成了银行利益集团。1956年年底，德国政府取消了对金融机构分支机构设置方面的限制性条款，准许在同一地区内、同一系统的银行合并，为大银行的后继性金融机构的重组与联盟开辟了道路。1957年，三家大银行才恢复到其战前的状态：1957年德意志银行和德累斯顿银行重建，新总部都设在法兰克福；商业银行于1958年重新统一，总部设在杜塞尔多夫。

此外，"二战"过后，储蓄银行业缓慢地得以恢复和发展，从业务发展战略方面而言，储蓄银行业主要致力于业务范围的拓展。而"二战"末期的工商信用合作社和农村信用合作社必须面对较严格的监控。战后，农村合作社的12个地方性联盟，首先组成了一个全国性的工会组织，而后逐步形成了合作金融联盟。

然而在东德地区，情况与西部的全能银行制度完全不同。在东德和东柏林，是按照苏联模式来建设银行体制的，因此禁止原有的一切金融机构开展银行业务，并且没收了各自原来的民营金融机构，由重新成立的地方银行和储蓄银行来接受原有银行的人、财、物，并构成新银行的决定性要素。同时，针对以前大银行进行了结构性调整，要求实行中央集权的银行制度，且须配合中央政权的计划经济政策。

民主德国银行体制的重组，可以分为三个阶段：第一个阶段结束于1948年，是一个所有制关系和产权关系调整的阶段。第二个阶段是一个根本性变革的阶段，其特征是集中化和中央集权化，以适应在其他领域内的发展。被国家化了的银行体制，是国家政权的组成部分，以使其计划调节和控制。第三阶段一直持续到20世纪60年代初期，是一个致力于协调银行体制，以使其适应经济运行并有利于计划、领导和控制。

1989年10月，德意志联邦共和国与德意志民主共和国实现了统一。两德统一之后，为了使原有东部的银行体制能够适应市场经济原则的要求，德国联邦银行主要围绕两方面对东部银行进行了改组。首先是打破东部银行在业务上严格的分工格局，引入竞争机制，建立全能银行制度，也就是混业经营制度。其次是通过市场力量，运用利率杠杆，对东部银行的融资进行引导。至此，德国金融制度经历了从混业经营到被迫分业经营再到重新混业经营这一变迁过程。

总的来看，两德统一之后，银行体制发生的变化主要表现在三个方面。

（1）实现了货币的统一。1990年7月1日，两德政府签订协议规定，德意志马克（即联邦德国马克）成为民主德国地区的唯一法偿货币，德意志联邦银行成为唯一的货币当局。

（2）联邦德国的金融体系引入东部地区，实现了金融体系的一体化。首先，1990年3月至7月，民主德国以国家银行为核心的单一银行制度（国家银行既是中央银行，又是商业银行）改变为二级银行制度。随后在货币统一后，联邦德国的金融机构进入东部地区，它们与东部银行合资建立银行机构，收购原国家银行的分支机构，或直接在东部开设分行和营业处，完成对民主德国金融机构的重组。

（3）实行特殊的货币政策。在西部，仍采用原有的控制手段和目标。对于东部的银行，允许其以票据贴现的方式获得原联邦银行的融资。同时，为防止通货膨胀，联邦银行数次提高了中央银行贴现率和抵押贷款率，有效地控制了货币供应量。统一后的德国金融体系在资金融通和货币政策调控方面运行良好，顺利实现了银行体制的变革。

（二）证券市场的变化

在德国，各证券交易所的控制权在1945年后交还给地方当局，而不是放在波恩的中央政府或设在法兰克福的中央银行。德国的每个证券交易所都享有很大的自治权，证券市场的整合发展缓慢。法兰克福证券交易所于1945年9月非正式恢复营业，1948年8月正式开始交易，杜塞尔多夫证券交易所在1949年重新开业，柏林证券交易所在1952年重新开业。证券交易量在20世纪50年代中期实现金融与货币稳定之前都比较有限。在这一时期，联邦政府依赖外援进行重建，德国的企业则是靠再投资收益为自己融资，银行在20世纪50年代复兴开始后加快吸收不断增长的储蓄并放贷给企业。而证券交易所则受到两个方面的阻碍：一方面是政府对其运营方式的控制，另一方面是分割和抑制证券市场的自律监管体系。由于德国没有英国、法国和美国那样自然形成的股票和债券交易集中地，证券交易所比较多，而且是各自根据自己的规章运行，受地区政府的支持和监督。

到20世纪60年代初，证券交易才逐渐活跃起来，但证券市场仍然比较弱，其分割性造成市场的浅薄与波动性较强，达不到应有的深度和广度。因此，德国的金融体系仍然是以银行为主导，全能银行提供借款人和储蓄者所需要的全面服务，包括对证券市场的控制。因为它们有证券交易所的会员资格，几乎垄断了所有交易。在20世纪五六十年代，德国公司融资的2/3来自内部融资，其余的多由银行提供。即使在20世纪60年代，企业对股票和债券发行的使用也比较有限，所发行的证券被少数富有的个人、银行和公司网络所持有，只有很少几个大公司的股票广泛地被个人投资者所持有。由于德国的通货膨胀率一直比较低，投资者满足于银行存款和债券的收益率，几乎没有用公司股票取代债券的要求。

第四节　银行主导型金融体系的作用与未来

一、德国的资本市场（证券业）与金融机构（银行业）管理模式分析

可以这样认为，德国证券业与银行业的管理模式，集中体现在其商业银行作为全能银行的典型特征上。全能银行使德国证券业与银行业混业经营、混业管理。对德国全能银行中的证券业务如何管理？作为从国家立法管制的角度，德国银行监督局依据《德国银行法》《德国投资公司法》《德国证券交易所法》《德国股份公司法》等法规中的有关条款与规定，对全能银行证券业务的规范发展予以监督，德国联邦银行依据《德国银行法》以及德国银行监督局在制定证券监督条例中对联邦银行自身职能的影响程度发生一定作用；而对全能银行证券业务的管制，大部分来自它们参与其中的证券市场的"自我调剂"和"自我管理"。

（1）与美国不同，德国还没有建立起一个统一的证券法，也没有建立起一个对证券市场的规则和条例、解释和定义作为规定证券市场经营、体制和分配的相对独立的法律实体。

148

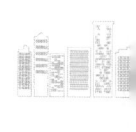

第三章 银行主导型金融体系的发展

（2）德国关于证券市场的保护、控制和协调方面的规定大部分不具有法律约束力，而基本上属于"自我管理"的性质（之所以有效只是由于有关当事人自愿服从，或者因为它是一种被广泛接受的惯例和习惯）。

（3）德国对全能银行的主要管理形式有：①通过自我管理。德国采取的办法是，法律的规定和法定的管理当局通过有关自我控制和自我管理的规定得到证券市场运行中的自我控制和自我管理，有时由一些政府机构监督，有时则纯系自愿服从，基本不用政府的控制和监督。②通过证券交易所。现在，全能银行作为证券交易所主要的机构投资者、经销商、证券经纪人、私人和商业账户的投资顾问，确实控制着证券交易所的市场和组织，由会员组成的证券交易所理事会，作为惯例，其主要成员都是商业银行界的代表。于是，政府颁布的《德国证券交易所法》规定了一整套关于证券交易所的组织、证券交易所成员的吸收、交易所正式经纪人和交易员的注册、正式挂牌和定价以及远期交易的原则和制度，同时也不断修订关于批准证券进行正式交易即证券挂牌及其买卖的许多规定和管理办法，来达到或实现德国证券市场的自我管制。③通过相关的贸易法规来监管。德国全能银行如要进行商品期货或期权上的投机和投资，主要通过在伦敦、纽约和芝加哥的经纪行进行，于是，政府通过相关的贸易法规来限制与管理（但并不严格）。

（4）德国证券市场的主要特点是：①由于德国实行所谓的全能银行制度，此时商业银行不仅经营商业银行业务，同时又起到投资银行家、交易商和经纪人的作用，它们在德国证券市场的地位举足轻重。②证券市场上的主要品种。在传统上，当客户需要资金进行新的投资时，德国的商业银行确实享有提供此类资金的优先权，方法是信贷和长期贷款，而不是劝告客户发行新债券得以从资本市场上直接筹集所需资金，用发行新股票的办法筹集资金更是少见，即使是在证券交易所上市的股份公司，也很少采用这种方法。因此，包括普通股、优先股和可兑换债券在内的上市和非上市的证券市场相对有限。同时，企业很大一部分资金是用不上市且不可转让的债券和票据的方法来筹集的，不可转让证券之所以受欢迎，是因为某种税收上的考虑，也由于它的发行不像所有不记名债券和记名债券那样需要有关机构批准。此外，企业有关风险投资很大部分是来自所谓"灰色资本市场"筹集资金的，该市场由于税收方面的刺激而吸引投资者（投资者的股权利益主要部分是以延期纳税优惠或税收储蓄的形式得到的）。对于投

149

向证券和不动产的国内投资基金，则由联邦银行委员会根据《德国投资公司法》调节和管理，但规模非常小。

（5）德国对国外体制德国证券市场的管理。政府主要依据《对外贸易法》，对国外投资证券市场的唯一限制是，对于用德国马克表示的国内票据和汇票，以及包括国库券在内的国内记名和不记名债券，销售给外国投资者要预先经过国家储备银行的统一批准，其原因仅仅是出于国际收支凭借的考虑。

（6）德国证券市场的参与主体是商业银行，但对商业银行证券业务的法律管制还未发展到"成熟"阶段。

德国商业银行作为全能银行参与证券业务，其最大的优越性是：①促进了商业银行为企业生产前后提供一条龙服务，稳定了银行客户。从银行角度来看，它能比较全面地了解顾客的财务状况（如它掌握了客户的存款、薪金、放款、保管、收支等各种账户），可以对客户适时提供各种信用和服务。从客户的角度来看，全能银行可提供各种金融服务，因而他可以选择最佳的投资机会；②全能银行能向广大顾客提供多种形式的储蓄机会，特别是提供可作为投资的各种证券，银行与成千上万的储户保持密切关系，提供可作为投资的各种证券；③银行参股投资企业，促使企业金融化和促进企业产业方向向优化结构发展；④增强了商业银行实力，促使了银行界与实业界"联合一致对外"，进而占领国际市场。

德国商业银行作为全能银行参与证券业务的主要弊端是：①商业银行可代理客户对企业进行代理投票或银行派代表参加企业监督委员会，这容易使商业银行对企业具有相当大的控制权，使企业依附于银行，形成金融垄断财团。在全能银行制度下的商业银行权力太大和对经济影响太深，极易对国民经济发展产生消极影响。②商业银行参与证券代保管业务，能将客户的证券用作抵押去获取其他银行的贷款，从而增加了商业银行间信用危机的可能性。③商业银行参与证券承销业务，必须考虑商业银行承销股票或证券的资金来源，如果用储蓄资金参与承销证券业务，一旦遇到各类实发风险，都将使银行信用链断裂。④商业银行参与企业配送新股业务，为了利益而容易操纵作弊并与企业股东产生摩擦。⑤商业银行参与证券、期货自营，容易将自营与代理业务在操作过程中"调包"，剥夺客户利益。更为严重的是假如自营资金来源于客户的储蓄存款，一旦自营失误，造成金融风波，将导致信用性经济大危机的产生。⑥在德国，中央银行货币政

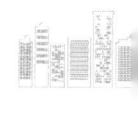

策的实施途径之一是通过信贷规模大小进行的，而信贷规模的调节途径之一是通过债券的流量来实现的，此时，商业银行既是信贷的放款人，又是债券市场的自营商和代理商，多重利益的驱动容易使中央银行货币政策实施不力。

德国商业银行之所以作为全能银行能够混业经营证券业务与银行业务正常运作至今，一则在于德国联邦银行作为一个高效和极具权威的中央银行的作用；二则在于商业银行自身兼有信贷放款利益和证券发行买卖利益的比较，在政策、管制与风险等因素的权衡下，它们自身存有自发调节证券业务与银行业务倾斜与平衡的功能；三则在于德国银行彼此竞争激烈，竞争是防止各家商业银行滥用权力的一个非常有效的工具；四则在于德国由于税制与政策的作用，公开的可流通的证券和股票市场相对有限，即使法兰克福证券交易所宣布从 1993 年 1 月起将其他 7 家交易所合并一起运作，但距纽约、伦敦、东京证券市场还相差甚远，目前的德国证券市场波动还不足以像其他证券大国一样能够过于强烈地震撼着一国金融领域。但随着德国证券业的发展和证券业务国际化的加强，德国政府如果对商业银行证券业与银行业的混业经营的管理细则和措施跟不上，最终容易酿成信用性经济危机。

二、银行主导型金融体系的作用

20 世纪 90 年代初，罗伯特·C. 默顿（Robert C. Merton）和兹维·博迪（Zvi Bodie）系统地提出了一种新的分析框架，即金融功能框架，或称金融功能观。金融功能观认为，金融系统基本的、核心的功能，可依次归纳为六项：①在时间和空间上转移资源；②提供分散、转移和管理风险的途径；③提供清算和结算的途径，以完结商品、服务和各种资产的交易；④提供集中资本和股份分割的机制；⑤提供价格信息；⑥提供解决"激励"问题的方法。

对于大多数发达国家来说，金融系统通常都具有这些功能。然而，通过审视不同的国家我们可以发现，它们的金融系统的功能差异很大，因此，在上述金融功能的框架下，我们可以更具体地来剖析不同金融体系结构在功能方面的利弊。

首先，金融系统的发展史表明资本市场并不像理论中那样是完美的。银行主导型金融体系的历史发展过程告诉我们，在一些资本市场未能发展起来的工业化国家，是银行作为融资渠道承担起了为产业提供资金的任务。在历史上，从"郁金香狂热"到南海和"密西西比泡沫"、1929 年的大崩溃、1987 年的"黑色星期一"和 1990 年日本泡沫经济的破灭，都显示出市场存在着巨大的缺陷。

其次，金融体系的主要功能之一就是风险的分担，从风险分担的角度来看，银行主导型金融体系存在一定的优势。长期以来，金融市场发挥着分散风险的作用，在一个发达的金融市场里，投资者在既定的时点上可以通过选择多种金融工具来达到分散风险的目的，这就是横向的风险分担或者跨部门分散风险。显然，这种分担风险的方式只能分散市场中的非系统性风险，系统性风险仍然存在。与金融市场相比，金融中介机构可以提供跨期风险分散的功能，即在不同的时期权衡金融资产的得失，从而分散风险。不难得出，这种在不同时点分散风险的方式可以在一定程度上分散系统性风险。考虑到市场的不完全性，金融市场分担风险的功能有限，甚至可能不利于风险分担。一个中介化的金融系统要求保留一定的储备以提供跨期平滑，因而在某些环境下要优越一些。

再次，从公司治理结构来看，在以银行为主导的国家，银行系统都非常发达，公司融资主要通过银行系统来实现，公司业绩的好坏直接关系到银行的利益。银行可以通过实时监测借款人的现金流量状况、为了解借款人的经营情况对其进行跟踪调查，直接向借款人派驻监事或董事并采取股权控制等措施对公司实施较为有效的监控。此外，在以银行为主导的公司治理模式中，公司主要通过内部的事业型激励机制对经理人员进行激励。包括职位晋升、终身雇佣、荣誉称号等。公司可以通过对经理人员职位的晋升，为其营造"社会地位与声望"环境，达到激励经理层的效果。

最后，从信息传递和处理的功能出发，根据有效市场假说，当金融市场是强势的有效市场时，股票价格才能反映所有的信息。然而，研究证明，即使在英国和美国这样的资本市场主导型金融体系的典型国家，金融市场也只是半强势有效的程度。在银行主导型金融体系中，以德国为例，银行与企业的关系密切，银行在与企业的长期合作中拥有大量相关企业的信息，银行可以直接对相关企业提出建议，也可以间接决定是否发放资本性贷款。

三、银行主导型金融体系仍是当今世界各国发展主流

在市场层面，尽管发展资本市场主导型金融体系的声音不断壮大，但不容忽视的是，近百年来发生的几次全球性国际金融危机无不与资本市场有直接、重大的关系，这使各国在金融顶层布局上，不得不认真审视银行主导型与资本市场主导型金融体系的得与失、长与短、功与过。因此，银行主导型作为当今世界金融体系的主流模式，并非偶然，而是具有一定的内在原因及其合理性。

（一）金融体系演变的内在规律揭示，在相当长时期内银行都处于金融体系的主导地位

根据耶鲁大学经济学家雷蒙德·W. 戈德史密斯金融发展规律的描述，现代金融增长以银行制度的发展为发端，经历了三个阶段：在第一阶段，一个国家或地区金融相关比率较低（0.2～0.5），金融工具比较单一，债务凭证远远高于股权凭证，商业银行在金融机构中的主导地位比较突出。在第二阶段，这些国家或地区的债券资产在金融资产总额中依然占据绝大部分，银行在金融机构中仍然发挥主导作用，而且出现了不少大型股份公司。在第三阶段，股权资产占金融总资产的比例不断提高，金融机构的多元化趋势发展明显，银行在市场中的地位有所下降但仍占大部分，证券、保险等非银机构的市场地位逐渐上升。

（二）银行主导型金融体系有利于工业化和产业化加速发展

一般而言，银行主导型的金融体系，由于具有明显的规模经济效应，容易解决投资过程中所面临的信息不对称问题，同时银行和企业之间存在一种互相依赖的长期合作关系，能为产业发展特别是快速工业化提供强有力、可持续的资金支持。从各国的工业化进程来看，德国、日本等国工业的大规模发展普遍与其银行业在金融体系中占据主导地位密切相关，其工业发展所需的巨量资金主要由银行系统提供，资本市场起到辅助作用。而诸如巴西、印度尼西亚等国，虽然资本市场发展较快，近年来直接融资比例达到70％以上，但工业化进程一直相对滞后，经济始终没有从泥潭中走出来。

153

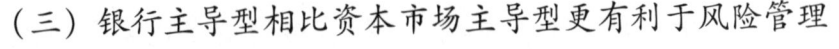

（三）银行主导型相比资本市场主导型更有利于风险管理与金融稳定

在资本市场主导型的金融体系中，市场动荡的起因是资产价格的剧烈波动，市场危机源于资产价格与基本面的偏离和持续性的资产泡沫。美国1987年股灾、2000年网络泡沫和2008年金融危机，其诱发因素都是资产价格泡沫。诸如泰国、墨西哥等资本市场主导型金融体系在金融危机中受到的冲击也远远大于银行主导型国家。值得注意的是，在资本市场主导型金融体系下，各项金融业务的界限模糊，不同种类的金融机构组成了金融风险链条各个环节，资本市场由于杠杆操纵和过度交易等带来的风险，自然地转移并分散到银行市场之中，演化为整个金融体系风险。尤其是在金融创新和信息技术革命的推动下，国际金融市场更加一体化，市场范围和影响不断外扩，金融风险被不断积聚、转移并分散。如2008年次贷市场出现问题后，迅速蔓延至整个住房抵押贷款市场和中介机构（投资银行、抵押贷款担保机构等），进而冲击持有抵押贷款证券化产品的金融机构（商业银行、保险公司、共同基金等），最后升级演化为全面的金融危机。而在以银行为主导的金融体系中，银行系统承受了主要的金融风险，主要表现为因经济不景气带来的大量企业违约风险，使短时间内银行坏账急速增加，如果能及时获得资金注入，就可能避免更大的危机。比如次贷危机发生后，德国即成立了5000亿欧元的金融稳定基金，主要为金融业的拆借提供担保、强化银行自有资本、帮助银行处理不良资产等，有效缓解了大银行的流动性危机，金融风险得到明显化解。

◆思考讨论题◆

1. 为什么德国是银行主导型金融体系的代表性国家？
2. 试述德国全能银行制度的形成背景和演变。
3. 试述德国的资本市场（证券业）与金融机构（银行业）管理模式。
4. 试述银行主导型金融体系的优点和缺点。
5. 银行主导型金融体系是否为当今世界各国发展主流？判断并说明理由。

第四章　资本市场主导型金融体系的发展

第一节　以美国为代表的资本市场
主导型金融体系特征

美国是资本市场主导型金融体系的代表国家，直接融资是企业的主要融资方式，资本市场在为实体经济提供金融服务方面起到非常重要的作用。美国资本市场主导型金融体系的形成与奉行自由主义的经济政策有着紧密的关系。在市场层面，美国政府鼓励经济主体之间进行竞争，政府在决定资本和劳动相互作用方式上仅起到极其有限的作用，资本积累的决策权主要在私人公司，它们可以最大限度地追求短期利润目标，通过金融市场获得资本。企业自由发展、优胜劣汰、追逐利润，激烈的市场竞争和利润最大化的股东资本形成了弹性很大的劳动力和产品市场。政府对经济的干预主要是对市场间接调控，防止企业垄断造成市场价格扭曲，保证市场充分发挥功能。

正是由于美国在市场层面奉行的自由主义经济模式，企业要想在激烈的市场竞争中占据优势地位，就必须通过多渠道融资扩大经营规模，保持竞争力。1933 年，美国通过《格拉斯－斯蒂格尔法案》，禁止商业银行从事投资银行业务；同时，银行的跨区域经营和存款利率也受到严格限制。这项法律与自由主义的经济模式相结合，推动了资本市场迅速发展，银行机构遭遇了挑战与危机。1999 年，美国颁布了《金融服务现代化法案》，金融业重新回到混业经营模式，但资本市场主导型金融体系已经形成，品种丰富的债券市场和多层次的股票市场构成了美国资本市场体系。多样化的资本市场也为投资者提供了多种选择，大多数居民手中都握有公司的股票债券。与之相比，美国商业银行的主要业务为提供短期工商企业贷款、住宅贷款、农业贷款及同业拆借，对经济影响相对较小。

详细地说，美国的金融体系是以联邦储备体系为核心，商业银行为主体，多种银行和非银行金融机构并存，机构众多的、庞大的金融体系。美国的联邦储备体系是一个与众不同的金融组织系统，它由联邦储备委员会、联邦储备银行和会员银行组成。联邦储备委员会是联邦储备体系的最高决策机构，有权独立制定和执行货币政策。美国全国共划分为 12 个联邦储备区，在每个区都设有一家联邦储备银行，作为该储备区内的地区性的中央银行，所有向联邦政府注册的商业银行都必须参加联邦储备体系，成为会员银行。除在联邦政府注册并加入联邦储备体系的国民银行外，尚有在各州政府注册的州银行，约有 1/3 的州银行加入了联邦储备体系。对商业银行机构布局影响最大的是美国的国民银行，不得跨州设立分支机构，实行单一银行制度，这样就限制了银行的地域规模扩张，防止金融垄断。在这种金融体系环境下，美国商业银行机构布局呈现出三个特点：一是为了逃避单一银行制度的限制，银行持股公司急剧发展，这样银行的触角可以延伸得更加广阔；二是大型银行，如美洲银行、花旗银行等为避免国内银行分支机构设置的限制，长期以来致力于在海外扩张业务，国际化程度很高；三是 9900 家左右的中小银行在美国各州范围内开展业务，尽管分支机构设置受限，规模经营不大，但由于其机制灵活、业务创新不断、管理成本低、服务对象明确，在激烈的金融市场竞争中也得以生存下来。

一、美国的金融资产情况

从表 4 - 1 可以看出美国金融资产结构的变化特点：一是金融资产增加，1950—1999 年增加了约 63 倍。二是货币银行机构资产占比下降，由 1950 年的 87.0% 下降到 1999 年的 51.3%。三是非银行金融机构资产占比逐年增加，由 1950 年的 13.0% 上升到 1999 年的 48.7%。

表 4 - 1　美国金融资产结构的变化

年份	金融资产总额（10 亿美元）	货币银行金融资产（10 亿美元）	非银行金融机构金融资产（10 亿美元）	货币银行金融资产比例（%）	非银行金融机构金融资产比例（%）
1950	233	203	30	87.0	13.0
1955	314	273	41	86.9	13.1

第四章 资本市场主导型金融体系的发展

续表 4 - 1

年份	金融资产总额（10亿美元）	货币银行金融资产（10亿美元）	非银行金融机构金融资产（10亿美元）	货币银行金融资产比例（%）	非银行金融机构金融资产比例（%）
1960	406	353	53	86.9	13.1
1965	635	536	88	85.8	14.2
1970	1012	770	241	76.1	23.9
1975	1607	1318	289	82.0	18.0
1980	2680	2258	422	84.3	15.7
1985	4504	3596	908	79.8	20.2
1990	6380	4721	1659	74.0	26.0
1991	6713	4725	1988	70.4	29.6
1992	7139	4829	2309	67.7	32.3
1993	7678	4932	2746	64.2	35.8
1994	7952	5117	2835	64.4	35.6
1995	8985	5509	3476	61.3	38.7
1996	10019	5879	4140	58.7	41.3
1997	11549	6357	5193	55.0	45.0
1998	13267	7055	6212	53.2	46.8
1999	14763	7579	7184	51.3	48.7

（资料来源：李木祥、钟子明、冯宗茂著《中国金融结构与经济发展》，中国金融出版社 2004 年版。）

二、美国的金融机构与金融市场

美国的金融史与其他工业大国截然不同，对大型金融机构所拥有的强权的极度不信任导致了分散化的银行系统。在整个 19 世纪，美国的银行系统非常零散，并且不同于欧洲的工业化国家，美国不存在拥有大量分支机构的全国性银行。表 4 - 2 就是对美国金融机构和金融市场的简要概括。

157

表4-2 美国的金融机构与金融市场

银行系统	商业银行	提供针对企业的短期工商贷款、住房抵押贷款、农业贷款,以及针对其他金融机构的同业贷款。《格拉斯-斯蒂格尔法案》禁止商业银行从事投资银行业务,但是自1999年11月后开始放松
	储蓄信贷机构	传统上提供抵押贷款和其他消费信贷。大部分采取互助结构,存款者就是所有者,即存款者同时是股东
养老基金	公共	涵盖所有劳动者;养老金与平均收入相联系,替代率较低
	个人	主要指基于最终平均工资的确定受益型。一般没有指数化条款,自行增值比较普遍
	保险	生命保险公司提供具有保险性质的、享受税收优惠的储蓄工具。财产和意外保险公司主要提供保险服务,投资工具只是作为副产品,许多保险公司是互助性质的
金融市场	股票市场	存在三家主要交易所:纽约证券交易所(NYSE)、美国证券交易所(AMEX)和纳斯达克证券交易所(NASDAQ)。它们是经由首次公开发行(IPO)筹集资金的主要渠道
	债券市场	是联邦政府、州政府和地方政府等各级政府以及企业进行融资的重要渠道
	衍生产品市场	商品期货市场始创于19世纪晚期。金融期权和期货市场创建于20世纪70年代早期,流动性很强。互换和其他衍生产品的柜台交易市场交易量很大

(资料来源:富兰克林、艾伦、道格拉斯·盖尔著《比较金融系统》,中国人民大学出版社2002年版。)

(一)联邦储备体系

美国与其他国家一样拥有自己的中央银行,但与许多国家不同的是,美国中央银行——美国联邦储备局(以下简称"美联储")在某种意义上是一个"分散的"中央银行。美联储由12个大区联储银行以及这些银行的分支机构组成,所有这些银行的运作都由位于美国首都华盛顿的美联储董事局监管。美联储是根据《美国联邦储备法》(*Federal Reserve Act*)于1913年12月成立的,主要是为了调节和改善困惑美国多年的周期性货币恐慌的问题。《美国联邦储备法》从1913年颁布实施至今已修改过几次,以期美联储在进一步推动与建立健康的金融和经济体系中发挥更大作用。为保护美联储免受短期政治压力的影响，同时又确保它能完成职责，美联储被设立为美国政府中一个"独立"的部门。美联储根据自身盈利而不是由国会拨款来运作，美联储董事局成员的任期期限长（14年），并且任期起始时间交错，这将美联储受短期政治考虑的影响降至最低。

美联储的组织结构是根据《美国联邦储备法》按照不同地区在私营企业和政府部门，以及在银行、商人和公众之间分权的要求而形成的，主要包括：联邦储备银行、美联储董事局、联邦公开市场委员会、联邦顾问委员会以及3000多家商业银行。图4-1概括了美联储组织机构的关系及美联储的四大政策工具（公开市场操作、贴现率、存款准备金率及证券投资透支比率）。

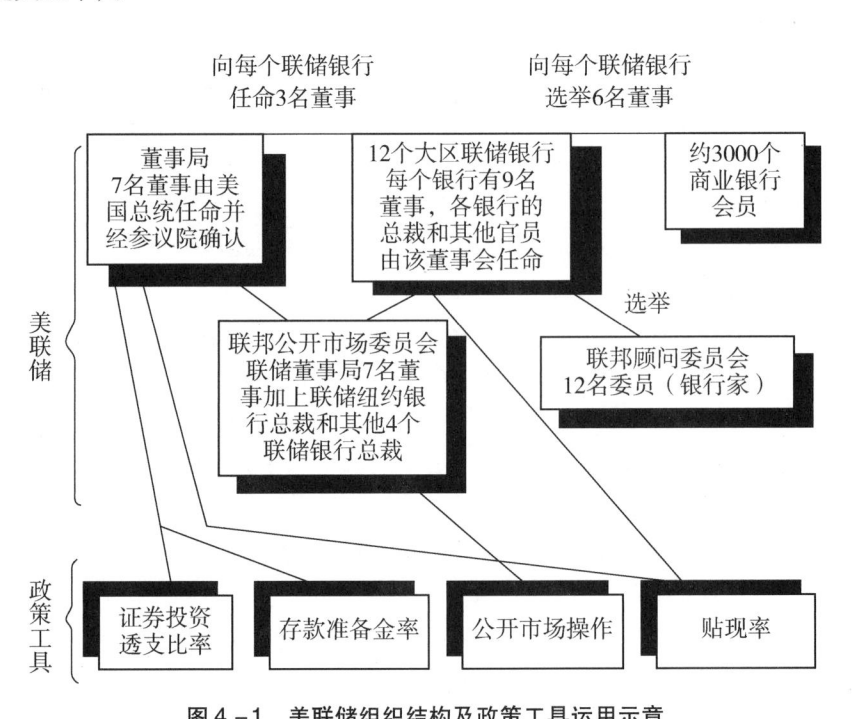

图4-1　美联储组织结构及政策工具运用示意

（资料来源：陈云贤著《美国体系考察研究》，中国金融出版社2001年版。）

（1）美联储董事局。美联储董事局有7名董事，都是由总统任命并经参议院确认，董事的任期为14年，各董事任期的起始时间不同，相互交错。董事局主席和副主席也是由总统指定并经参议院同意，但任期只有4

年（可在他们董事任期内连任）。董事局的主要职责如下：①每年要向国会就美国经济状况及美联储对货币和信用增长的目标等进行年度和年中汇报；董事局主席经常与总统和财政部部长会见，董事局董事们则要经常在国会陈述作证。②设定存款准备金率及批准由各联储银行董事们提出的贴现率。③制定和执行金融安全、健康以及保护消费者的有关规定。④检查联储银行的服务、监管及会计程序；批准各联储银行的预算。

（2）联储银行。美联储共有 12 个大区联储银行，分布在波士顿、纽约、费城、克利夫兰、里士满、亚特兰大、芝加哥、圣路易斯、明尼阿波利斯、堪萨斯城、达拉斯及旧金山。这 12 个联储银行共有 25 个分行，分布在其他 25 个城市。每个联储银行都独自以公司的形式存在，并且有 9 名董事，这些董事在美联储董事局的监管下监督联储银行的运作，并批准联储银行总裁和第一副总裁的工资。

联储银行 9 名董事中有 3 名 A 类董事、3 名 B 类董事和 3 名 C 类董事。A 类董事代表银行界，B 类董事由所有会员银行选举出，C 类董事（包括董事会主席和副主席）则由美联储董事局任命。B 类董事和 C 类董事代表着联储银行所在区的农业、商业、工业、劳工界和服务业，但不能是某一商业银行的官员、董事或职员。C 类董事不能是商业银行的股东。联储银行的分支银行一般有 5 名或 7 名董事，他们大多数由所属联储银行的董事会任命，其余则由美联储董事局任命。联储银行的主要职责如下：①密切关注国家和世界经济状况，并向美联储董事局提供本地区的经济信息供美联储在制定货币政策时做参考。②控制储备平衡，向储蓄机构贷款。联储银行董事会确定贴现率（要由美联储董事局批准），向这些贷款收取利息。③检查和监督储蓄机构。④向储蓄机构和财政部提供服务。⑤向会员银行支付红利、保持与注册资本相等的盈余并在支付营运开支后将盈利余额上缴财政部。

（3）联邦公开市场委员会。每年在首府华盛顿召开 8 次会议。共有 12 名成员，其中 7 名是联邦董事局的董事，加上 5 名联储银行的总裁，其中，联储纽约银行的总裁始终是其成员，其余 4 名按 1 年任期轮流由其他 11 家联储银行的总裁来做。但所有 12 家联储银行的总裁都需参加每次联邦公开市场委员会的会议。联邦公开市场委员会的职责是指导公开市场操作，这是最重要的货币政策工具。

（4）联邦顾问委员会。向美联储提出建议，并向受美联储政策影响的

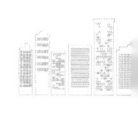

第四章　资本市场主导型金融体系的发展

各种团体提供参考信息。联邦顾问委员会每年至少要就经济和银行等问题与美联储董事局召开 4 次会议，并要适时对各种经济、金融等问题向联储银行提出顾问建议。

此外，作为美国的中央银行，美联储行使一系列对美国经济具有重要影响的职能。如美联储通过影响货币和信用总量的货币政策，在促进经济增长和控制通货膨胀方面扮演着非常重要的角色；美联储通过监督和监管商业银行，促进了美国金融体系的安全和健康发展；美联储通过向储蓄机构和美国政府提供支票结算和其他支付服务，使商业交易更加高效。具体细节如下。

（1）货币政策。美联储通过执行其（影响货币和信用的总量和成本的）货币政策来促进实现美国国家经济政策的目标，比如保持美元的购买力、鼓励有助于促进可持续经济增长和高就业率的发展、促进与其他国家长期合理的交易平衡等。美联储根据其拥有的最新经济和金融信息来决定采取何种货币政策以改善经济状况。例如，联邦公开市场委员会的政策行为至少部分要受联储银行和美联储董事局的经济学家和分析师们的分析结果影响。联储银行、美联储董事局及联邦公开市场委员会在制定和执行货币政策中都扮演不同的角色。

（2）对商业银行的监管。商业银行是根据一系列规定来运作的，这些规定确保商业银行向客户和社区提供良好的服务并且遵守健康商业银行的运营原则。这些规定由美联储和多家政府机构参与制定并监督商业银行的执行情况。美联储还监管美国银行的外国业务及外国银行在美国的业务。

银行控股公司和某些商业银行并购其他银行，必须得到美联储的批准。联储银行的职员对受并购影响的银行和金融市场进行分析，最后美联储董事局根据这些分析决定批准或否决。联储银行的分析主要考虑被并购银行服务社区的便利和需要，以及并购双方主体的财务和管理状况。

除此之外，联储银行还要监视商业银行是否遵守消费者保护法等有关法规。联储银行专家除了要帮助商业银行诠释有关法规的技术需求外，还需要向有问题的客户提供信息和帮助并处理客户对商业银行的投诉纠纷。联储银行还以向储蓄机构提供紧急贴现窗口贷款的"紧急贷款者"的角色来帮助维持健康的金融体系。当储蓄机构发生暂时由于没有预料到的信用需求、挤兑或者季节性的经济因素时，储蓄机构可向联储银行借款。美联储从稳定储蓄机构乃至整个银行和金融系统的安全出发而给予这种信用贷

161

款。但储蓄机构要先从其他来源处获得资金，只在特别紧急的情况下才能依赖贴现窗口贷款。总的来说，贴现窗口贷款期限只是一到两天，贴现窗口信用贷款要遵循美联储的有关规定原则，但贴现窗口信用贷款的发放则由联储银行的贷款官员决定。

（3）对储蓄机构的服务。联储银行非常积极地介入美国支付系统的业务有助于支付系统尽可能高效和安全的运作。但联储银行与商业银行不同的是，联储银行此项业务的收费不能超过其开支，即不以营利为目的。

自从《1998 年储蓄机构放宽管制和货币控制法案》（Depository Institutions Deregulation and Monetary Control Act of 1998）颁布实施后，联储银行不但向其会员银行提供金融服务，而且也向非会员银行、存款和贷款机构、信用机构及互惠存款银行等提供金融服务。联储银行对储蓄机构提供的服务在某种程度上类似于储蓄机构向其客户提供的服务，如资金转账、提供现金、接受存款、证券转账、利息发放以及其他相关支付等。

（4）对美国财政部的服务。联储银行向美国财政部提供一系列的银行和金融服务，主要包括两项：①财政经常账户。联邦政府的收入要存入开在联储银行的美国财政经常账户。这些收入的大部分从储蓄机构转入。财政部主要是通过支票或自动票据交换所登录来开支，如社会安全工资支票、军人工资支票或电子支付等。这些支票或自动票据交换所登录都要转到联储银行，由联储银行从财政经常账户上支出。②财政金融代理机构。当财政部的财政经常账户不够支出时，财政部主要通过向投资者拍卖政府证券来"借款"。联储银行作为财政金融代理机构来进行拍卖。联储银行通过储蓄机构和其他发行代理机构登记和交付已出售的美国储蓄债券。值得一提的是，美联储像商业银行一样拥有自己的资产负债表，美联储根据其资产负债表中各项目的变化来控制和调节货币供应。

（二）商业银行

在美国，商业银行主要为企业和居民提供短期金融服务，所能提供的服务种类受到法规限制。1933 年的《格拉斯－斯蒂格尔法案》禁止商业银行从事证券承销，后来逐步放松了这些监管，到 1999 年美国《金融服务现代化法案》的通过，标志着美国走上了金融混业经营道路。

第四章　资本市场主导型金融体系的发展

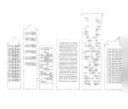

　　美国的商业银行制度在世界各国中别具一格。由于受到历史上国民银行制度和"单一州原则"形成的双重银行管理制度的影响，美国商业银行包括全国性银行和州立银行两套不同的体系。

　　相比较而言，全国性银行大多数是规模较大、资金实力比较雄厚的银行，其注册审批是由财政部的货币监理署执行的。所有的全国性银行都是联邦储备银行系统的会员银行，并投保于联邦存款保险公司。州银行一般规模不大，很多甚至是独家银行。州银行是比全国性银行建立更早的银行，根据各州的法律在所属州进行登记注册、领取营业执照。州银行一般分为两类：一类是会员银行，即在州政府注册的联邦储备系统的会员银行，这类银行接受州银行管理部门和联邦储备系统的监管。另一类是非会员银行，即在州政府注册的加入联邦存款保险公司、联邦储备系统的非会员银行，这类银行接受州银行管理部门和联邦存款保险公司的监管。到1914 年美国联邦储备体系建立时，美国全国性银行和州银行的数量已经分别达到7518 家和20000 余家；到1920 年，美国共有商业银行30291 家。此后，由于经济金融危机和频繁的银行并购，大量的商业银行或破产或被并购，到 20 世纪末，美国的商业银行数量仍有 9000 多家。

（三）专业性银行

　　在美国复杂的金融体系中，除了中央银行和商业银行系统之外，还有各类不同性质的专业性银行机构。美国的专业银行又可分为各类专业性商业银行以及自成体系的政策性金融机构。前者有建立于 19 世纪初期的投资银行、互助储蓄银行，建立于 20 世纪初期的信用协会等；后者有建立于 20 世纪上半期的美国农业信贷体系、联邦住房贷款银行体系、美国进出口银行、小企业管理局等。

　　储蓄信贷机构源于为居民提供抵押贷款，一般采取互助形式或股份制。随着时间的推移，储蓄机构与商业银行之间的区别已经变得越来越模糊了。

　　投资银行业务主要是包销各种证券，如股票、公司债券、联邦政府和地方政府债券，提供资金管理和房地产投资咨询，为收购、兼并提供咨询及其他公司财务服务。互助储蓄银行只有 500 多家，多分布在新英格兰地区，主要用来鼓励居民储蓄，资产投放于抵押贷款市场和政府及公司债券方面。信用协会是一种非营利性的合作组织，从会员处吸收资金并向会员

163

发放贷款。

农业信贷体系是由农业信贷管理局负责监督与管理的，农业信贷机构由三部分组成，即 12 家联邦土地银行、12 家中期信贷银行和 1 家中央合作社银行。联邦住房贷款银行体系由联邦住房贷款银行委员会、12 个联邦住房贷款银行及其会员即储蓄贷款协会等组成，由联邦住房贷款银行委员会负责管理、协调整个银行体系的工作，并对成员银行提供融资便利，调剂地区银行间的资金余缺，成为该体系的"中央银行"。

美国进出口银行是依据行政命令创立的所属于联邦政府的独立企业，其职能是通过提供优惠的出口信贷条件增加美国商品的竞争力以扩大出口量，同时承担私人出口商和商业性金融机构所不愿意或无力承担的风险，目的在于促进美国的进出口贸易，并通过对外援助，贯彻美国对外政策。小企业管理局，是专门为那些不能从其他正常渠道获得充足资金的小企业提供融资帮助的联邦政府贷款机构，总部设在华盛顿，并在各地设有 100 多个分局或地区办事处来开展业务活动。

（四）金融市场

美国的金融市场比较成熟和多样化。第二次世界大战后，金融创新层出不穷，并在 20 世纪七八十年代发展较快。通过引进新的金融产品，如多样化的抵押证券和其他证券化资产以及衍生金融工具（包括掉期和复杂的期权），金融创新加强了金融系统的市场导向。这些产品的交易量都在爆炸式地增长。同时，出现了金融期货、期权和其他衍生产品交易市场。美国家庭持有的金融资产主要是股票和债券，分别占到 45% 和 28%。现金和现金等价物比较少，只有 19%，其他种类更少。

美国的证券交易始于 18 世纪后期，最初的交易对象是把为筹措美国独立战争费用而发行的州债券转换成联邦债券，以及在 1791 年建立美国第一合众国银行时发行的大量股票。当时的交易，只是三五成群的个人在波士顿、华尔街等地进行。

1820—1830 年，美国掀起运河开发热潮，大量运河开发债券发行。1848 年，发现加州金矿，开始了开发金矿的证券交易。1850 年，铁路债券已占证券发行市场的一半。进入 20 世纪后，参加股票交易的工业企业数目急增，成为众所青睐的投资对象。20 世纪 20 年代开始，伴随着第一次世界大战的结束，美国的重工业和化学工业石油、电力、钢铁

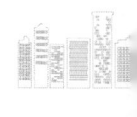

第四章　资本市场主导型金融体系的发展

等行业迅速发展，一跃成为世界头号经济强国，证券市场也随之出现前所未有的繁荣，在 1921—1929 年的 8 年间，过去一直在 60～120 美元间徘徊的道琼斯工业股票平均值，于 1926 年突破 200 美元，1928 年高达 300 美元。其间，各家投资银行全面介入，担负各类股票的发行和交易；商业银行对证券业务也不断深入开发，支撑了股价线性上升。1929 年 10 月 24 日——"黑色星期五"，股价暴跌，导致 20 世纪 30 年代初整个西方经济大危机。

1933 年美国修订《银行法》，1934 年美国颁布《格拉斯－斯特加尔法》，明确禁止商业银行从事证券买卖交易，切断商业银行同其证券子公司的关系；也明确禁止投资银行的储蓄、贷款业务。尔后设立美国证券交易委员（SEC），并逐步确立了美国现代证券市场中证券业与银行业分业经营、分业管理的立法体系。

从 20 世纪 70 年代开始，美国证券从业人员不断增加，1981 年年底，在美国 SEC 登记的大小证券公司达 7482 家，投资银行业务竞争激烈，新的金融品种不断推出，期货、选择权、指数等交易不断产生，它们构成现代美国证券市场的框架。①证券发行市场。由发行公司和投资银行组成。投资银行根据总的经济情况与金融市场状况以及发行公司的具体情况，如财务、利润及发展前景等，与发行公司商定一种双方都认为合适的筹资方式，并根据上述因素决定证券的发行价格。②证券流通市场。其价格受股票供求、市场利率、股息红利及公司前景等因素影响，分为交易所市场和场外市场。交易所市场，要求上市股票的公司在企业利润额、净资产、股东人数、月平均股票等方面达到一定的条件才能上市；场外市场，包括证券交易所以外的一切证券交易，以场外交易为特点。美国全国证券商自动报价协会是其中一种形式，它通过电子计算机，用网络将全国证券自营商组织在一起，及时准确地向他们提供场外交易市场行情，促进交易量扩大。

发展至今，美国证券市场呈现出的特点体现在三个方面。

（1）从证券发行市场方面看：①美国证券市场的交易对象主要是由债券和股票构成。其中，债券是美国证券市场的起因和主要部分。1988 年，美国发行的各种债券占证券总额的 75%。②投资银行作为市场的中介，在发行市场上起关键作用。

（2）从证券流通市场方面看：①集团投资者是流通市场的主要力量，

165

在某种程度上能够左右整个股市。②证券投资者的大众化是繁荣证券市场不可缺少的环节。③以纽约证券交易所为中心的10个证券交易所和在美国证券交易委员会登记的7482家大小证券公司，是建立证券市场和使之运行的必备条件。④美国证券市场注重选择权交易、期货交易及综合交易情报系统和市场间交易系统。这是证券市场发展的必然产物，也对美国证券市场的发展起到了重要的推进作用。

（3）从证券立法和行政管理上看：①美国在20世纪30年代以来制定的诸如银行法、证券交易所法、证券交易法等有关证券法规，是控制证券市场运行，使之秩序化的基本依据，也是多年来美国和两方证券市场经验、教训的结晶。②美国证券交易委员会是控制和限制不正当证券市场交易的必不可少的、权威的行政管理机构。

现美国证券市场管制在结构上形成三个层次：第一层次，联邦政府对证券市场的立法管制。这在美国的证券管制体系中是最重要的。美国关于证券管制的联邦法主要有《1933年证券法》和《1934年证券交易法》。此外，《1935年公用事业持股公司法》《1936年马隆奈法》《1939年信托契约法》《1940年投资公司法》《1940年投资咨询法》《1974年雇员退休收入保障法》等，也都同证券管制有关。第二层次，各州政府对证券市场的立法管制。各州政府制定的证券管制法律，在美国被统称为"蓝天法"。它的具体内容大致有两类：一类规定，凡在该州发行或出售证券之前，必须经过该州同意；另一类规定，凡证券在发行前州政府不进行干预，但发行后如有欺诈行为，将给予严厉惩罚。第三层次，各大证券交易所的规章和全国证券交易商协会的有关规定。这些规定和规章实际上具有"自我管制"的作用，它们对美国的证券活动有很大影响力。比如，纽约证券交易所就规定在该交易所上市的证券，其发行人必须拥有2000名以上整数股的持有者（每人持100股以上）；并且至少有100万股是为公众所持有的，其总值应在1600万美元以上。发行人还必须证明，在上市时，其盈利能力已至少达到每年250万美元。这些约束条件基本为有关方面所遵守。

在这三个层次中，以美国联邦政府的立法为主干。其基本目标是：①使投资者获得公正和公平的对待。美国立法者的基本思想为：在对证券活动进行管制时应放在保护投资者方面而不是借款人（证券发行人）方面，因为投资者是拿出了自己的收入来供借款人运用，而他们大部分对证券业务并没有专业的知识和专门的训练。为了使所有投资都得到公正的对待，

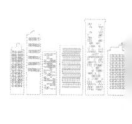

第四章　资本市场主导型金融体系的发展

美国的证券立法还特别严厉地限制"内幕人士"的证券交易，因为内幕人士可依靠其同公司的特殊关系获得不正当的好处。②促进证券市场的效率。为了达到这一目标，美国在立法上做出一系列规定，以使证券市场较有秩序、较有效率。同时，美国在立法上还特别强调要使证券投资活动获得较好的信息。因为充分和正确的信息，一方面可以使投资者了解市场的价格情况，从而可以迅速成交；另一方面，也是更重要的，可以使投资者能在充分了解情况的基础上，较好地做出投资决策。③防止证券市场的不规则波动。由于证券市场的不规则波动可能影响整个经济的运行，因此，美国政府通过一系列法律限制证券市场上的各种欺诈、舞弊、随意扰动证券价格的行为。

为此，从上述目标出发，美国在一系列有关证券交易的立法中，确定了其基本原则。一是充分披露。即证券发行人必须向公众发表一切必要的资料。美国主要的证券立法《1933年证券法》明确规定，证券发行者必须公开宣述影响证券价值的资料。为此，该法律规定发行公司和投资银行必须将其发行的证券进行注册登记。在登记时，公司须报经审计的财务报表、关于承购包销协议的内容等。二是禁止从事证券欺诈活动。美国的证券立法除了强调充分宣述外，还强调这些宣述的内容必须真实。因此，美国的《1933年证券法》又被人称为"说实话的证券法"。该法规定，证券发行者或出售者散布虚假的或致人迷误的信息时，将受到法律制裁。当法院发现发行者编制了欺诈性的报表后，可提起诉讼以中止这种行动，并可要求实施其他民法制裁，如赔偿损失等。该法亦限制了某些不正当的证券销售技术，它规定证券交易商必须进行公正的交易，不得对公众提供其误入歧途的咨询意见，或从事欺诈行为。当证券发行时或在进行注册登记时，发行者要负民事责任和刑事责任。三是禁止操纵行为。为了保障投资者得到公正的对待，防止证券市场价格的不规则波动，美国证券立法严厉禁止一切操纵行为。例如，《1934年证券交易法》就明令禁止各种形式的价格操纵计划。此外，还明令禁止散布操纵性的信用和填报错误的、虚假的或致人迷误的各种表格。四是禁止内幕人士证券活动。在美国的证券实务中，凡公司的董事、行政负责人及其他能得到其雇主公司内幕消息的行政人员和技术人员称为内幕人士。美国的《1934年证券交易法》明确禁止内幕人士为获取暴利而从事本公司证券的交易。为执行这一规定，上市公司的每一位董事、行政负责人和拥有该公司的10%股权的人，都须按月

167

填写"内幕人士报告"，申报其持有该公司证券的数量及变动情况。这些报告必须在大众传播媒介上公开发表。

应该说，美国证券市场是世界上最发达的证券市场，而美国的证券市场管制，由于其制定了一整套严密、有效的法规制度，因而也是目前世界上较为完善的证券市场管理制度，它促进着美国证券市场健康、稳定、有效地发展。

三、美国金融体系的特点

美国的金融体系属于资本市场主导型，资本市场发达，机构投资者在金融总资产中所占份额较大，银行和非金融企业之间的关系不密切。资本市场的发达程度可以用直接融资和间接融资在企业融资总额中所占的比重来衡量。美国企业融资结构的最突出特征是直接融资占主导地位，而银行贷款所占比例在逐渐下降。

20世纪60年代，机构投资者在总的金融资产中所占比例逐渐增加。主要是保险公司、养老基金和共同基金。保险公司和养老基金是风险资本的重要来源，而共同基金、养老基金和保险公司是美国股权市场的最大投资者。

美国金融体系的另一大特色是公开资本市场和私人权益资本市场并存。所谓私人权益资本市场是指可以不在证券交易委员会审批登记的权益资本市场。尽管私人权益资本与公开资本市场相比规模极小，比例约为1/56，但它毕竟是风险资本的来源。

最后是美国场外交易市场的存在。场外交易市场并不是美国所特有的现象。只不过是其他国家在规范股权交易市场时取消了场外交易市场，而美国没有这样做。事实证明，在场外交易市场基础之上形成的纳斯达克市场，对美国风险投资业的发展起着重要的推动作用。

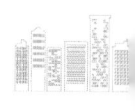

第四章 资本市场主导型金融体系的发展

第二节 美国金融体系和金融监管体系的演变

一、美国金融体系的演变

美国的银行发展史与其他大多数工业化国家相比有很大的不同。如同某些学者所论证的，这主要归因于美国与众不同的政治历史。独立战争后，1782 年，美国历史上第一家银行——美国北美银行（Bank of North America）在美国费城获得特许经营权，美国现代金融业由此拉开序幕。北美银行建立后不久，1784 年，纽约银行和波士顿的马萨诸塞银行也相继成立。所有这些银行都在各州政府注册，并接受其监督检查，开创了美国州级监督管理体制的先河。

随着历史推演和其他银行相继地产生和发展，它们勾画出一幅美国金融体系演变的历史图案（见表 4 – 3）。

表 4 –3　美国金融体系演变发展的重要历史沿革

年份	重要历史沿革
1782	北美银行（Bank of North America）获得特许经营权
1791	美国银行（Bank of the United States）获得特许经营权
1811	美国银行特许经营权被收回
1816	第二美国银行（Second Bank of the United States）获得特许经营权
1832	第二美国银行特许经营权被收回
1863	通过《1863 年国家银行法》，美国出现了全国性银行，并成立了货币审计办公室
1913	通过《1913 年联邦储备法》，成立联邦储备体系
1933	通过《格拉斯 – 斯蒂格尔法案》，成立联邦存款保险公司（FDIC），银行、证券、保险需分业经营和管理
1987	联邦储备局允许银行控股公司承销先前被禁止承销的证券，这标志着银行业开始进入证券业

169

续表 4 - 3

年份	重要历史沿革
1989	成立了清算信托公司（Resolution Trust Corporation，RTC）来负责合并或关闭濒临破产的存贷款银行或机构
1994	通过了《里格尔－尼尔州际银行及分行效率法》（*Riegle-Neal Interstate Banking and Branching Efficiency Act*），该法否定了以前不允许银行跨州设立分支机构和一些州限制银行设立分支机构的数量的做法
1999	通过《金融现代化服务法案》（*The Gramm-Leach-Bliley Financial Service Modernization Act*），银行、证券、保险可混业经营

（资料来源：陈云贤著《美国体系考察研究》，中国金融出版社 2001 年版。）

1789 年美国正式建立联邦政府，为了应对战争所导致的严重的财政困难，1790 年年底，当时的财政部部长亚历山大·汉密尔顿受到他在英格兰银行工作经历的影响，提倡建立一个分支遍布全国的大型联邦许可银行，第一美国银行（1791—1811 年）由此而诞生。第一美国银行是一家公私共有而主要是私人所有、公私共管而主要是公管的金融机构，并带有某些中央银行的性质。美国联邦政府拥有第一美国银行事实的管理权，执行稳健的货币政策，约束州银行的发行活动，促进了美国货币制度的统一。虽然第一美国银行给当时的社会经济带来了非常积极的影响，但是由于其股份中近 70% 左右为外国人所持有，民众担心这会影响美国经济的发展和稳定，加上第一美国银行妨碍了各州银行和地方势力的利益，遭到了他们的强烈反对，所以第一美国银行于 1811 年注册期满后停业。尽管如此，第一美国银行还是开创了联邦政府监督管理银行的历史。

第一美国银行被迫停业后，它所执行的稳健的货币政策随之被取消，州银行的数量迅猛增加，在 1811—1816 年的 5 年时间内，州银行的数量就从 88 家增加到 264 家，由此也造成了货币的迅速贬值和货币流通的无政府状态。特别是 1812 年开始的英美战争更是使国家的财政状况雪上加霜，因此，重新建立一个国家银行的主张就此出现。1816 年 4 月 10 日，麦德逊总统签署了关于建立第二银行的法案，随后第二美国银行正式建立（1816—1836 年）。

这些机构所代表的权力集中形式受到公众的质疑，因此，有关美国银

第四章　资本市场主导型金融体系的发展

行早期的主要争论是：究竟是联邦政府还是州政府来特许银行经营权。联邦主义者积极倡导中央控制式的银行系统和由联邦政府来特许银行经营权，由此在 1791 年美国银行获得联邦政府的特许经营权时，它既具有私有化的性质，也具有中央银行的性质。但是农业及其相关的利益团体却怀疑中央控制式的银行系统的有效性，因此，积极倡导由州政府来特许银行经营权。他们的努力获得成功，在 1811 年，美国银行的特许银行经营权被收回。但由于州银行的经营混乱和联邦政府需要为 1812 年的战争筹集大量资金，美国国会在 1816 年给予第二美国银行特许经营权。但在第二美国银行作为中央银行的运营期间，倡导由州政府给予银行特许经营权的呼声不断高涨，这种争议成为 1832 年重写第二美国银行章程中争论的一个首要问题，于是在杰克逊 1832 年当选为美国总统后，他否决了第二美国银行的特许经营权，第二美国银行的特许经营权于 1836 年被终止，第二美国银行被转为州银行继续经营。

所谓双重银行管理体系是指美国联邦政府和各州有关当局同时有权接受银行注册登记并监督管理银行的制度，美国州银行管理体系和联邦银行管理体系这两种不同的管理体系一直在相互矛盾中寻求协调。简单地说，美国在 1782—1791 年是单一的州级银行管理体系；1792—1811 年是双重银行管理体系；1812—1816 年是单一的州级银行管理体系；1817—1836 年又恢复双重银行管理体系；1837—1863 年再次恢复单一的州级银行管理体系。

1836 年，第二美国银行转为州银行继续经营后，美国联邦政府的银行管理体制又一次受到打击。与此同时，州银行在美国得到了快速的发展，而联邦政府则放弃了对全国金融业务的监督管理，这一时期被称为美国的自由银行制度时期。自由银行制度对设立银行的条件规定不严，执行起来就更加宽松，再加上并无准备金的要求，州银行的经营风险也就可想而知了。到 1862 年，美国州银行已经发展到了 1492 家。在 1863 年前，所有商业银行的经营权都是由各自所在州特许的。州银行的快速发展，导致州银行之间的竞争日趋激烈，单一州银行存在的问题又一次暴露出来。美国当时没有全国性的货币，各银行主要通过发行各自的银行钞票来集资，各银行的钞票可兑换黄金。但由于当时银行监管松懈，经常由于欺诈或资本金不足而发生银行倒闭案例，倒闭的银行先前发行的银行钞票也就变得分文不值。

171

为了消除州特许经营银行（州银行）的混乱状况，美国国会于1863年通过了《1863年国家银行法》，根据该法律，美国建立了一种新的联邦特许经营银行（全国性银行）体系，并且确定该体系由美国财政部货币审计办公室监管，限制了银行的权利。《1863年国家银行法》的本意是对全国性银行发行的银行钞票不征税，而对州银行发行的银行钞票进行征税以抑制其筹集资金，但实际上，州银行提供吸收储蓄集资，聪明地绕过了这一法律限制。联邦政府原来希望《1863年国家银行法》通过后有许多州银行会迅速转入全国性银行，但由于《1863年国家银行法》远比州银行法要求严格，申请加入全国性银行的州银行寥寥无几。尽管如此，《1863年国家银行法》还是有效地推动了全国性银行在美国的发展。经过近40年的努力，到1900年，美国的全国性银行已经有近3000家。全国性银行数量的快速增长，使美国形成了国民银行与州银行并存的局面，因此，现在的美国银行体系是双重银行体系，即由联邦政府监管的全国性银行和由州政府监管的州银行同时存在。

1873年、1893年和1907年的金融危机的爆发，使人们对全国性银行制度存在的缺陷有了进一步的认识。直到1913年联邦储备银行体系成立，美国才真正出现中央银行，标志着美国现代金融体制的形成。从此，所有全国性银行都成为联邦储备银行体系的会员，并且要遵从联邦储备银行体系的监管。各地州银行可自己决定是否成为联邦储备银行体系的会员。由于联邦储备银行监管的费用非常昂贵，许多州银行都没有加入联邦储备银行体系。

在1929—1933年的大萧条期间，大约有9000家银行倒闭，使许多银行存款血本无归。为了防止类似的情况再次发生，1933年，美国银行按照法律要求，成立了联邦存款保险公司（FDIC），专门给银行存款提供保险。联邦储备银行体系的会员银行必须给自己的存款客户向FDIC购买保险，而非联邦储备银行体系会员的州银行则可自己决定是否给自己的存款客户向FDIC购买保险（实际上几乎所有的州银行都给其存款客户购买了保险）。银行向FDIC购买保险后则要遵从FDIC的一些监管规定。

从1934—1985年，美国金融业经历了50多年的稳定发展期，这期间，银行摆脱了大萧条时期的噩梦而逐步走上发展的正轨。实际上一直到20世纪末，从商业银行分类出来的投资银行业才逐步得到发展，并且随着投资银行新业务和金融创新产品的不断出现，美国投资银行发展势头明

第四章　资本市场主导型金融体系的发展

显超过商业银行。由于美国商业银行业务品种单一和呆账、坏账的增加，从 1985—1992 年，美国约有 2300 家商业银行被并购，同时，每年约有 100 家商业银行倒闭。1994 年，美国颁布《里格尔－尼尔州际银行及分行效率法》，废除了以前不允许银行跨州设立分支机构和一些州限制银行设立分支机构的数量的做法。该法的颁布与实施加速了美国商业银行间的并购，从 1992—1999 年，美国约有 3300 家商业银行被并购。

为了解决美国商业银行在 1985—1992 年困难时期的呆账、坏账问题，美国政府于 1989 年专门成立了清算信托公司（RTC）来负责合并或关闭濒临破产的存贷款银行或机构，以防止金融危机的发生。RTC 成功完成使命后于 1995 年 12 月 31 日退出历史舞台。这期间，RTC 负责替濒临破产的存贷款银行或机构出售了价值 4500 亿美元的不动产，使约 600 家濒临破产的存贷款银行或机构免于破产。

因为大萧条期间许多人将商业银行的倒闭归咎于银行的证券投资业务，于是 1933 年的《格拉斯－斯蒂格尔法案》禁止商业银行进行企业证券承销和证券自营（但允许代理销售政府债券），并限制商业银行购买由银行监管机构批准的债券。同样，《格拉斯－斯蒂格尔法案》也禁止投资银行从事商业银行业务，即《格拉斯－斯蒂格尔法案》要求商业银行和投资银行分业经营和分业管理。但由于对利润的追求和金融创新的刺激，银行、证券、保险等行业想方设法地绕过该法的限制，从事跨行业的业务。商业银行除了传统的存贷款业务外，又发展到给存户开设货币市场共同基金账户和现金管理账户。1987 年，联邦储备局利用《格拉斯－斯蒂格尔法案》第 20 条的漏洞，允许银行控股公司承销证券的收入不能超过某一额度，比如开始时规定为该银行控股公司收入的10%，后来提高到 25%。当美国最高法院允许商业银行控股公司 J. P. 摩根在 1989 年 1 月承销企业债券和在 1990 年 9 月承销股票，其他银行控股公司也纷纷获得批准开始证券承销业务。监管机构随后也允许银行从事保险和房地产业务。

20 世纪 90 年代，几乎每一届国会都有表决废除《格拉斯－斯蒂格尔法案》的有关提案。1998 年，花旗银行（Citicorp，当时美国第二大银行）与旅行者集团（Travelers Groups，从事保险业务并控股当时美国第三大证券公司 Salomon Smith Barney）的合并使废除《格拉斯－斯蒂格尔法案》的呼声空前高涨。1999 年 11 月，美国立法机构终于通过了

173

《金融现代化服务法案》，该法案废除了《格拉斯－斯蒂格尔法案》，允许证券公司和保险公司购买商业银行，也允许商业银行从事证券、保险和房地产业务。

《金融现代化服务法案》进一步加速了美国金融企业间的并购活动，特别是银行、证券、保险等跨业务公司间的并购。像花旗银行和旅行者集团之间的跨业务兼并越来越普遍，而且更大的类似并购活动已经或正在发生，一些能够提供全方位金融服务的"金融超市"机构正在形成。2000年发生的大通银行（Chase Manhattan Bank）并购J. P. 摩根和德意志银行收购美国折让经纪集团（National Discount Brokerage Group），就是两个十分典型的例子。

二、美国金融监管体系的演变

美国金融监管体系比较错综复杂，其金融监管由分业管理走回混业管理之路。1776年7月4日建国的美国是现代金融体系最为完善的国家。19世纪初，美国开始发展州际信用银行。古典自由主义经济学思想使美国早期金融监管处于完全放任自由的状态，自由竞争与单一州原则是美国银行业早期的发展特征。直到1913年，《联邦储备法》才宣告美国联邦储备体系的成立，各方同意设立由联邦储备委员会和若干地区联邦储备银行构成的双层管理体系，并赋予了美联储的四大职能：实施统一的货币政策、建立全国清算支付系统、承担最后贷款人角色及对银行业实行监管。但监管的缺失导致1929—1933年的经济大萧条并给美国经济和金融体系造成致命打击，于是才形成了《金融证券法案》。

1933年，美国颁布《格拉斯－斯蒂格尔法案》，确定金融监管四大原则：①实行商业银行与投资银行分业经营、分业管理；②禁止银行直接从事证券和国债的承销与自营交易业务；③禁止投资银行开展吸收存款业务；④禁止美联储的附属机构及其关联银行开展证券业务。与此同时，成立了联邦存款保险公司等相关金融监管辅助机构。

1999年，美国颁布《格雷姆－里奇－比利雷法案》（Gramm-Leach-Bliley Act），正式以法律形式将严格限制了金融业几十年，当然也争议了几十年的银行业与证券业分业经营、分业管理的规定，即《格拉斯－斯蒂格尔法案》予以废除，允许通过建立下属控股公司（Financial Holding Company，FHC），参与全方位的银行、证券承销与自营业务及保险业务。

2010 年，美国颁布《多德－弗兰克华尔街改革与消费者保护法案》（*Dodd - Frank Wall Street Reform and Consumer Protection Act*），从政府监管机构设置、系统性风险防范、金融细分行业及其产品、消费者保护、危机处理等方面全面加强金融监管，形成了美国在 1929—1933 年大萧条之后进行的最大兼容监管变革法案。具体内容为：①设立新的联邦监管机构——金融稳定监督委员会（Financial Stability Oversight Council，FSOC）。有权向金融机构采集信息，向美联储和其他监管机构提出审慎标准相关建议，等等。②扩大美联储监管范围。赋予美联储制定其对监管机构符合审慎原则的监管标准，允许美联储监管金融机构间的证券产品支付、清算、结算事项。③实施沃尔克规则。将商业银行投资对冲基金和私募股权资金的规模限制在基金所有者权益和银行以及资本的 3% 以内，等等。④扩充联邦存款保险公司的作用。⑤关闭储蓄管理局，将其功能移交美联储、货币监理署和联邦存款保险公司。⑥强化证券交易委员会对证券公司、上市公司和信用评估机构的监管职能。建立私募基金备案制度；在证券交易委员会下设新的投资者律师局、投资者咨询委员会和信用评级局。⑦给予商品期货交易委员会对衍生产品和掉期等交易更多监管权力。⑧成立财政部管辖的联邦保险局。在联邦层面监管原本以各州自行监管为基础的保险行业等，从而促使完善的金融监管体系有效运作，识别和防范系统性金融风险，及时处置可能发生的紧急风险与事件，保持金融市场稳定。

图 4－2 和图 4－3 为美国 2008 年金融危机前的金融监管体系。

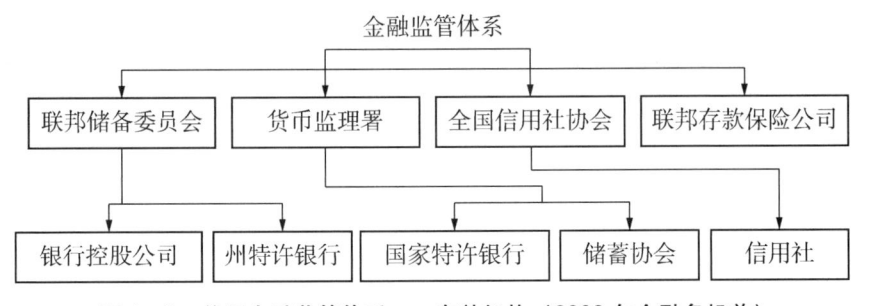

图 4－2　美国金融监管体系——存款机构（2008 年金融危机前）

（资料来源：陈云贤著《国家金融学》，北京大学出版社 2018 年版。）

175

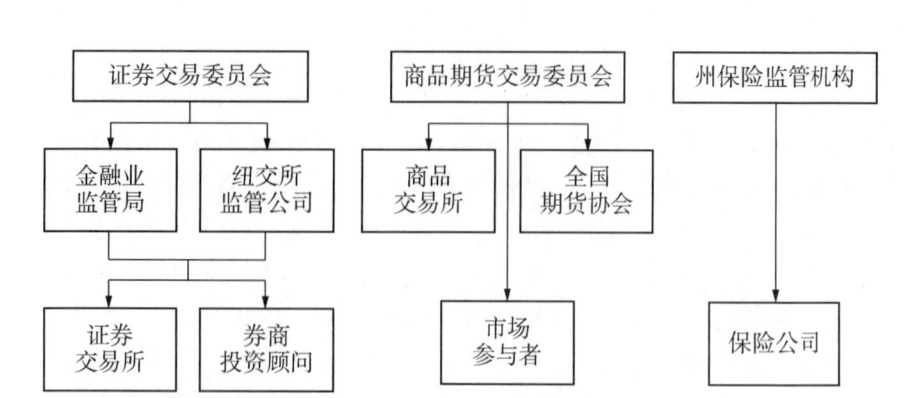

图 4 - 3 美国金融监管体系——证券、期货及保险（2008 年金融危机前）
（资料来源：陈云贤著《国家金融学》，北京大学出版社 2018 年版。）

图 4 - 2 和图 4 - 3 表明，美国在 2008 年金融危机之前：①各个监管机构之间关系复杂，没有协调性；②同一机构受好几个监管机构监管（低效能）；③证券交易委员会曾经是主要的行为监管机构，缺乏对投资银行（如贝尔斯登、雷曼兄弟）进行审慎监管所需的能力和专业知识；④州级别的保险监管缺乏对复杂产品进行监管的专业知识；⑤有太多的监管机构而几乎没有问责制。

2008 年金融危机之后，美国于 2010 年 7 月颁布了《多德 - 弗兰克华尔街改革与消费者保护法案》并生效。法案最大的变革在于其重组了金融监管体系，对美国整体的金融监管框架进行了改革与修正，以防范系统性金融风险。

（1）美国金融业长期以来缺乏全国性、全面性的监管体系和法律制度框架的问题得到了修正。

（2）设立了金融稳定监督委员会（FSOC）。围绕促进金融稳定三个核心——防范系统性风险、消费者保护、改善问责制和提高透明度，赋予其三项职能：①识别危及美国金融稳定的各类风险；②促进金融市场的自我约束，降低对政府救助的期待和道德风险；③有效应对危及美国金融体系稳定的各类新风险。FSOC 的权力有：①推进信息的收集与共享，并以此促进监管协调。②从美国金融市场实际出发，全面加强系统性金融风险的识别与防范。在金融机构层面，认定具有系统重要性的非银行金融机构并将其纳入美联储监管范围；在金融市场层面，有权认定具有系统重要性的金融市场设施和支付、清算与结算系统；在金融监管标准方面，有权建议

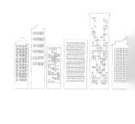

对规模较大、关联性强的机构实施更为严格的审慎监管标准；对美国金融稳定形成严重威胁的机构，可以强制分拆。③有权建议美国国会修改法律，减少监管空白。

（3）理顺、重组原有监管机构并加强了分业监管机构间的合作：①在财政部内新设了联邦保险办公室（FIO），试图扩大联邦政府对保险机构的监管权力；②在美联储内设立了金融消费者保护局（CFPA），它将原本分散在 Fed、SEC 等机构的金融保护职能集中起来，对包括银行、信用社、证券公司、抵押贷款服务机构等金融机构进行监管，保护金融消费者利益免遭不公平或欺诈性金融交易的损害；③撤销了储贷监理署（OTS），并将其大部分职责归并到货币监理署（OCC）。

（4）扩大了美联储权限。强化其在伞形金融监管体系中的核心地位，成为全面监管者，在对金融机构、金融产品、金融市场实施稳健监管和全面监管方面发挥出更为重要的系统风险监管者的作用。

（5）危机后的美国金融监管体系同样复杂。

三、美国资本市场（证券业）与金融机构（银行业）管理模式分析

美国的证券业与银行业走过了一个从"融合"到"分离"的过程。1929 年之前，美国商业银行与投资银行业务"合二为一"，二者没有明确的界限区分。在美国铁路、钢铁、汽车、石油等大工业兴起与繁荣时，投资银行业务得到不断发展。高额利润的诱发，使商业银行直接或间接地参与着证券市场的竞争与投资，而投资银行在商业银行向证券业务肆意扩张的同时，也四处组织资金肆无忌惮地拓展自己的业务和渗向商业银行业务。1929—1933 年爆发世界性经济大危机，带来了经济濒临崩溃的灾难。当人们回想经济大危机的爆发之因时才恍然大悟，此次经济大危机的性质是信用链断裂的信用性大危机。

（1）商业银行与投资银行混合经营、混合管理，利益的引诱和竞争的压力导致的结果是：商业银行将储蓄资金投入证券市场作了长期投资，当金融市场客户资金需求猛然增大而需要提款时，商业银行只能用抛售证券的方式来回笼资金，因而无形中人为地造成股票价格暴涨或暴跌，各家商业银行同出一辙，最终促使资金利率上升，导致信用链断裂，触发经济危机；而从投资银行的角度看，利益诱发和业务竞争促使它们在自己的领域

向商业银行业务进发，证券抵押贷款，在证券代理买卖中向客户融资交易，既扩大了交易的业务量得以获得佣金，又拓展了商业银行业务——证券抵押贷款获得了利息。然而，客户用 50 万美元股票价格获得 50 万美元股票抵押贷款，如此轮番，客户用 50 万美元股票价格的含量操作着 100 万美元，甚至是 150 万美元的股票交易买卖，一旦股市暴跌，或股票难于卖出，客户无力清偿放款，信用链条断裂引致的金融性危机随即爆发。商业银行与投资银行业务的融混状况，是 20 世纪 30 年代初爆发世界性经济危机的导火线。

（2）商业银行直接投资证券市场或直接参股各类产业，投资银行变本加厉地拓宽、拓深与产业资本的融合渠道，最终导致金融资本与产业资本的相互渗透和高度集中，产生金融寡头，既可操纵证券发行市场，又可操纵证券流通市场，因而股票市场人为波动因素增大，一旦某个关键环节有了问题，整个证券市场就面临瘫痪。商业银行与投资银行业务的竞争与渗透还波及产业资本的不稳定发展。

（3）商业银行短期资金涌入证券市场，投资银行证券抵押放款涌进证券市场，在供不应求的状况下，人为地造成股票价格过度地背离其所代表的实际资产的价值，股票价格狂涨，虚涨比重增大。商业银行与投资银行的混业经营容易促成此现象。

（4）如果金融管制体系不健全和金融法规制度不完善，那么商业银行与投资银行混业状况导致产生的经济危机后果将不堪设想。因此，美国正视这次经济大危机的原因分析，1933 年建立《格拉斯－斯蒂格尔法》，1934 年建立《证券交易法》明确证券业与银行业分离，商业银行业务与投资银行业务应分业经营、分业管理，此举措不仅意义重大，标志了现代商业银行与现代投资银行业务的分野和模式的诞生，而且还为其他国家商业银行和投资银行的管理提供了借鉴。美国 20 世纪 30 年代初经济大危机后的证券业与银行业分业经营与分业管理，其方式是正确的。

在美国证券业与银行业分业经营、分业管理的模式中，1933 年建立起来的证券交易委员会，行使着对美国证券市场全面监管的职能，其管理范围不仅包括申请股票上市的招股公司，而且包括二级市场的经纪人和自营商，还包括各类证券的发行、交易与投资，并负责违规事件的调查与惩罚、各类证券业的解释与指导、传统证券业务与衍生金融工具运用的规则制定，以及最终实施强有力的法律制裁，等等。而美国中央银行——联邦储备银行，按照联邦储备委员会的指令，作为执行一项宏观政策，对美国

的证券市场只起着公开市场组织者、操作者、参与者的角色，对美国的证券市场起着选择性控制、道义劝告和公开指导的作用。美国证券交易委员会与联邦储备银行对证券业和银行业分业管理的模式，在世界各国证券业与银行业的管理模式中都是独特的，也是非常值得人们重视的。

美国的证券市场管制，其基本目标为"使投资者获得公平和公正的对待""促进证券市场的效率""防止证券市场的不规则波动"，其基本原则为"充分披露""禁止从事证券欺诈活动""禁止操纵行为""禁止内幕人士的证券活动"。由此产生基本体系为三层次的证券市场管制结构，第一层次为联邦政府对证券市场的立法管制，第二层次为各州政府对证券市场的立法管制，第三层次为各大证券交易所的规章和美国全国证券协会（NASTAQ）的有关规定，从而构成了证券市场严密的管制网络。应该说，这种三层次证券市场管制网络，对证券市场的管理是有效的。

因此，仅从证券市场管制的角度而言，美国具有调整证券发行和证券交易完善的全国性法律，并且要求大量的公示；美国存在多种互不相同的州的管理制度；美国多种基本一致的管理制度并存；半公共性质的管理机构（如证券交易所、全国证券交易商协会）拥有为国家法律所认可的一套较为完善的管理制度，它们共同行使与实施着证券业与银行业分业经营、分业管理的道路。尽管随着世界商业银行业务与投资银行业务的不断创新和深化发展，摆在人们面前对证券业与银行业的管理仍有许多值得探索的问题，但是美国在20世纪30年代初世界经济大危机之后，痛析原因而创立的证券业与银行业分业经营路子和三层次网络管理模式，仍然是值得当今人们借鉴的模式。

四、美国金融混业现状

1999年11月，美国国会正式通过了《金融现代化服务法案》。于是，美国金融体系的演变历史由此转入一个高峰，而美国金融监管的特征显现得更加繁荣和复杂。

一方面，《金融现代化服务法案》允许证券公司和保险公司购买商业银行，开展商业银行业务，也允许商业银行从事证券、保险和房地产业务，等等，此举在金融市场上激起了阵阵波浪。

（1）业务竞争加剧。它主要体现在同一金融机构在不同金融行业中的互相渗透，并千方百计地扩大市场占有率而采取的种种措施上，如降低佣

金费用、提供新的技术手段、开发新的金融产品、提供金融综合性服务，包括金融产品、技术支持、市场营销、研究咨询、培训操作及推广发展等。其中，降低佣金费用、开发新的金融产品、提供金融综合性服务成为金融混业后金融机构竞争的主要措施。

（2）涌现出更多的机构投资者。在金融混业后，参与金融市场运作的机构投资者不仅有保险基金、退休基金以及各种类型的共同基金等，而且有商业银行、证券公司、保险公司、信托公司以及其他各种类型的金融机构。机构投资者在金融市场上的迅速增长成为金融混业后的一种必然趋势。

（3）高科技运用成为竞争制胜的重要手段。例如，嘉信（Charles Schwab）作为新成长起来的证券经纪公司，面对在美国乃至在世界首屈一指，其研究水平、承销市场份额、并购市场份额、资产管理和经纪业务市场份额等都在业内名列前茅的多家综合性投资银行的竞争，迅速推出了网上证券交易措施，并广泛收集、分析网上交易的客户反馈和市场数据，不断提高高科技应用手段，最终使该公司在资产管理业务和经纪业务上取得令人瞩目的成功。而作为投资银行巨头的美林证券，面对技术进步及网上交易的竞争和混业经营的影响，也迅速推出网上交易并不断提高技术手段，才使其资产管理业务和经纪业务的市场占有率得以持续发展。金融混业后，高科技应用成为至关重要的竞争手段。

（4）跨行业、跨区域、跨国界的并购活动愈演愈烈。比如2000年出现的大通银行与 J. P. 摩根的跨业务并购案；同一年德意志银行与美国证券经纪公司的跨国并购案；2001年出现的美国美林证券与英国汇丰银行的既跨行业又跨国界的并购案；等等，其规模之大、措施之激，在金融混业之前是很难想象的。

（5）开始出现提供全方位金融服务的"金融超市"公司。"金融超市"包括三个层次：其一是对某一业务的一条龙系列服务；其二是同一领域各项业务结合在一起的综合性服务；其三是跨领域、跨区域的全方位服务。

（6）人才竞争成为竞争焦点。此类人才尤其突出在金融混业后的财会、高科技、战略管理和业务专家等方面。美国各金融机构正以职务引诱、利益回报等方式吸引各类人才。

（7）金融发展可能成为新一轮的经济增长点。它不仅体现在金融机构

第四章　资本市场主导型金融体系的发展

的扩大，跨行业、跨国界业务的发展促使就业增加，而且带来实质性资金流量对各类产业投资的增长，以及金融领域自身正在进行的高科技革命。金融混业促使金融发展并可能成为新一轮的经济增长点。

（8）金融风险在扩大。潜在的金融风险，不像金融混业之前只存在于单一行业、单一区域的有一定限度的金融风险，而是存在于跨行业的、跨国界的，并以高科技手段为依托的金融管理和金融业务全过程。它可能由管理的问题、发展的问题所引起，也可能由高科技手段的问题所引发。如果不认真、严肃地加以防范，可能发生的金融风险将危及一国金融领域并危及其他经济领域的发展。

综上所述，可见美国《金融现代化服务法案》的实施，以及金融混业的重新开始，使美国引发了一系列的金融突变，美国金融体系演变由此进入新的历史阶段。

另一方面，就美国现阶段的金融监管特征而言，由于难以适应金融混业后的突变，则显得更加复杂。

美国现在拥有多重并且功能和权限重叠的金融监管机构。例如，美国证券交易委员会负责监管各种证券业务；货币审计办公室负责监管占美国商业银行系统资产一半以上的约 2000 家全国性银行；联邦储备局和各州银行权力机构共同负责监管约 1000 家为联邦储备系统会员的州银行；联邦储备局还要监管银行控股公司和全国性银行（都是联邦储备局的会员）；FDIC 和各州银行权力机构则共同负责监管约 5000 家向 FDIC 购买了保险，但不是联邦储备局会员的州银行；各州银行权力机构则独立负责监管约 500 家没有向 FDIC 购买保险的州银行（这类银行总共拥有的储蓄存款少于全美国商业银行储蓄存款的 0.2%）。而根据美国《金融现代化服务法案》，各州仍然维持对保险业务的监管权，同时美国证券交易委员会继续监管各种证券业务，货币审计办公室有权对从事证券承销的银行分支机构进行监管，联邦储备局则负责监管银行控股公司，包括银行控股公司从事的房地产业务、保险业务及其大型的证券业务等。

可见，美国金融监管体系的确非常复杂，这不但表现在监管实际操作上的困难，而且很难想象美国的金融机构是如何来面对如此多重及功能重叠的监管机构的，即在混业经营后，一个从事证券、保险业务的金融机构至少要面对 3～5 家监管机构。美国财政部在 2002 年之前就已多次向国会提交建议将目前所有的储蓄机构统一让一个独立的监管机构来监管，但每一次都以失败告终。在《金融现代化服务法案》颁布实施后，随着美国金融业开始混业经营和产生系列跨行业、跨区域、跨国界的金融活动，美国金融业的监管是否也要整合，已越来越引起政府和各界人士的关注，这不仅是监管操作上困难的原因，更重要的是如何防范混业后的金融风险问题。比如说证券业，美国目前存在的对证券业务的多重监管，必将影响有效监管和对投资者的保护。美国证券交易委员会只是监管大部分证券业务，有一部分证券业务则由货币审计办公室或联邦储备局来监管或与美国证券交易委员会共同监管。由于证券监管是专业性很强的业务，货币审计办公室或联邦储备局对证券业的监管水准和经验肯定不如证券交易委员会，这样很难保证对证券业监管标准的统一，也很难保证证券市场的完整性、公平性和公正性。另外，美国对证券业和银行业监管的原则也不同，美国对证券业的监管是按照市场原则来进行的，不像美国银行业的监管原则是为了保护银行机构和存款的安全性，一般不允许银行倒闭。可见，如用监管银行业的方法和原则来监管证券业，则会造成监管标准的不统一和出现监管漏洞，难以防范金融风险。

第三节　资本市场主导型金融体系的作用与未来

一、信息技术对美国资本市场的影响

从美国的情况来看，信息技术对资本市场的影响主要体现在三个方面。

（1）债务市场比重增加，而且随着可交易债务工具的增加，金融机构在债务市场的主导地位有所下降。比如，融资性的商业票据可直接进入货币市场；贷款的证券化则使银行的传统业务变成了资本市场上的债务工具。20世纪后半叶，债务市场上私人非金融部门的债务与国内生产总值的比值大约增加了一倍。

（2）衍生金融工具市场迅速发展，在美国最为突出。但衍生金融工具的运作并不专属于资本市场的传统参与者，银行作为主要的做市商，刺激了场外衍生金融工具市场的发展。

（3）支付体系日益电子化，因而家庭以银行存款形式持有财富的需要

第四章 资本市场主导型金融体系的发展

减少。比如，当大量的小额支付使用支票时，活期存款自然成为商业银行一种可靠的资金来源，而当通过信用卡和借记卡的支付成倍增长后，则减少了在银行存款的需求。如此等等，就使得银行存款占家庭财富的比重从1983年的15.3%下降到1995年的7.3%。

二、资本市场主导型金融体系的作用

对于金融市场与金融中介机构的发展前景，即金融体系结构的发展前景，从不同角度展开的理论分析颇多。对于资本市场主导型的金融体系，金融市场在金融体系的不同功能方面都具有一定的优势和劣势。

首先，在风险分担与管理方面，很久以来人们就认识到，金融市场的主要功能之一就是提供风险分担的机会。市场允许个人根据自己的风险承受能力调整资产组合的风险大小，可以对冲各种特定风险，进行风险互换。美国金融体系的一个显著特点，就是可以为一般投资者提供大量不同的金融产品，因而提供了大量分散风险的机会。而在德国，股票交易的种类和数量很少，没有多少可供分散风险的机会；在这里存在的是大量无法对冲风险的银行存款。但是，也有其他分析认为，金融中介可以提供金融市场所无法提供的风险分担功能。流动性弱的长期投资收益高，流动性强的短期投资收益低。但是，投资者可能担心短期流动性不足，从而不愿意接受较高的长期投资收益。金融中介的优势在于，可以将大量具有不确定的短期流动性需求的投资者集中起来，根据大数法则来提供流动性，同时在这样的前提下进行长期投资，并使分散的存款人分享长期投资带来的高收益。而金融市场没有这样的能力。

其次，从信息处理的角度出发，美国有大量的上市公司，要求广泛公开信息，同时还有众多的分析师密切关注企业与市场的动态，并分析、处理这些信息。企业可以根据这些信息决定是否进入某个产业，这有助于企业进行投资决策，显示出资本市场提供了重要的资源配置功能。相反，在德国，上市公司的数量并不多，信息披露的要求也不严，因此，有关企业的公共信息较少。如果单纯从市场的角度来看，这种体制显然不利于资源配置。但是，在德国这种少数大银行占支配地位的金融体制中，金融中介机构有对金融市场的替代功能。如果从利率、股市行情等金融信息的角度看，金融市场在形成信息这方面的优势则是金融机构完全不能代替的。

再次，从监管的角度来看，有一种银行的代理监管理论，认为企业的

183

股东需要监督管理者，但是股东数量很多，单个股东承担监管的成本就极不合算。这类难题，金融中介可以解决。假设一家银行对很多企业提供资金，由于企业数量大而且分散，根据大数法则，银行可以减少风险，为存款者提供固定的收益——存款者无须监管银行。至于银行监管企业，由于单个企业是由单个银行进行监管的，监管成本也可实现最小化。对这种论点的质疑是：像德国这样的银行主导的金融体制，人们对企业经营规范有较大的共识，这对于监管传统产业也许够用，但当新的产业不断出现时，则一时难以形成一种关于企业经营管理的共同意见。在美国式的市场主导金融体系之下，人们缺少共识。股票市场刺激很多人来研究、关注企业的管理行为；投资者研究得出的信息大多是私人性的，他们各自据此买卖股票，获取利益。对处于动态变化中的产业来说，这是更适宜的监管形式。

最后，从公司治理的方面来看，现代经济最重要的特点是资金供应者与资金需求者是分离的，由此引起利益冲突或委托—代理问题。所以，不管是哪一种类型的金融体系，资金的提供者都必须有一种机制能够监督，乃至在必要时干预资金的使用。因而，金融交易伴随着代理成本。一个活跃的能够实施企业控制的市场，对于确保资本主义经济的有效运行至关重要。市场机制一方面能够使资源集中在有能力的管理团队中并得到有效利用；另一方面也能够惩戒经营不善的管理者，防止资源浪费。但是，在这种机制下，投资者投票的简单随意性和随时可能出现的敌意收购，不利于管理者进行长期决策。银行主导型体系保证资金提供者对融资企业具有一定的控制权。这种权力来自资金提供者，其或者是企业的大股东，或者是企业的主要贷款者。监督功能可以由单个银行来执行；公司治理不依赖资本市场和外部投资者。以银行为主的金融机构不但提供融资，而且控制公司的监事会，并凭借内部信息优势，发挥实际的控制作用。这有利于企业和银行之间建立长期稳定的联系，减少监督成本。

三、资本主导型金融体系的未来

（一）资本市场对国际金融中心的发展至关重要

资本市场的发展使得美国在不到 200 年的时间里，迅速超越了包括英国在内的欧洲列强，成为世界上最强大的经济体，也使美国纽约自 20 世纪初以来就一直成为国际金融中心。国际金融中心是世界经济和金融发展到一定程度的必然产物，同时也是促进世界经济和金融更好更快地发展的强大力量。自 13 世纪以来，国际金融中心就先后从威尼斯转移至阿姆斯特丹，又从阿姆斯特丹转移至伦敦，再从伦敦转移至纽约。在这段转移的历史中，伴随着世界各国经济的不断发展、产业革命的不断兴盛，以及产业结构的不断升级，国际金融中心的内涵也发生了深刻的变化。如今国际金融中心演进最为明显的特点就是资本市场的作用在增强。可以说，没有发达的资本市场，几乎不可能成为全球现代金融中心。

资本是具有趋利性的，缺乏有效的投资渠道，或者说缺乏保值升值的渠道，是不可能吸引国际资本流入的。外国资本蜂拥流入美国，这与资本市场的快速发展是分不开的。在 19 世纪，资本源源不断地流入美国。尽管在某一时期，国际资本流入美国会出现一定程度的波动，但仍然可看到外国资本净流入占美国资本增量比重呈现上升的趋势。另外有数据显示，1790—1900 年，外国资本输入占美国国内资本净值的比率接近 5%，其中1870—1900 年所流入的外国资本占 1790—1900 年的 80% 左右，这也充分说明了在 19 世纪后期流入美国的国际资本的速度在明显加快。此外，国外资本的流入也不断促进了美国资本市场的快速发展。19 此纪中叶至 20世纪初，伴随着工业大革命，作为后起之秀的美国经济快速发展；而经济快速发展促进了美国资本市场的跨越式发展；美国资本市场的跨越式发展为海外资本提供了保值、增值和财务管理的渠道，从而吸引了大量的海外资本流入美国；海外资本投资股票、债券无论是从规模还是从比重来说都呈现出快速上升趋势，海外资本的流入进一步促进了美国经济的快速发展，从而步入一个良性循环。在这个良性循环系统中，美国资本市场快速发展及海外资本的流入是重要的一环，因为除了促进美国经济的快速发展外，也使美国资本市场所在地的纽约自 20 世纪初就成为国际金融中心。

（二）资本市场主导型的金融体系有利于金融创新

金融创新是西方金融业迅速发展的一种趋向，其内容是突破金融业多年传统的经营局面，在金融工具、金融方式、金融技术、金融机构以及金融市场等方面均进行了明显的创新、变革。这个趋势从 20 世纪 60 年代后期即已开始，20 世纪 70 年代各种创新活动日益活跃，到 80 年代已形成全球趋势和浪潮。金融创新浪潮的兴起及迅猛发展，给整个金融体制、金融宏观调节乃至整个经济都带来了深远的影响。在探究引发金融创新的直接原因时，人们的注意力都集中到金融活动中银行经营所面临的风险、技术革命和过时的金融管理法规等几个方面。美国在监管方面引入和坚持竞争，促使美国资本市场不断创新，降低交易成本，提高市场效率，有利于吸引大量的国内外投资，为美国实体经济的发展提供了资金支持。

与银行主导的间接融资下的借贷关系不同，市场主导型的金融体系下的直接融资具有剩余索取权，存在的风险也能以收益的方式得到补偿。美国作为资本市场主导型金融体系的代表国家，其金融创新能力在世界上有目共睹，虽然日本、德国等银行主导型的代表性国家具有很强的制造能力，但是美国的资本市场为金融创新提供了基础。资本市场上的直接融资方式，使得创新这个"从0到1"的过程的实现变为可能，在以银行为主的间接融资中，这是很难实现的。例如，对于需要较大量融资金额的创新型企业而言，获取银行贷款的难度要远远高于在股票市场上进行直接融资。

金融创新反映了经济发展的客观要求。当今世界经济处于不断发展的进程之中。特别是日新月异的技术进步，使得经济的发展不断突破时间、地域以及各种社会传统的界限，涌现出更多、更新的为人类文明生存与发展所需的行业、部门、模式和手段。在这种形势下，当然就会从不同角度、不同层次对为之服务的金融事业提出新的要求。面对新的要求，原有的金融机构、金融工具、金融业务操作方式、金融市场组织形式和融资技巧等就会在一些方面显得笨拙、落后，不够合理并缺乏效率，这就必然带来突破原有樊篱的金融创新。同时，由于经济发展变化所提出的客观需要不仅是强劲的，而且是持久的，所以金融创新的浪潮也在不断地推进。在不断推进的金融创新浪潮中，资本市场的作用便愈发重要。

◆**思考讨论题**◆

1. 为什么美国是资本市场主导型金融体系的代表性国家？

2. 试述美国金融体系的形成和演变。

3. 试比较《格拉斯－斯蒂格尔法案》《格雷姆－里奇－比利雷法案》和《多德－弗兰克华尔街改革和消费者保护法》的优缺点。

4. 试述资本市场主导型金融体系的优点和缺点。

5. 试述资本市场主导型金融体系的作用和未来。

第五章　国家金融体系层级互动

金融发展是个专业术语，专指金融体系结构的变化。金融发展有广义和狭义之分。现代金融体系包括金融市场要素体系、金融市场组织体系、金融市场法制体系、金融市场监管体系、金融市场环境体系和金融市场基础设施六大方面。广义的金融发展是指现代金融体系结构六大方面的变化；狭义的金融发展专指现代金融体系结构中金融市场要素体系和金融市场组织体系（即市场要素与市场机构）的变化。

衡量金融发展有其基本指标：一是通过对金融体系结构状态的数量指标来度量；二是通过与经济增长的相关指标来度量。它有质与量两个方面，质的变化主要反映金融体系结构的优化、金融风险的降低和金融效率的提高等。在本章中，我们暂不涉及金融体系结构变化的具体质与量的指标。金融发展对一国经济增长有不可或缺的作用。金融压抑主要表现为金融资产单一、金融机构形式单一、金融环境条件不配套、存在过多管制、金融基础设施落后、金融效率低下等，从而抑制了创新和经济发展。金融自由化——最主要就是两个字"放松"，面对金融发展涉及的利率、汇率、货币市场、资本市场、机构、工具、衍生产品、制度规则等，金融当局一味地"放松"管制、"放松"限制、"放松"审批、"放松"惩罚、放任自由。金融自由化政策与举措在一定时间内能产生储蓄效应、投资效应、就业效应和发展效应等，但从长远看更多的是导致通货膨胀、金融危机、经济衰退。

第一节　"金融自由化"国家不稳

通过第一章对现代金融体系六个方面功能结构的理论分析，本书针对世界各国金融体系发育和成熟程度的不同，按现代金融体系六个方面功能实现的状况划分出三个层次：只存在金融市场体系和金融组织体系，美国1776年建国至1890年之间的金融体系状况便属于此类；在具备金融市场体系和金融组织体系的基础上，一国市场又逐步建立健全了金融法制体系和金融监管体系，美国1890年至1990年期间的金融体系发展状况应该属此类型；在上述的基础上，一国的金融体系还需要建立并完善金融环境体系与金融基础设施，美国自20世纪90年代开始的市场发展和成长过程，正是按照这一趋势前进的。

按照现代金融体系的六个方面功能的成熟与完善程度来划分现代金融体系的三个层次，既能反映世界各国金融体系历史的本来面目与真实进程，又便于清晰界定不同市场类型、指导各国市场经济实践并对其效果进行科学评估，构建现代市场体系，完善市场功能。这对世界各国促进经济发展、城市建设和社会民生具有重要作用，因此，世界各国都在此领域积极探索，力求突破。

通过对美国现代金融体系成长发育的历史进程的案例分析，我们可以看到，首先，市场规则的完善远远滞后于历史进程。在1776年建国后早期的经济发展中，美国主流认同自由放任理念，此阶段美国主要是建立与完善金融市场体系和金融组织体系。1890年后，美国颁布第一部反垄断法，尤其是在1929—1933年美国经济大萧条和世界经济大危机之后，美国的金融法制体系和金融监管体系才得以逐渐完善。20世纪90年代开始，面对混业经营和网络技术、信息通信手段的爆发式发展，美国的金融环境体系和金融基础设施才逐步得到提升。可见，现代金融体系六个方面功能的完整和有序，乃至完善的市场机制、市场规则的形成，在这200多年间是远远落后于美国市场经济的实际历史进程的。在理论与实践上，现代金融体系六个方面融为一体的完善市场功能至今还没被充分地认识和运用，这必然在客观上导致市场失灵。这类市场规则的滞后性之中，金融法制与监管系统的滞后尤为突出。可以说，在美国从完全竞争市场到垄断竞争市场，再到寡头垄断市场，最后向完全垄断市场发展的过程中，美国的法制与监管系统一直在走一条"危机导向""补丁升级"的"补丁填洞"之路。直至今日，当美国由垄断竞争市场走向寡头垄断市场的时候，如何对寡头垄断市场实行有效的法制监管，仍然存在理论和实践上的重重争议。法制与监管作为现代金融体系的重要部分，是完整市场机制不可或缺的环节，而类似美国的"补丁填洞"的法制监管办法，无法为各类投资者创造

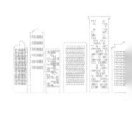

公开、公平、公正的市场环境，这也必然会导致市场失灵。其次，社会公众需求的实现始终滞后于市场主体（即厂商或其他投资主体）利益的满足。市场产生竞争，竞争促进均衡，但在现实中，这一均衡主要是厂商均衡，即厂商在产品与价格、成本与收益、供给与需求三个层次上的短期或长期均衡。而社会公众需求与厂商利益的均衡在其中是基本缺位的，社会公众的利益主要靠各国政府的二次分配来保障，市场主体维护其利益的行为，可能对此造成障碍，这也会导致市场失灵。由于上述原因，可以说，现代市场经济体系的脆弱与市场失灵已成为常态。

20 世纪 80 年代末，世界经济陷入衰退，世界各国经济增长率萎缩、经济增长动力不足、需求不振、人口增长率下降、经济全球化遇到波折、金融市场动荡、国际贸易和投资持续低迷。面对这些状况，1989 年，美国国际经济研究所邀请位于华盛顿的三大机构——国际货币基金组织、世界银行和美国政府在华盛顿召开研讨会，形成所谓"华盛顿共识"。该共识被概括为十条政策措施：①加强财政纪律，压缩财政赤字，降低通货膨胀率，稳定宏观经济形势；②把政府开支的重点转向经济效益高的领域和有利于改善收入分配的领域（如文教卫生和基础设施）；③开展税制改革，降低边际税率，扩大税基；④实施利率市场化；⑤采用一种具有竞争力的汇率制度；⑥实施贸易自由化，开放市场；⑦放松对外资的限制；⑧对国有企业实施私有化；⑨放松政府的管制；⑩保护私人财产权。其中，政策核心点是"主张政府的角色最小化、快速私有化和金融自由化"。在理论上，其主张实行完全的自由市场经济模式，最大限度地减少政府的作用；只要市场能够自由配置资源，就能够实现经济增长。在政策上，涵盖以下内容：①市场和内外贸易的快速自由化；②国有企业的快速私有化；③金融自由化、利率市场化，以促进经济发展。"华盛顿共识"的初衷是为陷入债务危机的拉丁美洲国家提供经济改革方案和对策，并为东欧国家转轨提供政治经济理论依据。应该说，在特定阶段内，"华盛顿共识"的十项政策措施对刺激各国经济发展有一定的合理内涵，但其忽视了各国完善市场体系尤其是现代金融体系六大方面建设的重要作用，从而导致政府对经济和金融自由化基本没能发挥出调控作用，使金融市场发育不健全，金融秩序混乱，金融市场竞争机制也常被隔断。这种模式、这种政策措施、这种理论主张，没有形成持久的生命力，最终以困境终结。

2006 年，世界银行提出"中等收入陷阱"的概念，专指那些中等收入经济体在跻身高收入国家的进程中遇到的困境。即新兴市场国家突破人均国内生产总值 1000 美元的"贫困陷阱"后，很快会奔向 1000 美元至 3000 美元的"起飞阶段"；但当人均国内生产总值达 3000 美元左右时，会使快速发展中积累的矛盾集中爆发，从而导致自身体制与机制的更新进入临界状态，使矛盾难以克服，陷入经济增长的回落或停滞期，进入"中等收入陷阱"阶段。在这一阶段，这些国家面临两方面的困境：一方面，资源成本、原材料成本、劳动力成本、资金成本、管理成本居高不下；另一方面，它们又缺乏核心尖端技术，难以创新，产业链条处于中低端，缺乏竞争力。由此而来的经济增长的回落或停滞进一步引发就业困难、社会公共服务短缺、金融体系脆弱、贫富分化、腐败多发、信仰缺失、社会动荡等。于是这些国家长期在中等收入阶段徘徊，迟迟不能进入高收入国家行列。此时，遵循"华盛顿共识"，推进经济金融改革的拉丁美洲国家成为陷入"中等收入陷阱"的典型代表。阿根廷在 1954 年人均国内生产总值就超过 1000 美元，在 20 世纪 90 年代末上升到了 8000 多美元，但 2002 年又下降到 2000 多美元，而后 2014 年又回升到了 12873 美元。墨西哥 1973 年人均国内生产总值已达到 1000 美元，2014 年人均国内生产总值为 10718 美元，41 年后仍处于中等偏上国家。拉丁美洲许多类似的国家，虽然经过二三十年的努力，几经反复，但一直没能跨过人均国内生产总值 15000 美元的发达国家门槛。

我们可以以阿根廷这个典型的案例来剖析拉丁美洲国家发展停滞的"病灶"：首先，现实经济增长率起伏大。阿根廷在 1963 年至 2008 年的 45 年间，有 16 年人均国内生产总值负增长，导致 45 年人均国内生产总值年均增长率仅为 1.4%。1963 年，阿根廷人均国内生产总值为 842 美元，已达到当时的中高收入国家水平，但到 45 年后的 2008 年，其人均国内生产总值仅增长到 8236 美元，仍为中高收入国家水平。其次，科技引擎能力弱。从研发费用支出占国内生产总值的比重来看，2003 年阿根廷为 0.41%，在世界各国排名 40 位以后；从研发人才的数量来看，2006 年阿根廷平均每千人中的研发人员只有 1.1 人；从劳动力素质来看，2007 年阿根廷劳动力中具有大学以上教育程度的比重为 29.5%，优势不明显。再次，贫富分化严重，社会矛盾突出。从基尼系数上看，阿根廷在 20 世纪 80 年代中期基尼系数就为 0.45 左右，到 20 世纪 90 年代末接近为 0.50，2007 年达到 0.51。从 10% 最高收入阶层和 10% 最低收入阶层的收入比来

看，2019 年，收入排在前 10% 的人群占有的收入份额约为排在后 10% 的人群的 18 倍。① 分配不公问题不仅体现在财产性收入中，而且也体现在工资档次上。再加上城市基础设施和公共服务设施建设滞后，治安恶化，社会矛盾越发突出。最后，政府管理不得法。阿根廷宏观经济长期不稳定，金融市场混乱，汇率大起大落，通货膨胀居高不下，财政逆差司空见惯，供给侧问题成堆，宏观管理法律手段、经济手段软弱，"头痛医头，脚痛医脚"，因此，造成了经济失调、社会失衡的普遍现象。

可以说，"华盛顿共识"——主张政府的角色最小化、快速私有化、金融自由化等，是一种失败的战略，其"休克疗法"是一种政策失败。

（1）现代市场体系或现代金融体系是市场充分竞争、法制监督有序、社会信用健全的市场。"华盛顿共识"只侧重各国市场或金融体系的基本功能，即市场要素体系和市场组织体系的竞争与提升，却忽略了各国市场或金融体系的基本秩序，即市场法制体系和市场监管体系的健全，以及市场环境基础包括社会信用体系和市场基础设施的发展与完善问题。因此，"华盛顿共识"中的市场经济是自由市场经济而非系统功能健全的现代市场经济和现代金融体系。

（2）各国政府应是遵守市场或金融体系规则、维护市场或金融体系秩序、参与市场或金融体系管理的政府。"华盛顿共识"只承认各国政府对社会公共产品的提供和保障，而完全忽视了各国政府对产业资源、企业竞争除了有放任自由或金融自由化的一面外，还有调节、监督和管理的一面。因此，"华盛顿共识"中的"放松政府管制""快速私有化""金融自由化"，实质上是一种"无政府主义"，它与现代市场经济和现代金融体系结构发展的客观要求相比，其理论表现得较为贫乏。

（3）各国现实经济或金融的增长，除了要完善现代市场体系和现代金融体系外，当前重中之重是要加强政府能力建设、市场和金融体系建设与制度安排，以及经济与金融发展模式转换，而这在"华盛顿共识"中是空白的。各国政府能力建设既包括遵循市场经济和金融发展规则，又包括驾驭市场经济和金融发展，参与市场经济和金融发展的调节、监督和管理。各国制度环境建设既包括健全市场和金融体系的立法、执法、司法和市场金融法制教育等系列，又包括按照市场经济和现代金融体系要求，构建市

---

① 数据来源于 Wind 数据库所整理的世界银行数据库数据。

场和金融的监管主体、监督内容、监管方式，实施对市场金融机构、业务、政策法规执行等情况的监管。各国经济、金融发展模式转换则应实质性地从亚当·斯密（Adam Smith）的"市场看不见的手"到约翰·梅纳德·凯恩斯的政府干预，转换到现代市场经济和现代金融结构体系上来，即将现代市场体系或现代金融体系建设与各国政府的调节、监督、管理结合起来。"放松政府管制""快速私有化""金融自由化"虽然能够在一定时间内带来投资效应、就业效应和发展效应，但其最终却将引起经济被动、通货膨胀、金融风险、国家不稳定和难以可持续发展的情况。这种"危机导向""补丁升级""休克疗法"的形式，不值得提倡。

第二节 "金融压抑"地方不活

国家金融体系的建设，应做到如下三个方面：一是金融体系基本功能的健全（包括金融市场体系和金融组织体系），二是金融体系基本秩序的健全（包括金融法制体系和金融监管体系），三是金融环境基础的健全（包括金融环境体系和金融基础设施）。现代金融体系六个子系统整体发挥作用，体现在生产充分竞争、市场公平、营商有序三者合一之中。真正发展国家金融体系的标准有三个：一是市场充分竞争，二是法制监管有序，三是社会信用体系健全。

现实中，真正发展国家金融体系的建设至少需要具备三个条件：一是与时俱进，主要指政府急需"跑赢"新科技。日新月异的科技发展衍生出新资源、新工具、新产业、新业态，将对原有的政府管理系统产生冲击。新科技带来生产生活的新需求和高效率，同时也带来政府治理应接不暇的新问题。因此，政府要在经济增长、城市建设、社会民生三大职能中，或者说在非经营性资源、可经营性资源、准经营性政策、资源的调配中有所作为，其理念、措施均应与时俱进。二是全方位竞争，即政府运用理念、组织、制度和技术创新等方式，在社会民生事业（优化公共物品配置，有效提升经济发展环境）、经济增长（引领、扶持、调节、监管市场主体，有效提升生产效率）和城市建设发展（遵循市场规则，参与项目建设）中，全方位、系统性地参与全过程、全要素竞争。所谓方位竞争，是以企业竞争为基础，不仅局限于传统概念的商品生产竞争，而且涵盖了实现一

192

第五章 国家金融体系层级互动

国社会经济全面、可持续发展的目标规划、政策措施和最终成果的全过程。三是政务公开，包括决策、执行、管理、服务、结果和重点事项（领域）信息公开等。政务公开透明能够保障社会各方的知情权、参与权、表达权和监督权，在经济增长、城市建设、社会民生等重要领域提升资源的调配效果。透明、法治、创新、服务和廉洁型的强式有为政府，将有利于激发市场活力和社会创造力，造福于各国，造福于人类。

政府和市场的关系，堪称经济学上的"哥德巴赫猜想"。而有为政府和有效市场的有机结合所造就的经济增长、城市建设、社会民生方面的巨大成效，已被海内外成功案例所证实。这里仅举三例说明。

第一例是作为"中国梦"缩影的珠三角的腾飞。正如俄罗斯记者佩佩·埃斯科巴尔报道的那样，1979 年的深圳，只是香港北面一个贫瘠的渔村。20 世纪 90 年代初，珠江三角洲才起步向中国最大的劳动密集型制造业中心发展。而如今，以广州、深圳、佛山、东莞为轴心的珠三角，在加速向价值链高端产业发展、打造一流的国家制造业创新中心和国家科技产业创新中心的同时，更在城市化策略中构建一流的国际大都市簇群。珠三角对创新的着迷和对城市化的推动，正催生和引领中国走向一个新的社会经济模式。中国的珠三角用短短 20 年的时间便完成了西方花费 200 年做到的事情。而改写珠三角经济发展、城市建设、社会民生事业格局的推手正是"市场 + 政府"——一个创新型市场经济思路的价值重构。珠三角不断探索政府与市场的协同之道，不断取得经济增长、城市建设、社会民生事业的新突破。

第二例是推动社会全面进步的"新加坡共识"。1960 年，中国香港地区人均本地生产总值、新加坡的人均国内生产总值分别为 405 美元、428 美元；到 1980 年，分别为 5700 美元、4927 美元；而到 2013 年，分别为 38358 美元、56389 美元，新加坡已遥遥领先中国香港。在这期间，新加坡成功实现了五次经济转型——20 世纪 60 年代建立劳动密集型产业、70 年代打造资源密集型产业、80 年代转向资本密集型产业、90 年代致力于科技密集型产业、21 世纪主攻知识密集型产业，其背后推手主要都是政府。政府与市场的结合，经济发展政策与社会发展政策的结合，有效地达成了效率与公平、发展与稳定的统一，促进了经济增长、城市提升和社会全面进步。为世人称道的"新加坡共识"正是"有为政府 + 有效市场"战略的成果，引领着国家全面、可持续地发展。

193

国家金融体系定位

第三例是粤港澳大湾区所建立的世界级城市群。说到大湾区，人们自然想起东京湾区、旧金山湾区和纽约湾区。这三个连接海岸线的湾区，都是各自国家的经济、文化核心城市群区域。东京湾区聚集了丰田、索尼、三菱等世界500强企业的总部；旧金山湾区聚集了苹果、谷歌、Facebook等互联网巨头；纽约湾区则聚集了一大批金融机构，成为全球金融的心脏地带。粤港澳大湾区则是指构成珠三角经济区的九个城市，包括广州、深圳、珠海、东莞、惠州、中山、佛山、肇庆和江门，以及香港和澳门两个特别行政区，粤港澳大湾区城市群建设将对标东京和纽约城市群，并超越东京、纽约城市群。2016年，粤港澳大湾区经济总量约1.38万亿美元，与世界经济体排名第11名的韩国相当；港口集装箱吞吐量达6520万标箱，超过东京、纽约、旧金山三大湾区之和；机场旅客吞吐量达1.86亿人次，居各湾区之首。2016年，粤港澳大湾区对外进出口总值达17966.7亿美元；获外商直接投资总额1029.1亿美元，占全球外商直接投资流入量的5.9%。2017年，中国《政府工作报告》强调推进粤港澳大湾区建设，使其朝国际一流湾区和世界级城市群迈进。具体举措有六点。

第一，推进基础设施互联互通，建设世界级城市群，既加快湾区港口、机场、快速交通网络协同发展，又积极实施进出口岸基础设施建设。

第二，加快物流航运发展，建立世界级航运群。这包括加快建设自由贸易港，大力发展联运物流体系，提升湾区航运服务功能，等等。

第三，促进科技创新、资源共享，打造国际科技创新中心。除了加强湾区科技基础设施建设、建立科技转移转化机制、鼓励青年创新创业、推动科技金融发展之外，还要大力发展科技服务外包、开展知识产权保护协作。

第四，推动制造业一体化发展，建设"中国制造2025"示范区。它将推动制造业产业链协同发展、加强工业信息化建设、促进国际产能合作、鼓励装备制造业走向国际市场。

第五，提升金融业创新发展，建立国际枢纽。这包括培育壮大航运金融、积极创新科技金融、推动产融结合、加快金融平台建设、促进离岸金融与在岸金融对接。

第六，强化湾区一体化水平，打造宜居、宜业、宜游的优质生活圈。粤港澳大湾区的成功崛起，打造了一种新的发展格局，成为区域经济新引擎，而这一切都归功于"有为政府+有效市场"的双重作用，正是由于这

194

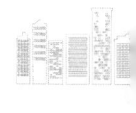

第五章　国家金融体系层级互动

样的战略规划，粤港澳大湾区才能取得实质性的发展成效。

一、金融发展是地方经济转型的路径之一

当前，世界各国多数处于经济转轨、社会转型的发展阶段，或探索跨越"中等收入陷阱"的关键阶段，运用金融手段促进产业转型升级，成为各国地方探讨的主要路径之一。以 2010 年前后陈云贤博士在广东省佛山市任市委书记的经历为例——佛山运用金融举措，促产业转型升级呈现五种发展路径。[①]

佛山市面积 3800 平方千米、常住人口 599.68 万人，2009 年地区生产总值将近 5000 亿元人民币，居中国大中城市排名第 11 位，人均地区生产总值超 1.1 万美元，产业发展进入工业化后期和后工业化初期，在呈现工业化转型、城市化加速、国际化提升的新形势下，佛山市如何加快转变经济发展方向显得十分迫切。结合实际，深入调研，先行先试，佛山运用金融手段，为促进产业转型升级探索了五种路径。

第一，实施"双转移"[②]"腾笼换鸟"的路径。佛山积极实施"双转移"战略，运用银行贷款、地方贴息、金融担保等手段，实施"三个一批"，引领产业加快转型升级。一是关转一批。即加快淘汰落后产能，关停整治了污染大、能耗高的陶瓷、水泥、漂染、小铝型材熔铸、玻璃等行业的累计 1200 多家企业，其中直接关停高能耗、高污染企业 649 家。同时，引导劳动密集型企业向后发地区转移。近年来，佛山市约有 460 个项目转移到山区市的产业园区，既为佛山市产业转型升级腾出了发展空间，又为转入地经济发展注入了动力。二是提升一批。即通过信息化与工业化相融合，服务业与制造业相配套，推动传统产业向重型化、高新化、高端化转型。以陶瓷产业为例，2007 年全市有 400 多家生产企业，经过 3 年改造提升，保留的 50 家企业全部实现清洁生产和生产工艺再造，从生产基地变为总部、会展、研发、物流和信息基地。这期间，佛山市陶瓷产量减少 40%，但产值、税收却增长 33%，能耗下降 25%，二氧化硫排放量减少 20%。三是培植一批。即通过招商选资，主攻光电产业、新材料和现代服务业，培育新医药、环保、电动汽车产业，促进了液晶显示、新能源光

---

①　以下内容参见陈云贤博士于 2010 年 9 月撰写的《佛山经济转型五种路径》一文。

②　"双转移"是指产业转移和劳动力转移。

195

源、太阳能、光伏等一批新兴产业的迅速形成，从而有效降低了传统产业的比重，佛山市也成为国家新型工业化产业示范基地和国家级光电产业示范基地。同时，借助"三旧"（旧城镇、旧厂房、旧村居）改造，发展新城市、新产业、新社区，既提高了土地利用效率，又促进了产业转型、城市转型和环境再造。

第二，引进大项目、促进产业升级的路径。佛山市在推进产业转型升级过程中，注重招商引资，运用金融投资、私募股权投资（PE）、风险投资（VC）等，重点瞄准战略性新兴产业、先进制造业、现代服务业的龙头项目，通过国际水平龙头大项目的投资和引进，迅速培育新的产业集群，抢占产业发展战略制高点。如通过引进奇美平板显示模组项目（TFT－LCD），吸引芯片、面板、模具、塑料等上游配套厂商以及下游的电视整机厂商前来投资，形成液晶平板显示器完整产业链，带动佛山市家电产业升级；通过引进彩虹OLCD项目，带动第三代显示屏产业发展；通过引进一汽大众项目，带动整个汽车配件制造业、产业集群和产业链条发展。

截至2010年，佛山市通过引进世界500强企业47家、投资项目87个，国内500强企业99家、投资项目167个，形成了一批在国内同行业当中可以实行技术、标准和品牌引领的龙头骨干企业，有效提升了佛山市的产业结构和水平。

第三，实施科技进步、自主创新的路径。2010年佛山市有工商登记注册企业34.7万多家，其中工业企业超过10万家，但亿元产值以上的企业只有2200多家，亿元产值以下的中小企业占了全市企业数量的98%以上。鉴于佛山市产业结构的这种状况，佛山市运用金融和科技、产业融合创新发展的服务，确立了夯实基础、创造品牌、注册专利、制定标准、品牌输出的引领和激励政策，鼓励和支持企业以自身产品标准打造行业标准、国家标准乃至国际标准，形成自己的核心技术，用自身的品牌专利标准，让他人为佛山企业做贴牌生产。

近年来，佛山市每年拿出10亿元资金，直接奖励和投入引导企业加强科技进步、自主创新，2008年带动企业投入超过220亿元，增长47%；2009年在国际金融危机的影响下，仍然带动企业投资超过308亿元，增长39%。从而通过运营金融手段结合科技进步、自主创新引领了产业转型升级，使佛山市成为"创新型国家十强市""中国品牌经济城市"和"中国

品牌之都"，成为广东省地级市中唯一的国家驰名商标和著名品牌示范城市，累计专利申请量达到 13 万件，专利授权量 8.6 万件，均居中国地级市第一，拥有中国驰名商标 42 个、中国名牌产品 65 个，居中国大中城市排名第 4 位。

第四，利用金融措施建设产业高低的路径。佛山市借助资本力量和金融手段，让企业真正与资本市场有效结合，做大做强。对内，佛山市实施了金融发展三项计划：一是通过实施企业上市"463"计划①，使佛山的上市企业从 2007 年的 13 家增加到 26 家，并形成了一个由 102 家企业组成的上市梯队。同时，支持企业并购也为转型成功找到了好的途径和新的平台。二是通过培育股权投资基金、中小企业担保基金、人才基金等，推动实业与金融的有效对接。截至 2010 年，佛山市共有各类基金 15 只，股权投资基金规模约 12 亿元，其中地方政府投入引导资金 1.26 亿元，带动民间资本约 11 亿元，加快了企业在中小板、创业板的上市步伐。准备申报的企业有 45 家，辅导改制或拟改制的企业有 30 多家。三是通过实施金融创新，包括发展村镇银行、小额贷款公司等，为产业转型发展提供金融支撑。对外，借助联合国工业发展组织把佛山市确定为中国唯一的产业集群与资本市场有效运作示范城市的契机，积极引入外来银行进驻佛山市金融高新技术服务区。截至 2010 年，已有 28 个项目签约进驻，总投资 65.79 亿元。仅 2009 年 10 月份开始实施 CEPA 补充协议六②以来，就有 4 家港资银行进驻佛山市，从而有力地促进了资本市场与企业转型升级的紧密结合，帮助企业建立起与国家接轨的管理机制，促进民营企业建立现代企业制度，推动民营企业实现转型发展并形成新的活力，民营经济对全市经济增长的贡献率达到 61.8%。

第五，实施"四化融合，智慧佛山"的路径。佛山市紧跟全球信息技术革命和智慧城市的浪潮，通过实施金融奖励、金融贴息、金融担保、金融投资、金融服务等方式，推动"四化融合，智慧佛山"作为引领佛山未

---

①　"463"计划指从 2008 年开始，4 年内至少推动佛山 100 家企业实施股份制改造或正式启动上市程序，其中，60 家企业在境内外成功上市，融资总额力争达到 300 亿元。

②　CEPA 补充协议六指已于 2009 年 5 月 9 日出台，并于当年 10 月 1 日正式启动旨在进一步提高中国内地与香港地区经贸交流与合作水平的协议。根据协议，中国内地同意推出 29 项市场开放措施，其中有 1/3 的具体措施在广东省"先试先行"，涵盖法律、会展、公用事业、电信、银行、证券、海运及铁路运输等多个方面。

来发展的理念，贯穿"十二五"时期转变经济发展方式的战略突破口。一是促进信息化与工业化融合，大力培育与信息化相关联的光电显示、射频识别（RFID）、物联网、工业设计、服务外包等新兴产业，改造提升传统产业。如顺德龙江有家具企业1700多家，但产值超亿元的企业才几家，而维尚集团采用三维技术，提供个性化订制，改变传统家具企业"以货待购"的销售模式，变卖方市场为买方市场，仅两三年时间销售规模就超过3亿元。又如美的集团用物联网技术将家用电器改造提升为智能家电，以取代传统家电，也将带来家电产业的新革命。二是促进信息化与城镇化融合，积极探索推进电信网、电视网、互联网三网融合，发展智能交通、智能治安、智能城管、智能教育、智能医疗、智能文化、智能商务、智能政务等智能服务和管理体系，促进城市从管理到服务、从治理到运营、从局部应用到一体化服务的三大跨越，使佛山市成为宜居、宜商、宜发展的智慧家园。三是促进信息化与国家化融合，在微观层面引导企业以物联网、互联网和射频识别等信息技术为依托，建立国家化的研发、生产、销售和服务体系，提高开拓国际市场的能力。如依托物联网把佛山打造成为陶瓷、家电国际采购中心。在宏观层面提高建设跨部门、跨行业、跨地区的"电子口岸"大通关信息平台，为企业提供电子支付、物流配送、电子报关、电子报检等"一站式"通关服务，为企业进入国际市场铺就"高速公路"。

2010年上半年，佛山市地区生产总值达2651亿元，增速13.8%，且先进制造业、高科技新兴产业和现代服务业比重不断提高，呈现出现代产业体系的优良结构和发展趋势。我们认为，有效运用金融手段，探寻金融发展并促进地方经济发展方式转型，其有力地促进了佛山市的科学可持续发展。

二、地方经济开展财政金融等八类竞争

世界各国探寻跨越"中低收入陷阱"，地方经济实施产业转轨、经济转型，并开展以下八个方面的地方经济金融发展竞争或者说是竞赛。

（一）项目竞争

项目竞争主要有三类：一是各国的重大项目，包括国家重大专项、国家科技计划重大项目、国家重大科技基础设施建设项目、国家财政资助重

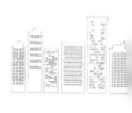

大项目和产业化项目；二是社会投资项目，如高技术产业、新兴产业、装备制造业、原材料、金融、物流等服务业；三是外资引进项目，如智能制造、云计算与大数据、物联网、智能城市建设等。地方经济对项目竞争，一则可以从项目中直接引进资金、人才和产业；二则可以凭借项目政策的合法性、公共服务的合理性来有效地解决地方筹资、融资和征地等问题；三则通过项目落地，引导地方土地开发、城市设施建设，扩大招商引资，带动产业发展，优化资源配置，提升政策能力，促进地方经济社会可持续发展。因此，项目竞争成为地方经济的竞争重点、发展导向。项目意识、发展意识、效率意识、优势意识、条件意识、政策意识和风险意识，形成地方经济竞争市场化的必备要求。

（二）产业链配套竞争

一般来说，世界各国都有自己的产业基础、产业特色，但它们多数取决于地域内的自然资源禀赋。如何保持和优化地域内部禀赋资源，汇聚或获取地域外部高端资源？产业结构优化、产业链有效配置是其关键，向高端产业发展、形成产业集聚、引领产业集群是其突破点。地方经济的产业链配套竞争主要从两个方面展开：一是在生产要素方面。低端或初级生产要素无法形成稳定持久的竞争力，只有引进、投资、发展高端或高级生产要素，比如工业技术、现代信息技术、网络资源、交通设施、专业人才和研发智库等，才能建立起强大且具有竞争优势的产业。二是在产业集群、产业配套方面。地域竞争力告诉我们，以辖区内现有产业基础为主导的产业有效配套，能减少企业交易成本，提高企业盈利水平；产业"微笑曲线"告诉我们，价值最丰厚的地方集中在产业价值链的两端——研发和市场；培植优秀产业，配套完整产业链条，按照产业结构"有的放矢"地招商引资，是世界各国和各地区可持续发展的重要路径。

（三）人才、科技竞争

世界各国最根本的理念是要确立人才资源是第一资源、科学技术是第一生产力的理念；世界各国最基础的投入是要完善本土人才培养体系，加大本土人才培养投入和科技创新的投入；世界各国推出最关键的措施是创造条件吸引人才、引进人才、培养人才、应用人才。科技人才竞争力通过各地域科技人才资源指数、每万人中从事科技活动人数、每万人中科学家和工程师人数、每万人中科技活动人员数、每万人中普通高校在校学生数、每万人年科技人才投入指数、科技活动经营支出总额、科技经费支出占国内生产总值 GDP 比重、人均财政性教育经费支出、地方财政教育支出总额、高校专职教师数等指标来衡量，各国（地区）都在努力改善和通过相关指标以提高本土的总体人才科技竞争力。

（四）财政、金融竞争

世界各国地方经济的竞争包括财政收入竞争和财政支出竞争。财政收入主要通过追求经济增长、提高税收来实现；财政支出除了各类社会消费性支出和转移性支出外，其竞争最主要的是通过地方经济投资（包括基础设施投资、科技研发投资、向急需发展的产业政策性资金投资等）、财政投资性支出并带动社会性投资来表现。财政投资性支出带动社会投资增长、推动经济增长是世界各地经济发展的重要驱动力。各地方经济积极搭建各类投融资平台，最大限度地动员和吸引区域、国内乃至世界各类金融机构、资金、人才、信息等金融资源，为地方经济发展、城市建设、社会民生服务。地方政府实施的包括金融在内的各种优惠政策，使各地在财政收支、吸纳社会投资等方面也展开竞争。

（五）基础设施竞争

包括世界各国地方经济发展的城市基础设施硬件和城市基础设施软件条件的竞争。城市基础设施硬件包括高速公路、港口、航空等交通，电力、天然气等能源，光缆、网络等信息化平台，以及科技园区、工业园区、创业创意产业园区等；城市基础设施软件包括大数据、云计算、物联网等智能城市建设平台。世界各国城市基础设施体系支撑该地方经济社会发展，具有超前型、适应型和滞后型三种类型。地方城市基础设施供给适度超前，能在市场竞争过程中提供城市结构、设施规模、空间布局的优质服务，从而减少企业成本，提高生产效益，促进产业发展。世界各国城市基础设施完善与否将直接影响到该地方经济的差异和未来。

（六）环境体系竞争

除城市基础设施外，这里所说的环境主要是指世界各国经济发展的生态环境、人文环境、政策环境和社会信用体系等的建设。一国地方经济投资发展与生态保护相和谐，投资吸引与政策服务相配套，财富追逐与回报社会相契合，法制监督与社会信用相支撑等，这些又成为各国地方经济竞争必需、必备的发展环境。良好的环境体系建设，成为世界各国地方招商

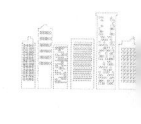

引资、项目建设、持续发展的成功秘诀，这已被世界各国其他地域的成功经验所证明。

（七）政策体系竞争

它分为两个层次：一是世界各国地方经济对外的政策体系；二是世界各国地方经济对内出台的政策体系。在国与国之间，由于政策本身是公共产品，具有非排他性和效仿性的特点，因此，竞争性好的政策体系一定具有以下特征：①求实性，符合实际，符合经济、社会发展要求的；②先进性，能有预见的、超前的、政策创新的；③操作性，政策是清晰的、有针对性和可实施的；④组织性，有专门机构、专门人员去负责和执行的；⑤效果性，有检查、监督、考核、评价机制，包括发挥第三方执行作用的，从而有效地去实现其政策目标。世界各国政策体系完善与否，对地方经济竞争也影响极大。

（八）管理效率竞争

世界各国地方经济的管理效率是其行政管理活动、行政管理速度、行政管理质量、行政管理效能的总体反映。它包括宏观效率、微观效率、组织效率、个人效率四类主体。就其行政的合规性而言，世界各国地方经济主体应遵循合法性标准、利益标准和质量标准；就其行政的效率性而言，各国地方经济主体应符合数量标准、时间标准、速度标准和预算标准。管理效率竞争本质上就是组织制度的竞争、主体责任的竞争、服务意识的竞争、工作技能的竞争和技术平台的竞争。世界各国发达地域运用"并联式""一体化"的服务模式，在实践中已开创了管理效率竞争之先河。

三、地方经济发展需要金融支撑

世界各国，不管是产业转型升级还是地方经济竞争，充满活力的地方经济发展都需寻求金融支撑；地方金融发展又反过来促进和推动地方经济的发展。

一方面，金融支持地方经济发展：①地方金融发展对服务地方经济的作用越来越大。如前述涉及的佛山市，其地方金融机构在服务"三农"和支持中小微企业方面的信贷投放量已经占到90%以上。②地方金融发展在各国整个金融系统中占比越来越大，比如中国的区域性股份制商业银行、城商银行、农商银行及其他金融机构等地方金融，在中国银行业金融资产

201

中占比达到了57%。③地方金融发展成长性好、发展速度快、市场化程度高。例如，在2013年，中国地方金融机构的增长速度普遍比全国性大型银行快，它们往往更贴近市场、机制灵活、竞争意识强。地方金融发展为支持创业和促进民生提供了多样化、差异化服务，比如广东的南粤银行推出的小额信用贷款、小企业银团贷款、小企业融资租赁等业务，有效地帮助了个人创业和小微企业融资。

另一方面，地方金融发展促进和推动经济发展：①大量民资寻求金融投资。世界各国地方经济的民间资本已经越来越多地期望投资到金融领域，例如，设立地方经济的民营银行、小额贷款公司、融资担保公司、典当行、资金互助社、货币经纪公司等。②实体企业寻求金融配置。世界各国实体企业已经通过各类与实体经济密切相关的金融机构，正在寻求设立财务公司、融资租赁公司、汽车金融公司等，以促进资金有效配置，提升企业经营水平。③地方经济发展需要金融支撑。世界各国的地方经济，也在通过金融机构和金融市场，提高资源配置效率，促进地方经济可持续发展。如各种地方性的城市银行、农村银行、村镇银行、农村信用社、小微保险公司、信托投资公司、信用评级机构、产业投资基金、股权投资基金等金融机构，正在为促进世界各国地方经济发展发挥着重要作用。④新经济发展寻求新金融业态。以中国、美国为主体的互联网等新经济突破了惯有模式，形成了强劲的创新性和冲击力，与金融结合，不断催生出一些新金融业态，比如互联网P2P借贷平台及持牌运营中心、第三方支付机构、网络支付及理财等。它们从不同的角度促进和推动着地方经济发展。

可见，世界各国地方金融发展的动力源自世界各国地方经济的发展，同时又要求世界各国地方经济剔除"金融压抑"，促进和推动地方金融的发展。

四、"金融压抑"，地方乏力

世界各国地方经济与地方金融的发展互动，源自地方，源自社会。如果各国地方经济发展缺乏相应的金融职能和发展手段，将会导致地方金融服务有效供给不足，不能充分满足实体经济多层次发展的需要。特别是小微金融、农村金融、民生金融等领域，各国国家金融监管部门难以因地制宜、贴近市场、适应各国地方经济差异化的发展实际和不同层次的金融需求。地方经济和地方金融应能互相促进，有效发展。

第五章　国家金融体系层级互动

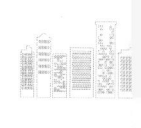

　　然而，一国金融体系市场的活力和竞争力，或各国地方经济发展的金融职能和金融发展手段，在很大程度上取决于该国的金融监管制度。不同的金融监管制度决定着不同的金融资源配置水平。各国完善的金融监管制度，一方面要处理好政府和市场的关系，使市场在资源配置中起决定性作用和更好地发挥政府作用；另一方面要处理好国家和地方的关系，界定国家和地方的金融监管职责和风险处置责任。过度管制、"金融压抑"将会造成金融机构单一、金融资产单一、金融环境恶劣、金融基础设施落后、金融效率低下，从而抑制创新、抑制地方经济发展。

　　应科学地界定一国国家与地方金融事权问题，建立分层次监管、激励相容的金融监管体制。

　　（1）世界各国应鼓励创新，有序竞争，建立创新包容型金融监管制度，更多地调动市场主体的创新活力和地方经济的主动性。当前，美英等金融强国更多实行创新包容型金融监管，实行"非禁即入"原则和"负面清单"制。其他各国中，一些国家的金融监管总体属于创新管制型，原因是其还处于金融发展早期，市场主体和地方经济还不具备风险管理能力，一些国家的市场经济和治理能力日益成熟，但因其管制过严导致金融创新不足，不利于经济转型和提升金融竞争力。一方面，它客观上压制了正常的金融创新，难以提升服务实体经济的效率，金融严重滞后于实体经济发展；另一方面，又出现了金融创新"走偏门"，金融理财、同业市场乱象频生，套利严重，严重扰乱了金融市场的健康发展。一些国家，金融创新主要源自地方，如消费金融公司、科技银行、社区银行、网络金融等，地方经济促进金融创新的主动性、敏锐性和紧迫感更强。因此，世界各国亟待推进金融监管从创新管制型向创新包容型转变，既要还权于市场，激发市场主体的创新活力；又要放权于地方，调动地方经济金融发展的主动性。世界各国对地方金融发展进行差异化监管，既有利于促进金融创新实践，又有利于防范国家系统性金融风险。

　　（2）世界各国应落实维护地方金融防范风险、维护稳定的重要责任，同时赋予地方经济相匹配的金融监管和金融处置权限。各国地方金融发展容易产生风险隐患，以及形形色色的新情况和新问题，尤其是地方性的小微金融企业、准金融机构、网络金融等不断涌现，各国地方应运用相应的金融监管处置权，予以规范、监管和处置，以解决监管盲区等事宜。金融压抑、管制过严将会导致国家和地方金融监管权限不清、监管缺失、创新

203

不足、效率不高，并可能造成金融资源配置的"马太效应"，即落后地区、农村基层、小微经济获得金融资源的支持日益不足。从世界各国来看，金融危机倒逼各国完善其金融监管体制，总体趋势是监管范围不断扩大、监管模式日益趋同，分层级监管逐渐成为较常见的监管模式。因此，世界各国统筹和调动国家与地方的积极性，平衡金融创新和金融稳定两个基本点，科学划分、界定、扩大地方金融事权，建立适应实体经济和现代金融体系发展需要的分层级监管、激励相容的金融监管体制，有助于更好地解决当前世界各国金融发展中的矛盾，促进地方金融发展和金融稳定，完善发展有序、监管有责的现代金融体系。

第三节　把国家金融建立在金融稳定磐石上

当今世界各国经济发展中出现的各种理论与实践问题，不是市场或市场经济的问题，而是缺少现代金融理论、现代金融体系还不够完善的问题，现实的发展需要一种新的经济学体系。本书前文分析了包括金融市场体系、金融组织体系、金融法制体系、金融监管体系、金融环境体系、金融基础设施等六个要素。六个要素功能的充分实现，能够形成完整的现代金融体系。然而，产业经济主体或资源生成领域的投资开发主体由于受利益驱动，容易制造与市场规则相违背的人为性障碍，从而妨碍市场的公开、公平、公正。因此，现代金融体系的各个领域都需遵循现代金融体系的六个方面的规则，在商品、要素、项目市场中，让价格、供求、竞争等机制发挥作用，让竞争主体在这六大功能中服从市场规则，遵循市场配置资源原则，实现市场的公开、公平、公正。因此，我们只有弄清楚市场失灵的类型，才能对症下药、有的放矢、有效应对，才能真正发挥市场配置资源的作用，同时更好地发挥政府作用。

综上所述，当今美国主导国际货币体系和金融事务，靠军事、信息技术、金融业发展，而军事、信息技术背后的支撑是靠现代金融体系的强大。

反观中国，第三产业国内生产总值比重在 2015 年后才达到 50%，2020 年为 54.5%，距世界各国平均水平的 55%～60%、距先进发达国家（地区）的 70% 以上，还有一定增长空间。现代金融体系的发展必在其中

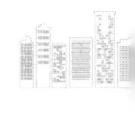

第五章　国家金融体系层级互动

扮演重要的角色。中国改革开放以来，1983 年确定中国人民银行作为中央银行并行使职能，1995 年颁布《中华人民共和国商业银行法》，该法确定中国金融监管体系实施分业经营、分业管理，2003 年完成银行、证券、保险业务分业监督组织模式。如今，跨国域金融发展急迫，促增长金融事务繁多，助转型金融任务艰巨，在其时间之短、变化之大、发展之快的情况下，国家金融顶层布局重任已迫在眉睫。

再看世界上，第三次工业革命呈现个性化、分散化、智能化的特征，服务业被认为是主要的经济新增长点。而现代金融业与科技业的融合创新发展将成为其核心。因此，各国应考虑建立国家金融顶层布局机构，以有效应对一国国内及国际金融重大事务，形成国家金融顶层设计、金融重大事务调剂、金融重大事项决策和金融系统性风险防范的领导、议事、协调机构，促进一国金融业健康稳定的可持续发展。

国家金融顶层设计布局的机构，属国家制定重大金融政策和重要金融举措的咨询议事决策机构，其在国内外金融宏观调控、金融政策制定和金融突发事件应对中发挥重要作用。在我国，其机构成员主要由国家分管财政、金融的领导和财政部、中国人民银行、银监会、证监会、保监会，银行、证券、保险金融机构的金融专家，以及北京、上海、广东（即一国主要金融区域）分管金融的负责人约 15 人组成；国家分管财政、金融的领导是主要主席人选。机构设立秘书处作为常设处事办公室。机构的工作职责是在综合分析国内外宏观金融形势的基础上，依据国家宏观金融设计和调控目标，讨论重大的金融政策制定和调整以及与之相连的金融政策的目标、工具和举措的形成，从而成为国家金融顶层布局、重大金融事务调剂、重大金融事项决策与重大金融风险防范的领导、议事、协调和决策机构，直接向国家负责。机构的工作程序是：可实行例会制度，在每季度的第一个月召开例会；或者由主席或 1/3 以上成员联名提议召开临时会议。会议由主席主持，主席因故不能履行职务时，由副主席代为主持。成员提出的议案，经出席会议的 2/3 以上成员表决通过，形成建议书。报请国家批准有关金融政策重要事项的决定方案时，应将建议书或者会议纪要作为附件，一并报送备案。金融政策与措施一旦报经国家批准，该机构则立即领导、组织、协调、督促相关金融组织予以实施。

美国量化宽松货币政策直接影响各国庞大的美元储备和贸易出口状况，从而直接影响着各国经济的稳定与可持续增长。各国不仅需要调整与改善一国的外汇储备结构，更需要在推动一国本币国际化的进程中，抓紧确立本币作为国际主要结算币种之一的地位发挥其作用，从而赢得国际金融事务的话语权和主动权。

在美国金融危机和混业经营监管的嘈杂声中，关于各国是否继续坚持分业经营、分业管理的金融政策与道路问题，我们认为，应根据自身的客观实际做出选择。一些国家，应在今后的一段时间内，继续实施分业经营、分业管理的监管政策。从时间上看，一些国家完成分业经营、分业管理体系时间尚短，尚待总结、提高与完善；从业务上说，商业银行有《巴塞尔协议》提出的资产负债比率以及资本充足率作为参照实施监管，而证券业、保险业及其衍生品种尚欠监管标准，需要在实践中进一步探讨与形成；从防范金融风险的角度来看，成长中的各国金融市场需要更有效的金融"防火墙"。因此，对已存在的金融混业集团，应从制度到技术监管其内部，实施分业经营、分业管理的措施；对新产生的金融业务，应迅速界定其性质，有效地归属到分业经营、分业管理的发展与监管框架上。各国金融发展的路径应该是规划下促竞争，稳定中求发展。

关于各国中央银行是否应该扩大、提升与完善其职能的问题，我们认为，各国央行不仅要履行货币供应、流动性调剂、外汇事务等专项职能，还应扩充其对银行、证券、保险市场的一定调剂与监管职能，如将证券、保险投资基金纳入货币发行、调剂的基础因素考虑，运用货币市场基金有效调剂证券、保险市场，对证券、保险投资信用比例列入货币政策工具之一加以运用，等等；也包括对各国金融机构海外业务的延伸调节与监管，借此提升各国央行在现代金融体系发展中的主导、核心地位。

关于各国央行是否应该迅速建立相关的辅助金融监管机构，以全面完善金融监管体系的问题，可成立各国储蓄保险公司，像美国的联邦存款保险公司一样为投资者与消费者保护权益。例如，成立各国央行掌控的货币市场共同基金，有效调节银行、证券、保险投资市场的稳定发展等。

关于各国是否应该更加注重金融法制建设与组织完善，构建市场化的金融风险承担和损失弥补机制的问题，其关注点包括：各国央行和金融监管部门在进行货币政策、金融稳定和金融监管中发挥的作用；构建包括差别准备金、逆周期资本要求、前瞻性拨备要求等在内的逆周期金融宏观审慎管理制度；制定更加严格的包括对额外资本要求、流动性要求、大额风险暴露的监管标准，加强对系统性重要金融机构的监管；等等。除此之外，包括是否还要建立健全的组织形式和长效机制。例如，上述涉及的除财政部和央行以外，建立类似于美国联邦存款保险公司那样的公司。这个公司将对金融机构实施有效的监督，并对系统性重要的金融机构开展有序的清算职责，其科学设计的存款保险制度，会成为政府应对金融危机的综合处置平台，以维护公众信心，促使金融体系总体保持稳定。另外，应用市场化处置方式也是降低金融风险处置成本、提高处置效率的可选途径。它包括建立股东和债权人的风险共担机制，损失首先是由股东承担，其次是由债权人承担；高管层要承担经营失败的责任；建立存款保险制度，减少对公共救助资金的依赖；对系统性重要的金融机构建立恢复和处置计划；等等。从而建立和完善金融风险市场化有序处置的机制。与此同时，要加强金融风险监测、评估和预警，真正有效地保护中小投资者利益，避免金融风险。

各国参与国际事务的途径之一是进出口贸易，但各国不仅仅要作为一个贸易伙伴，而且还作为一个低碳政策的经济伙伴（比如交通系统与水资源管理、区域公共资源管理等），从更深远、更广阔的视角来看，各国更应成为国际经济金融事务的积极参与者。比如，亚洲占全球资金储备的60%，各国应该及时进入此领域，我们应思考是否可以组建"亚洲货币基金组织"，并以此为切入口（框架可以类似IMF），既可充分循环利用亚洲庞大的外汇储备，在贸易流通市场发生波动时有效地运用资金需求调节，又可以此为平台，聚集、稳定亚洲各国经济体，互助互利，谋求合作，共同发展，从而真正提升亚洲在国际金融事务中的"话语权"，等等。

加强国家金融顶层设计，更加关注国内、国际现代金融体系的现在与未来，建立国家金融顶层布局机构必不可少；健全与完善国内、国际现代金融体系的建设与发展，建立国家金融顶层布局机构时不我待。

回首2008年金融危机，其主要源头是：美国大型金融控股公司、银行、证券公司和保险公司普遍陷入困境，个别公司被迫倒闭或被收购，同时影响到全球主要的金融机构。具体表现为以下七点。

（1）在美联储长期宽松货币政策的影响下，美国商业银行和住房贷款机构执行过度放松的信贷政策，普遍疏于风险控制。

（2）美国证券公司经营的基于住房资产和银行贷款为基础的抵押债券及其相关的衍生产品种类泛滥，产品结构复杂，交易不透明；债券定价和交易价格出现泡沫。以包销债券和次级抵押债券为核心业务的华尔街重要做市商雷曼兄弟公司和贝尔斯登公司先后倒闭，加剧了金融危机。

（3）美国混业经营的金融机构，未能就次级抵押债在银行（提供贷款）、证券（贷款债券化）和保险（购买债券或为债券提供保险）之间解决和规避利益冲突。

（4）美国次级抵押债券的主要购买者，持有债券金额与其资产规模不匹配，没有控制投资风险。次级抵押债券的主要投资者房利美和房地美以及以美国友邦 AIG 为代表的保险公司，在 2006 年美国房地产泡沫达到顶峰后，投资者开始大量抛售，次级抵押债券价格大幅下跌，立即陷入财务危机。

（5）美国信用评估机构未能准确、充分地披露次级债券的风险，给予高信用等级，促成次级抵押债券的价格泡沫。

（6）美国政府监管宽松，监管职能部门未能履行监管责任。

（7）市场自行发展和自我调节的因素等。

2008 年国际金融危机的主要教训是：①宏观审慎管理缺失；②忽视了影子银行体系风险；③对系统重要性金融机构监管不足；④缺乏有序的风险处置与清算安排；⑤对金额消费者权益保护不力；等等。

2008 年国际金融危机的主要启示是：①国家经济金融需要均衡发展；②宏观经济的财政政策、货币政策、汇率政策及监管政策需要合理搭配；③处置金融风险宜早不宜迟，需要政府大力介入；④对系统重要性金融机构和影子银行体系需要加强改革与监督；⑤应促进金融服务实体经济和加强金融消费者权益保护；等等。

国际金融危机可能的防范措施是：①国家宏观几大经济政策联动建立危机预警机制，尤其需要构建逆周期的金融宏观审慎管理制度机构框架；②推进国家宏观经济结构性改革，短期目标刺激经济复苏，长期目标优化产业结构，建立健全公司治理制度；③稳定金融市场，加强金融监管，尤其需要制定对系统重要性金融机构有效的监管措施；④管控国际资本流动；⑤及时有效地采取应急稳定措施，建立金额危机有序处理机制；等等。

世界各国应该把金融发展建立在金融稳定的磐石上。在规则下促竞争，在稳定中求发展。当前，世界各国尤其要加强金融市场自身的定位发展和法制法规的监管制度建设。

第一，要更加注重把握金融服务实体经济的本质要求。金融服务实体

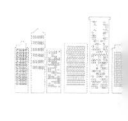

经济，是实现金融稳定的根本要求。比较稳健厚实的实体经济，是世界各国金融稳定最深厚的根基。近年来，世界各国实体经济加快转型升级，为金融创新提供了广阔的天地。国际金融、科技金融、产业金融、农村金融、民生金融有效结合，促进了各国的经济社会转型升级。世界各国应紧紧抓住加快转变经济发展方式这一主线，着力解决中小微企业融资难和农村金融服务薄弱、科技产业化金融支撑不强、产业链整合和价值链提升金融服务不足、区域金融发展不平衡等问题，采取切实的措施，促进金融服务实体经济的良性发展。

第二，要更加注重夯实金融稳定的法制基础。完善的法律法规是金融稳定的基本前提。开展金融改革，需要在严格遵守和准确把握相关法律政策的前提下，探索开展符合各国实际的金融创新实践。目前，世界各国正在开展金融机构监管与规范、打击非法金融活动和建立征信等建章立制的工作，它为各国金融实验提供了坚实的制度保障。

第三，要更加注重完善金融监管体制。健全的监管组织形式和长效机制，是做好金融风险处置工作的基本保障。开展金融改革创新，必须注重完善国家金融监管体制，把创新置于全面、规范、合理的监管之下。各国可探索建立国家层面的金融协调机制和辅助监管机构，建立有利于金融稳定的工作协调、信息共享和联合处置机制，对交叉性金融服务、重大金融风险事件及影响金融稳定的基础性问题实施联合管理；强化各国监管意识和职责，成立具有较强处置力的各国监管机构，加强对准金融机构、场外交易市场的监管；建立金融风险多维监测、评估和预警体系，及时发现和防范风险苗头。

第四，要更加注重提高金融市场主体的自我管理能力。提高世界各国金融机构，尤其是系统重要性金融机构的自我管理能力，这既有利于提高金融主体的创新活力，又是实现各国金融稳定的关键。开展金融改革创新，必须把深化金融机构改革包括实施"压力测试""生前遗嘱"等措施放在重要位置。一方面，着力推动系统重要性金融机构完善公司治理、创新经营模式、开展差异化经营，形成行业领先的竞争力和风险管理能力；着力培育有利于细化分工、增强功能的创新型金融机构，增强市场整体创新能力和抵御风险能力。另一方面，着力减少政府对金融机构的不当干预，让金融机构成为真正的市场主体，在市场竞争中发展壮大。

第五，要更加注重市场化的风险以应对处置机制建设。金融风险的市场化应对处置机制主要包括：股东与债权人的风险共担机制、高管层承担经营失败责任制度、存款保险制度、系统重要性金融机构建立恢复和处置计划、政府援助管理和退出机制等。这些制度和机制编织起一张灵活、富有弹性的风险消化吸收网，能够有效地防止金融风险传染性放大的情况发生，它是降低风险处置成本、提高处置效率的重要保障。建立一套高效率、市场化的风险处置机制，可以迅速将金融改革创新风险消弭在萌芽状态。各国应积极探索建立政府、央行和各监管部门共同参与的、适合各国实际情况的市场化风险应急处理机制，促进金融改革创新稳健发展。

第六，要更加注重保护中小投资者的利益。保护中小投资者的利益，是保持金融市场健康可持续发展的基本要求，也是防范和化解金融风险的关键所在。开展金融改革创新，必须处理好促进行业发展与保护中小投资者利益的关系，决不能以牺牲中小投资者利益来获取短期的虚假繁荣。各国应探索建立政府和监管部门牵头参与的新金融产品和服务的投资者保护监察措施，探索建立专门的金融消费者维权组织，加强金融行业自律，完善投诉、监督和金融纠纷仲裁等机制，畅通金融消费者化解纠纷的渠道；开展金融行业评议活动，提高金融产品和服务的规范性和透明度。

世界各国需认真总结、深刻认识金融的脆弱性，深刻认识其脆弱性与金融自由化的相互掣肘关系，深刻认识金融风险、金融危机带给一国乃至世界经济的巨大危害性，采取措施，多管齐下，将能更加有效地防范、处置和化解金融风险。

◆思考讨论题◆

1. 简述金融发展的广义和狭义之分。

2. 简述金融压抑和金融自由化的内涵。

3. 简述中国金融发展概况。

4. 地方发展金融有什么需求？试探讨世界各国地方金融发展的借鉴意义。

5. 2008 年国际金融危机的主要源头是什么？

第六章　中国金融体系建设与资本市场发展

第一节　中国金融体系的建设

一、中华人民共和国成立后金融体系的建立

中华人民共和国成立后金融体系的建立是通过组建中国人民银行、合并解放区银行、没收官僚资本银行、改造私人银行与钱庄以及建立农村信用合作社等途径实现的。中华人民共和国成立后金融体系的诞生以中国人民银行的建立为标志。它的建立和各解放区的银行先后并入中国人民银行并成为中国人民银行在各地的分支机构，与人民币的发行和用人民币先后收兑各解放区的货币是同一个时期。

根据没收一切官僚资本财产为国家所有的总政策，对包括国民党政权的中央银行、省市地方银行和资本全部属于官僚资产阶级的商业银行的官僚资本银行及其他金融机构采取由中国人民银行接管的措施。其中，交通银行和中国银行根据它们过去的业务经营特点分别改组为专业银行：交通银行改组为长期投资银行（交通银行没有几年就停止了经营活动），中国银行改组为外汇专业银行。中国人民银行没收、接管了在金融领域举足轻重的官僚资本银行，也就立即确立了其在金融领域中的主导地位。至于官僚资本银行及"官商合办"银行中的私人股份则予以保留。

根据对待民族资本的总政策，允许民族资本银行和钱庄保存下来，由国家进行严格监督与管理，并逐步通过国家资本主义形式对其实行社会主义改造。通过一些过渡形式，所有的私营行庄于 1952 年 12 月组成了统一的公私合营银行，完成了私人金融业的社会主义改造。1955 年，公私合营银行确定专营储蓄，并分别与中国人民银行有关机构合并。

建立和发展农村信用合作组织是中华人民共和国成立后金融体系形成

211

的一个特点。在此之前，经济落后、新式银行势力尚未广泛深入农村，要依靠银行机构下达农村，必将是个漫长的过程。由于在根据地已经有建立信用合作社的经验，因此，号召在农村大力发展集体性的信用合作组织。信用合作组织采取过信用互助组、供销社信用部、信用合作社等形式，其中，信用合作社是其高级形式。到1955年下半年，在党、政的推动下，信用合作社已在全国范围内基本上做到了乡乡有社，并在乡以下设立了信用分社或信用站，成为社会主义银行体系在农村联系几亿农民的庞大金融网。

在1953年以前，中国社会主义金融体系基本上是以中国人民银行为核心和骨干，但仍保存几家专业银行和其他金融机构的体系格局。在当时特定的历史条件下，这种格局不仅有利于国民经济的迅速恢复，还能有力地支持国有经济的发展。

二、"大一统"模式的金融体系

从1953年开始，中国采取大规模、有计划地发展国民经济的方式，按照苏联模式实行高度集中的计划经济体制。与此相适应，金融领域建立起一个高度集中的国家银行体系，也就是集中管理的大一统模式，简称为"大一统"的银行体系模式。这个体系一直延续到20世纪70年代末改革之际。

中国建设银行（原中国人民建设银行）成立于1954年，是在财政部领导下专门对基本建设的财政拨款进行管理和监督的机构。虽然它组织结算和发放一些有关基建方面的贷款，但就其执行财政拨款的主任务来说，其并不是银行，不能算作真正的金融机构。

中国农业银行曾于1955年和1963年两度成立。但是这类单独成立的机构与"大一统"的框架是矛盾的，所以它每次都只存在了很短的时间就再次服从于"大一统"的要求，重新并入中国人民银行。至于农村信用合作社，本是作为集体金融组织发展起来的，后来实际上成为国家银行在农村的基层机构，且许多地方直接与银行在农村的营业所合而为一。

中国人民银行实际上在当时是中国唯一的一家银行，它集中了所有金融业务，当时并不存在"金融市场"的概念，实体经济领域内无论是生产环节还是流通环节，大部分都是计划调拨，对资金的需求量很小。因此，人民银行的金融业务量不大，业务范围小，品种单一。

212

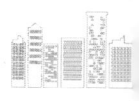

三、现代金融体系建设

1978 年年底，中国踏上了改革开放的伟大征程，现代金融体系建设同步开始了积极探索和发展。大致可分为四个阶段。

第一阶段：1979—1988 年，金融体制改革起步，二级银行体系得到确立。

这一阶段中国金融体制改革取得了突破性的进展。首先，建立了二级银行体系，以中国人民银行为中央银行，陆续恢复或分设了现在的四大国有银行——中国农业银行、中国银行、中国人民建设银行和中国工商银行。从 1986 年起，陆续成立了多家股份制商业银行，如交通银行、中信银行、深圳发展银行等。此外，还成立了农村信用社、城市信用社、信托投资公司、保险公司等各种非银行金融机构。其次，外资银行逐渐进入中国市场。1979—1982 年间，由于对外开放，提出了外国金融机构设立驻华办事处的问题，以日本东京银行北京代表处设立为开端，陆续有 31 家外资金融机构在华设立代表处。1982 年，中国开始批准外资金融机构在经济特区设立营业性分支机构。最后，中国发展进入市场，扩大直接融资比重。同业拆借市场发展迅速，商业票据等业务逐步推行。其中，最核心的便是中国人民银行专门行使中央银行职能，之前"大一统"银行体制转化为中央银行体制，中央银行体制的正式建立，标志着中国金融机构体系变革的重大转折。

第二阶段：1989—1996 年，金融体系建设飞速发展，商业银行主导的格局初步形成。

这一阶段，1990 年成立的上海证券交易所和 1991 年初成立的深圳证券交易所得到了飞速发展，开始改变企业资金来源完全依靠银行信贷资金的单一局面。但由于政府过于介入以及资本市场相关法律的滞后，初期的资本市场还存在不少问题。这一时期银行体系的发展同样迅猛，1993 年，银行金融机构存贷款均在 3 万亿元左右，而资本市场的融资额（包括国债、企业债和当年发行股票）仅 800 多亿元，只相当于同期贷款的 2.5%。1994 年成立了国家开发银行、中国进出口银行、中国农业发展银行三家政策性银行，这标志着政策性业务与经营性业务分离和国有银行向商业银行转变的开始。1995 年，各大中城市开始组建城市合作银行为地方经济发展提供金融服务。多层次的商业银行体系逐步建立，以国有商业银行为

213

国家金融体系定位

主导的金融格局初步形成。

第三阶段：1997年至2008年，金融体制改革深化，现代金融体系框架基本建立。

从1997年下半年起，中国开始证券管理体制改革，明确了证监会的职能定位，资本市场发展逐步走上正轨。到1998年11月，建立了中国人民银行负责货币政策和银行业监管、中国证监会负责证券期货业监管、中国保监会负责保险业监管的分工明确、密切配合的金融管理体制。2003年，中国银监会成立，分离了中国人民银行对银行类金融机构的监管职能，形成了"一行三会"的金融管理体制，分业经营、分业管理的制度框架最终被确立。随后，中国深化改革以解决银行业、资本市场存在的一系列遗留问题，2004—2007年间，由政府动用外汇储备注资，四大国有银行股份制改革全面完成并成功上市；2005—2008年间，中国资本市场进行了股权分置改革。至此，这个现代金融体系框架基本建立，各项制度相对完善，也为后续的金融业全面开放创新打下了坚实的基础。

第四阶段：2008年至今，我国的金融体系进入了新的阶段。

2008年金融危机爆发，面对金融危机对金融体系提出的重大挑战，我国针对导致金融危机发生的问题，如资本不充足、杠杆率过高、衍生品市场混乱等加以纠正，对相关市场进行改造，特别是加强了对金融体系中交易部门杠杆率的监管，增加金融稳定措施，这些措施被命名为"客观审慎政策框架"，并被写入党的十八大、十八届三中全会的文件。"十四五"规划中，提出建设现代中央银行制度，构建金融有效支持实体经济的体制机制，深化国有商业银行改革，完善现代金融监管体系。

第二节　中国商业银行的出现与发展

当西方资本主义各国先后建立起自己的银行体系时，中国信用领域内占统治地位的依旧是高利贷性质的钱庄和票号。鸦片战争以后，中国沦为半封建半殖民地社会。广大的中国市场吸引着外国资本家，在贸易入侵的同时也带来了外国资本的侵入。随着欧美资本家来华经商者日益增多，为贸易和商业服务的资本主义商业银行亦陆续在中国设立。1845年在中国出现的第一家新式银行就是英国人在广州开设的丽如银行，19世纪50年

214

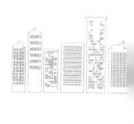

第六章　中国金融体系建设与资本市场发展

代，一批英印合营银行相继进入中国，在广州、上海分别设行。例如，汇隆银行、呵加剌银行、亚细亚银行、麦加利银行都是在1851—1858年间在中国设立的。中日甲午战争后，各帝国主义列强在华开设银行的数目剧增。在中国民族资本的商业银行产生以前，这些外国银行实际上已占领了中国的金融市场。

中国银行业的产生虽正当民族资本主义工业发展初期，但当时由于民族资本势单力薄，游离不出多少资本去充作银行存款，也很难取得银行的贷款，因此，民族资本主义工业对中国银行业产生的作用是有限的。真正助长中国银行业产生的主要社会经济条件，首先是外国资本主义在华贸易的发展，他们大量地输出商品和资本，一方面破坏了旧中国自然经济的基础，另一方面也促进了中国城乡商品经济的发展。随着商品、货币流通范围的扩大，中国的金融市场也得以发展起来，当时内地资金日益集中在沿海、沿江通商口岸，需要有新式金融机构——商业银行为之进行各种中介服务。其次是当时兴办工矿交通事业、挽回权力的群众运动情况已经高涨，社会舆论要求创办银行的呼声很高，而外商银行的高额利润和其在金融市场的咄咄逼人之势，也刺激了国民兴办银行的愿望。最后是当时清政府基于财政需要，也想兴办银行。于是1897年中国自办的第一家新式银行——中国通商银行终于诞生了，它的成立标志着中国现代银行业的创始。中国通商银行也是中国第一家股份制商业银行，其组织制度和经营管理办法模仿汇丰银行，并有洋人（称为洋大班）参与执掌业务和行政大权，在业务上除经营存款、放款外，还兼办代收库银的业务，并被清政府授予发行纸币的特权。由于该银行的投资者多是封建地主、官僚、买办和商人，因而在形式上虽以商办的民族资本银行面目出现，但实际上却受控于官僚和买办。

自中国通商银行之后，一些官商合办、股份集资和私人独资兴办的中国商业银行纷纷建立起来。1904年，成立了官商合办的户部银行（1908年改称大清银行，1912年又改名为中国银行），该行除了发行货币、代理国库、经理公债等特权外，主要经营的商业银行业务有短期拆息、各种期票的贴现或卖出、买卖生金生银、汇兑划拨公私款项及货物押汇、代为收取公司银行商界所发票据、收存各种款项及保管紧要贵重物件、放出款项、发行各种票据。该行在清政府垮台前在全国设立有35个分行，是清末最大的一家商业银行。官商合办的银行除户部银行外，1907年还设立

215

了全国性的大商业银行——交通银行。中日甲午战争后,各地政府与商人亦合办了许多地方性银行,而纯粹的第一家私人资本商业银行到1906年才出现,创办人是无锡官商周延弼。第一次世界大战后的几年里,随着民族资本主义工商业的发展,中国私人银行业经历了一个较快的发展,仅1912—1927年间就新设了186家银行。这些商业银行设立后,虽历尽了艰辛和曲折,不少还垮台倒闭,但中国自己的商业银行终究是发展起来了。

1927年以后,在国民党当政期间,逐步地进行了官僚资本垄断全国金融机构的过程,其中一个重大步骤就是以多种形式渗入和控制国内各家大商业银行。当时主要的商业银行,除由国民党政府直接控制的中国银行、交通银行和中国农民银行外,还有被人称作"小四行"的中国通商银行、四明银行、中国实业银行和中国国货银行,江、浙财团的"南三行",即浙江实业银行、浙江兴业银行和上海商业储蓄银行(实际上它们也受官僚资本的控制),以及被人称作"北四行"的盐业银行、金融银行、中南银行、大陆银行。此外,还有一些较大的商业银行和众多的中小商业银行。1935年仅国民党统治区就有164家银行,1945年8月银行总行已达416家,分支行达2575个。但这些众多的商业银行或多或少、直接或间接地受控于国民党官僚资本的银行体系。

中华人民共和国成立以后,直至1979年改革开放以前,中国大陆的银行体系总的来说是高度集中的银行体系,全国基本上只有一家中国人民银行,它既掌管货币发行权和管理金融活动,又办理所有银行业务。随着经济金融体制改革的推进,中国逐步开始打破"大一统"的银行体系,恢复和组建了中国农业银行(1972年2月恢复)、中国银行(1979年3月分设)、中国人民建设银行(1979年分设,1983年明确为金融经济实体,1996年更名为中国建设银行)、中国工商银行(1984年成立)四家国有专业银行,在其各自分工的领域内从事银行业务活动。此后,随着改革步伐的加快,专业银行逐步实行企业化经营,原有的严格的专业分工界限被打破,业务交叉经营的现象日益明显,业务趋于多样化、综合化,专业银行的职能被削弱,商业银行的功能在逐步强化。1986年4月,国务院批准重新组建以公有制为主体的股份制银行——交通银行。其后,中信实业银行、招商银行、广东发展银行、深圳发展银行、福建兴业银行、光大银行、华夏银行等商业银行相继成立,成为中国银行业的新生力量。由此,中国银行业形成了以中央银行为领导、专业银行为主体、多家商业银行共

存的银行体系。

1994年，原国有四大专业银行改组为国有独资商业银行，将原有的政策性业务转交给新设立的政策性银行——中国农业发展银行、中国进出口银行、国家开发银行来经营。由此，中国建立了更为完善的银行体系，即以中央银行为核心、商业银行为主体、政策性银行及其他金融机构并存的金融体系。其中，商业银行体系包括国有商业银行、股份制商业银行、城市商业银行、农村信用社、外资银行等。特别值得一提的是，到目前为止，中国银行业改革迈出重大步伐，银行业改革持续快速发展，中国建设银行、中国银行、中国工商银行三大国有商业银行治理结构日趋完善，成功完成重组上市，并成为国际资本市场上举足轻重的大型国有控股商业银行，在经济社会发展中发挥着重要的支撑和促进作用。

第三节　中国资本市场发展概况[①]

从20世纪70年代末期开始实施的改革开放政策，启动了中国经济从计划体制向市场体制的转型。在转型过程中，为了顺应国有企业改革的逐步深化和中国经济的持续发展的需要，资本市场作为与之相对应的金融制度由此诞生，成为推动所有制变革和改善资源配置方式的重要力量。随着市场经济体制在中国的逐步建立，对市场化资源配置的需求日益增加，中国资本市场逐步成长壮大。回顾改革开放以来中国资本市场的发展历程，大致可划分为如下三个阶段。

第一阶段：1978—1992年，中国经济体制改革全面启动后，伴随股份制经济的发展，中国资本市场开始萌生。

第二阶段：1993—1998年，以中国证券监督管理委员会（以下简称"中国证监会"）的成立为标志，将资本市场纳入统一监管，由区域性试点推向全国，全国性资本市场开始形成并逐步发展。

第三阶段：1999—2007年，以《中华人民共和国证券法》（以下简称《证券法》）的实施为标志，中国资本市场的法律地位得到确立，并随着

[①]　该部分内容参见中国证券监督管理委员会编《中国资本市场发展报告》第一章"中国资本市场发展简要回顾"，中国金融出版社2008年版。

各项改革措施的推进得到进一步规范和发展。

一、中国资本市场的萌生

中国走上经济改革之路是中国资本市场的先决条件。从 1978 年 12 月中国共产党十一届三中全会召开起，经济建设成为国家的基本任务，改革开放成为中国的基本国策。

在改革开放之前，与计划经济体制相匹配，资金托管行政手段逐级下拨到生产企业。随着经济体制改革的推进，作为微观经济主体的企业对资金的需求日益多样化，成为中国资本市场萌生的经济和社会土壤。

（一）股份制改革和股票的出现

当代，中国的股票发行是伴随着股份制企业的试点及其发展而来的。从 20 世纪 70 年代末开始，中国农村出现了家庭联产承包责任制，部分地区的农民自发采用"以资带劳、以劳带资"的方式集资，兴办了一批合股经营的股份制乡镇企业，成为改革开放后股份制经济最早的雏形。

20 世纪 80 年代初，股份制经济开始向城市中一些小型国有和集体企业发展，出现了多种多样的股份制尝试，最初的股票开始出现。1984 年，国家提出要进一步放开搞活城市集体企业和国营小企业，股份经济在城市进行初步试点。1984—1986 年间，在主管部门和地方政府的支持下，北京、上海、广州、四川、辽宁等地选择了少数企业进行股份制试点。1986 年后，随着国家政策的进一步放开，股份经济试点进一步扩大和深化，越来越多的企业，包括一些大型国营企业纷纷进行股份制试点，半公开或公开发行股票，一批专门从事股票发行、转让或交易相关业务的证券公司相继成立，股票的一级市场开始出现。

这一时期股票一般按面值发行，且保本、保息、保分红，到期偿还，具有一定债券的特性；发行对象多为内部职工和地方公众；发行方式多为自办发行，没有承销商。

（二）债券的出现

（1）国债。以国库券为主体的国债是当代中国证券市场上发行最早的债券。中国于 1981 年 7 月开始重新发行国债，发行主体是财政部。当时国债的特点是周期较长（10 年）、无公开的流通转让场所，对购券的企业支付较低的利息，而对居民支付较高的利息。尽管那时购买国债近乎一种行政摊

派，但国债的出现仍然唤醒了很多人的投资意识。该时期的国债发行包括国库券、重点建设债券、财政债券、国家建设债券、特种国债、保值公债及转换债7个品种，主体是每年按计划发行且均超额完成的国库券。

（2）企业债。从1982年开始，少量企业开始自发地向社会或企业内部职工集资并支付利息，最初的企业债券开始出现，但是债券的发行程序、还本付息规定等级不规范。到1986年年底，这种没有法规约束的企业债总量约为100多亿元。为了规范企业债的发行，1987年3月27日，国务院颁布了《企业债券管理暂行条例》，规定企业债的发行须经中国人民银行审批，并由中国人民银行会同国家计划委员会和财政部制定每年全国企业债券发行的总额度。1987年，企业债券总额度为30亿元；到1992年，企业债券当年发行总量近700亿元，创历史最高水平。1993年，《企业债券管理条例》颁布，企业债券在发行、管理、形式等方面进一步走向规范化。但是，在企业债券发行过热的情况下，许多企业并没有建立起到期偿债的意识，部分企业债券出现兑付危机。1993年之后，企业债券的发行进入一个较长的低迷时期。

（3）金融债。1984年，为治理严重的通货膨胀，中国实行了紧缩货币政策。在这种宏观背景下，一些由银行贷款的在建项目出现资金不足的情况，我国银行等金融机构从1985年开始发行人民币金融债券以支持这些项目的完成，利率一般高于存款利率。此后，金融债成为银行的一种常规性融资工具。到2000年年底为止，中国共发行了三类金融债券，即一般金融债券、政策性金融债券和特种金融债券。

（三）证券流通市场和交易所的出现

证券流通市场又称二次市场或次级市场，是已发行证券交易的场所。随着证券发行的增多和投资者队伍的逐步扩大，证券流通的需求日益强烈，股票和债券的柜台交易陆续在全国各地出现。1985年5月28日，中国人民银行发布了《1985年国库券贴现办法》，允许个人和企业持有的国库券向银行抵押贴现，赋予了国库券有限的流通性。1986年8月5日，沈阳市信托投资公司在全国率先开办了代客买卖股票和债券及企业债券抵押融资业务。同年9月26日，中国工商银行上海市信托投资公司静安证券业务部率先对其代理发行的上海飞乐音响公司和延中实业公司的股票开展柜台挂牌交易，标志着股票二级市场雏形的出现。

219

1988 年,《开放国库券转让市场试点实施方案》获得国务院同意后,自同年 4 月起,国家批准沈阳、上海、重庆等 7 个城市开始进行国库券转让市场试点。此后,国库券的流通转让逐渐在全国铺开,交易量也不断上升。1988 年 6 月,这种转让市场延伸到 28 个省、自治区、直辖市的 54 个大中城市。到 1998 年年底,国债转让市场在全国范围内出现。这些采用柜台交易方式的国债转让市场是债券二级市场的雏形。

1990 年,党的十三届七中全会通过的《中共中央关于制定国民经济和社会发展十年规划和“八五”计划的建议》中,允许在“有条件的大城市建立证券交易所”。同年 12 月,上海证券交易所、深圳证券交易所(以下简称“上交所”“深交所”)相继开始营业,我国证券市场的基本框架已经建立。1991 年年底,上交所共有 8 只上市股票,包括 25 家会员;深交所共有 6 只上市股票,包括 15 家会员。1991 年 4 月 4 日,深交所以前一天为基期 100 点,开始发布深证综合指数。1991 年 7 月 15 日,上交所以 1990 年 12 月 19 日为基期 100 点,开始发布上证综合指数。

(四) 证券中介机构及自律组织的出现

伴随着一级、二级市场的初步形成,证券经营机构的雏形开始出现。1984 年,中国工商银行上海市信托投资公司静安证券业务部代理发行“飞乐音响”和“延中实业”两只股票。1987 年 9 月,深圳特区证券公司成立,这是中国第一家专业证券公司。1988 年,为适应国债转让在全国范围内的推广以及证券市场快速发展对设立专业证券公司的需要,中国人民银行下拨资金,在各省组建了 33 家证券公司。同时,财政系统也成立了一批证券公司。这些机构是中国最早的证券公司,其主要业务是从事国债的经营。

1991 年 8 月,中国证券业协会在北京成立,成为证券业的自律组织,是非营利性社会团体法人。

(五) 期货交易开始试点

1990 年 10 月,郑州粮食批发市场成立,首先在现货交易方面引入部分期货交易机制,成为中国期货交易的开端。1992 年 10 月,深圳有色金属交易所推出了第一个标准化期货合约——特级铝期货标准合同,实现了由远期合同向期货交易的过渡。

第六章　中国金融体系建设与资本市场发展

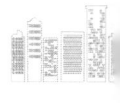

（六）自发形成的市场有待规范和监管

股份制改革起步初期，股票发行缺乏全国统一的法律法规，也缺乏统一的监管。为扩大发行，有些企业甚至采用各种"优惠"措施来促销其股票，例如，允许认购者参加抽奖、所持有股票能保本付息等等。这些做法使得股票发行市场变得非常混乱。在此阶段，我国证券市场还没有形成一套正规的约束和规定，具有较大的自发性和非正规性，证券市场组织体系还未真正形成，与之对应的市场监管体系并未确立，基本上是依附于以中国人民银行为中心的金融监管体系。

1990年3月，中国政府允许上海、深圳两地试点公开发行股票，两地分别颁布了有关股票发行和交易的管理办法。根据1990年上海市人民政府颁布的《上海市证券交易管理办法》，中国人民银行上海市分行是上海证券市场的监管机关，负责管理、监督、指导、协调上海的证券市场。深圳特区在对深圳证券市场的不断调整中，建立起早期的地方监管框架，它以深圳证券市场领导小组作为决策机构，中国人民银行深圳市分行为主管部门。

由于一些股票的分红派息方案优于银行存款，加上当时股份制企业数量较少，股票发行数量有限，供求关系由冷转热，大量的投资者涌向深圳和上海购买股票。地方政府虽然采取措施试图缓解过热现象，但仍不能改变股票供不应求的局面。限量发售的认购证严重供不应求，并出现内部交易和私自截留行为，最终导致了投资者抗议舞弊行为的"8·10事件"。

1992年1—2月邓小平在南方视察时指出，"要抓紧有利时机，加快改革开放步伐，力争国民经济更好地上一个新台阶"。邓小平南方视察讲话后，中国掀起了新一轮改革开放的浪潮；同年，中国确立经济体制改革的目标是"建立社会主义市场经济体制"，股份制成为国有企业改革的方向，更多的国有企业实行股份制改造并开始在资本市场发行上市。1993年，股票发行试点正式由上海、深圳推广至全国，打开了资本市场进一步发展的空间。

综上所述，在第一阶段，源于中国经济转轨过程中企业的内生需求，中国资本市场开始萌生。在发展初期，市场处于一种自我演进、缺乏规范和监管的状态，并且以分隔的区域性试点为主。总体而言，由于股票市场吸引了大量来自上海、深圳以外的投资者，股票发行认购异常活跃，市场

221

供给小于市场需求，供求矛盾突出激化。深圳"8·10 事件"的爆发，是矛盾激化的结果，是这种发展模式弊端的体现，标志着资本市场的发展迫切需要规范的管理和集中统一的监管。

二、全国性资本市场的形成和初步发展

1992 年 10 月，国务院证券管理委员会（以下简称"国务院证券委"）和中国证监会成立，标志着中国资本市场开始逐步纳入全国统一的监管框架，全国性市场由此形成并得到初步发展。

中国资本市场在监管部门的推动下，建立了一系列的规章制度。在1997 年亚洲金融危机后，为防范金融风险，国家对各地方设立的场外股票市场和柜台交易中心进行清理，并对证券经营机构、证券投资基金和期货市场中的违规行为进行整顿，化解了潜在的风险。同时，国有企业的股份制改革和发行上市逐步推进，市场规模、中介机构数量和投资者队伍稳步扩大。

（一）统一监管体制的建立

1992 年 5 月成立的中国人民银行证券管理办公室，是最早对证券市场实施统一监管的机构。1992 年 7 月，国务院建立国务院证券管理办公会议制度，代表国务院对证券业行使管理职能。但是，"8·10 事件"进一步表明中国证券市场需要按国际惯例设立专门的监管机构。因此，国务院于1992 年 10 月设立国务院证券委和中国证监会。同年 12 月，国务院发布《关于进一步加强证券市场宏观管理的通知》，确立了中央政府对证券市场统一管理的体制。

1997 年 11 月，中国金融体系进一步确定了银行业、证券业、保险业分业经营、分业管理的原则。1998 年 4 月，国务院证券委撤销，其全部职能及中国人民银行对证券经营机构的监管职能同时划归中国证监会。中国证监会成为全国证券期货市场的监管部门，吸收全国各省、自治区、直辖市和计划单列市的证券管理办公室和期货管理办公室，实行跨区域监管体制，在全国设立了 36 个派出机构，建立了集中统一的证券期货市场监管体制。

（二）资本市场法规体系的初步形成

中国证监会成立后，推动了一系列证券期货市场法规和规章的建设。

第六章 中国金融体系建设与资本市场发展

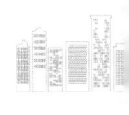

1993 年 4 月颁布的《股票发行与交易管理暂行条例》，是中华人民共和国成立后第一部对股票发行、交易及上市公司收购等交易活动予以规范的法规；1993 年 6 月颁布的《公开发行股票公司信息披露实施细则》，规定了上市公司信息披露的内容和标准。

1993 年 8 月发布的《禁止证券欺诈行为暂行办法》和 1996 年 10 月颁布的《关于严禁操纵证券市场行为的通知》，对禁止性的交易行为做了较为详细的规定，以打击违法交易活动。其中，《禁止证券欺诈行为暂行办法》对内幕交易、操纵市场、欺诈客户、虚假陈述等欺诈行为进行了描述并规定了处罚措施，而《关于严禁操纵证券市场行为的通知》则是对当时证券市场上突出的操纵市场的行为进行了补充规定。

1994 年 7 月实施的《中华人民共和国公司法》（以下简称《公司法》）对公司的设立条件、组织机构、股份的发行和转让、公司债券、破产清算程序及法律责任等做了较为具体的规定，规范了有限责任公司和股份有限公司法人治理结构的关系，为股份制企业和资本市场的发展奠定了制度性基础。

对于证券中介机构，监管机构还陆续出台了一系列规范证券公司业务的管理办法，主要包括《证券经营机构股票承销业务管理办法》和《证券经营机构证券自营业务管理办法》，对证券公司的承销资格、承销行为、风险控制、监督检查等业务的开展起了重要的引导和规范作用。1997 年 11 月，国务院证券委发布《证券投资基金管理暂行办法》，旨在推动证券投资基金的规范发展。

上述法律法规和规章的颁布实施使资本市场的发展走上规范化轨道，为相关制度的进一步完善奠定了基础。

（三）股票发行审批制度的建立

我国的股票发行方式经历了一个不断探索的过程。在 1991 年至 1992 年期间，股票发行采取的是限量发售认股证的方式。国务院证券委、中国证监会成立后，股票发行试点走向全国。在市场创建初期，各方对资本市场的规则、市场参与者的权力和义务的认识并不全面，为防止一哄而上以及因股票发行引起的投资过热，监管机构采取了额度指标管理的审批制度，即将额度指标下达至省级政府或行业主管部门，由其在指标限度内推荐企业，再由中国证监会审批企业发行股票。

223

（1）关于发行方式。为了充分体现公开、公平、公正的原则，吸取
"8·10事件"的教训，根据1993年发布的《关于1993年股票发售与认
购的意见》，开始采用了无限量发售新股认购申请表后抽签、与银行储蓄
存款挂钩的发行方式，向公众公开发行股票；1994年，深圳证券交易所
推出了新股上网定价的发行方式。

（2）关于发行定价。在交易所市场形成以前，大部分股票按照面值发
行，定价没有制度可循。交易所市场形成以后，由于当时发行人、投资者
和中介机构等市场参与者尚不成熟，也由于机构投资者的缺失，基本上根
据每股税后利润和相对固定的市盈率来确定发行价格。

（四）证券交易所的建设与发展

1990年成立的上海、深圳证券交易所逐步采用了无纸化交易平台，
按照价格优先、时间优先的原则，实行集中竞价交易、电脑配对、集中过
户，在市场透明度和信息披露方面远远优于以往的黑市和区域性柜台交
易，交易成本和风险大大降低。相应地，两个交易所的登记结算公司分别
建立了无纸化存托管制度以及高度自动化的电子运行系统。为了降低价格
波动，交易涨跌的幅度现值经过了多次调整，由于1996年第三和第四季
度沪深股市暴涨的出现，从同年12月开始，上交所、深交所实行10%的
涨跌停板制度。

随着市场的发展，上海、深圳交易所交易品种逐步增加，由单纯的股
票陆续增加了国债、权证、企业债、可转债、封闭式基金等。随着集中监
管体系和上海、深圳两个全国性证券交易所市场的建立，上市公司数量、
总市值和流通市值、股票发行筹资额、投资者开户数、交易量等都进入了
一个较快的发展阶段。

（五）证券中介机构数量增多、规模扩大

随着全国性市场的形成和扩大，证券中介机构也随之增加。1991—
1993年是证券公司迅速发展的阶段，其中较为突出的是，1992年10月，
依托中国工商银行、中国农业银行和中国建设银行，华夏证券、南方证券
和国泰证券三家全国性证券公司成立。此后，证券公司数量急剧增加，这
些证券公司股东的背景基本上都是银行、地方政府和有关部委，其业务包
括证券承销、经纪、自营和实业投资等。此外，信托投资公司也都兼营证
券业务，商业银行也参与国债的承销和自营。到1998年年底，全国有证

224

券公司 90 家，证券营业部 2412 家。其他从事证券业务的服务机构也不断发展，其中从事证券业务的会计师事务所 107 家，律师事务所 286 家，资产评估机构 116 家。

（六）证券投资基金的出现和规范

从 1991 年开始，出现了一批投资于证券、期货、房地产等市场的基金，我们习惯上把在《证券投资基金管理暂行办法》颁布前设立的基金统称为"老基金"。它们多数由地方政府或银行分支机构审批，向公众募集资金。这些"老基金"大部分在 1992 年发行，到 1996 年年底共有 78 只，均为封闭式，总规模约 66 亿元，投资范围涵盖证券、房地产和资金拆借，其中房地产投资占相当大的比重，流动性较低。有的基金在交易所挂牌交易，往往成为投机炒作的对象，给市场造成了一定的混乱。1997 年 11 月，《证券投资基金管理暂行办法》颁布，对证券投资基金的设立、募集和交易等做出了规定，同时开始对"老基金"进行清理。到 1998 年年底，新批准设立的 6 家基金管理公司共发行 6 只封闭式证券投资基金，规模达到 120 亿元。

（七）对外开放

（1）B 股市场。在 20 世纪 90 年代初外汇短缺和外汇管制的背景下，为了吸引国际资本，中国于 1991 年年底推出人民币特种股票（以下简称"B 股"）试点，又称境内上市外资股，以人民币标明面值，以美元或港元认购和交易，投资者为境外法人或自然人。但由于发行 B 股的公司大都规模较小、信息披露水平不高以及流动性不强等原因，B 股的交易市场长期处于低迷状态。至 1998 年年底，B 股共筹资 616.3 亿元人民币，在一定程度上解决了企业的生产资金短缺问题，促进了 B 股公司按照国际惯例运作，也促进了中国资本市场在会计和法律制度以及交易结算等方面的改进和提高。但是，随着 H 股、N 股、红筹股等境外上市步伐的加快，B 股市场的功能大大减弱。从 1997 年开始，B 股交易市场日渐低迷，无论市场总体规模还是单只股票流通规模，均不能与 H 股、红筹股相比。

（2）海外上市。1993 年 6 月，境内企业开始试点在香港上市，国际证券界、投资界对此反响强烈，投资踊跃。此后，越来越多的中国境内企业不仅到香港上市，还逐渐开始在美国、伦敦、新加坡等证券市场发行上市。海外上市不仅拓宽了中国境内企业的融资渠道，而且加速了国有大型企业转换经营机制，提高国际知名度和竞争力，更使中国的证券界开始了解国际成熟资本市场的业务规则。在这一过程中，海外投资银行开始接触中国境内市场，国际投资者进一步了解了中国的状况，增强了投资中国市场的信心。

（3）其他。1995年8月，日本五十铃自动车株式会社和伊藤忠商事株式会社通过协议方式购买"北京北旅"法人股4002股（占总股本25%），成为其第一大股东。这是首个外商通过协议购买法人股成为中国上市公司第一大股东的案例。同时，一些中外合资企业陆续在中国境内上市。1995年7月，在国际证监会组织（IOSCO）第21届年会上，中国证监会成为其正式成员。

（八）期货市场初步发展

1993年之前，中国的期货市场还处于初创期，最初以农产品为试点。1992年12月，上海证券交易所首先向证券公司推出了国债期货交易，1993年10月，进一步向社会公众开放。1994年至1995年年初，国债期货得到迅速发展，全国开设国债期货的交易场所从2家增加到14家。

但是，中国商品期货市场出现了盲目发展的混乱局面，各地出现各种商品期货交易所，截至1993年年底达到50家左右，此外还有300多家期货经纪公司，交易品种重复，期货经营机构管理混乱，有的企业甚至挪用资金进行期货投机，盲目发展境外期货交易，地下交易和欺诈层出不穷，造成期货市场虚假繁荣。因此，1993年年底，中国开始进入期货市场的清理整顿期。国务院进一步明确期货市场由国务院证券委和中国证监会负责监管。此后，有关部门停止审批新的期货交易所并逐渐将期货交易所从50余家削减至3家，即上海期货交易所、大连商品交易所和郑州商品交易所；严格控制国有企事业单位参与期货交易，严厉查处各种非法期货经纪活动，清理整顿期货经纪公司，保留12个期货交易品种，暂停钢材、食糖、煤炭、粳米、菜籽油等期货品种。1995年"3·27国债期货风波"后，期货市场进一步健全规章制度，规范交易行为，加强市场的风险控制，防范过度投机。

综上所述，在第二阶段，统一监管体系的初步确立，使得中国资本市场从早期的区域性市场迅速走向全国性统一市场。随后，在监管部门的推动下，一系列相关的法律法规和规章制度出台，资本市场得到了较为快速

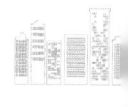

的发展，但与此同时，体制和机制缺陷带来的问题也在逐步积累，迫切需要进一步规范和发展。

三、资本市场的进一步规范和发展

《证券法》于 1998 年 12 月颁布并于 1999 年 7 月实施，以法律形式确认了资本市场的地位。2005 年 11 月，修订后的《证券法》颁布。《证券法》的颁布实施及随后的修订，标志着资本市场走向更高程度的规范发展，也对资本市场的法规体系建设产生了深远的影响。

在这个阶段，中国围绕完善社会主义市场经济体制和全面建设小康社会进行持续改革。随着经济体制改革的深入，国有和非国有股份公司不断进入资本市场。2001 年 12 月，中国加入世界贸易组织，中国经济走向全面开放，随着改革的不断深化，资本市场的深度和广度日益拓展。

（一）资本市场法律和执法体系逐步完善

为了资本市场的健康稳步发展，国家在这段时间内高度重视市场基础性制度建设，尤其是建立健全法律制度体系。我国证券法律法规体系主要分为法律、行政法规、部门规章和规范性文件。为了规范证券的发行和交易行为，保护投资者的合法权益，维护社会经济秩序和公共利益，1999年实施了中国第一部调整证券发行与交易行为的法律——《证券法》。市场的发展变化对加强资本市场法制建设提出了更高的标准和要求。为了适应经济和金融体制改革不断深化及资本市场发展变化的需要，2003 年起，全国人大着手对《证券法》和《公司法》进行修订。2006 年 1 月 1 日，修订后的《证券法》和《公司法》同时实施。随后，中国证监会按照修订后《证券法》和《公司法》中的规定，梳理与修订了与新规定不一致的法规、规章和规范性文件，同时制定了新的相关规章和规范性文件。

自 1998 年集中统一监管体制建立以来，为适应市场发展的需要，证券期货监管体制逐步完善。2004 年，中国证监会改变跨区域监管体制，实行按行政区域设立监管局。同时，开始加强监管局的监管职责，实施"属地监管、职责明确、责任到人、相互配合"的辖区监管责任制，并初步建立了与地方政府协作的综合监管体系。

与此同时，执法体系逐步完善。中国证监会在各证监局设立了稽查分支机构，2002 年增设了专门查处市场操纵和内幕交易的稽查二局。中国公安部设立了证券犯罪侦查局，与中国证监会合署办公，负责侦查证券犯罪。2007年，为了适应市场发展的需要，证券执法体制又进行了重大改革，建立了集中统一指挥的稽查体制，设立了中国证监会行政处罚委员会、首席稽查办公室和稽查总队，增加了各地证监局的稽查力量。从制度上确定了"查、审分离"模式，形成了调查与处罚权力的相互制约机制，以提高执法的专业水平、效率和公正程度。中国证监会不断加强稽查执法基础性工作，严格依法履行监管职责，集中力量查办了"琼民源""银广夏""中科创业""德隆""科龙""南方证券""闽发证券"等一批大案要案，坚决打击各类违法违规行为，切实保护广大投资者的合法权益，维护"公平、公正、公开"的市场秩序。2003—2007年，中国证监会共办理案件736件，移送公安机关104件，做出行政处罚212件，180家单位和987名个人受到处罚，165名责任人被市场禁入。一批大案的及时查办对防范和化解市场风险、规范市场参与者行为起着重要的作用。

（二）资本市场的规范和发展

随着1998年《证券法》的颁布，相关法规体系和会计规则日益完善，上市公司数量快速增长，交易所交易和登记结算体系效率得到提高，二级市场交易日趋活跃，中国资本市场得到较快发展。但是，由于《证券法》在亚洲金融危机的特定背景条件下存在较多限制性和禁止性条款，同时资本市场发展过程中积累的遗留问题、制度性缺陷和结构性矛盾也逐步开始显现。从2001年开始，市场步入持续四年的调整阶段：股票指数大幅下挫；新股发行和上市公司再融资难度加大、周期变长；证券公司遭遇了严重的经营困难，到2005年全行业连续四年总体亏损。

这些问题产生的根源在于，中国资本市场是在向市场经济转轨过程中由试点开始而逐步发展起来的新兴市场，早期制度设计有很多局限之处，改革措施不配套。一些在市场发展初期并不突出的问题，随着市场的发展壮大，逐渐演变成市场进一步发展的障碍，包括：股权分置问题；上市公司改制不彻底，治理结构不完善；证券公司实力较弱，运作不规范；机构投资者规模小，类型少；市场产品结构不合理，缺乏适合大型资金投资的优质蓝筹股、固定收益类产品和金融衍生产品；交易制度单一，缺乏适合于机构投资者避险的交易制度；等等。

为了积极推进资本市场改革开放和稳定发展，从而进一步推动经济和

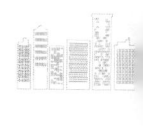

金融体系的改革和完善，促进国民经济增长，国务院于 2004 年 1 月发布了《关于推进资本市场改革开放和稳定发展的若干意见》。此后，中国资本市场进行了一系列的改革，完善各项基础性制度，主要包括实施股权分置改革、提高上市公司质量、对证券公司进行综合治理、大力发展机构投资者、改革发行制度等。经过这些改革，投资者信心得到恢复，资本市场出现转折性变化，中国资本市场的社会影响力和关注度大幅增加，在国际金融体系中的影响也不断增强。

（三）多层次市场体系和多样化产品结构的探索

一直以来，中国资本市场层次单一，只有上交所、深交所两个交易所市场，企业发行上市的标准单一、门槛较高，难以满足不同阶段、不同类型企业的融资需求和投资者不同的风险偏好。为丰富资本市场层次，深交所与 2001 年开始探索筹建创业板，并于 2005 年 5 月先行设立中小企业板；截至 2007 年年底，已有 202 家公司在中小企业板上市。

为妥善解决原 STAQ 系统①、NET 系统②挂牌公司流通股的转让问题，中国证券业协会于 2001 年设立了代办股份转让系统，此后该系统承担了从上交所、深交所退市公司的股票流通转让功能。2006 年 1 月，中关村高科技园区非上市股份制企业开始进入代办股份转让系统挂牌交易，该系统的功能得到拓展。截至 2007 年年底，代办系统有包括 8 家原 STAQ 系统、NET 系统的公司，上交所、深交所 41 家退市公司和 23 家北京中关村高科技园区公司在内的 72 家公司挂牌，参与转让账户开户达 57 万户，历年累计成交数量 44 亿股，成交金额达 104 亿元。

中小企业板市场的推出和代办股份转让系统的出现，标志着中国在建设多层次资本市场体系方面迈出了重要的一步。

在此阶段，中国资本市场陆续推出了可转换公司债券、银行信贷资产证券化产品、住房抵押贷款证券化产品、企业资产证券化产品、银行不良资产证券化产品、企业或证券公司发行的集合收益计划产品以及权证等新品种，以适应投资者的不同需求。这些产品的出现丰富了资本市场的交易品种。

---

① STAQ 系统全称是全国证券交易自动报价系统，由证券交易所研究设计联合办公室（联办，现更名为中国证券市场研究设计中心）于 1992 年 7 月开办，主要进行法人股交易。

② NET 系统全称是全国电子交易系统，由中国证券交易系统有限公司于 1993 年 4 月 28 日开始运行，主要进行法人股交易。

（四）债券市场得到初步发展

在 1999—2007 年期间，中国债券市场规模有所增加，市场交易规则逐步完善，债券托管体系和交易系统等基础建设不断加快。截至 2007 年，我国债券市场已形成了银行间市场、交易所市场和商业银行柜台市场三个基本子市场在内的统一分层的市场体系。

（1）交易所债券市场。交易所债券市场通过交易所的交易系统和中国证券登记结算有限责任公司的后台结算系统完成债券交易和结算，资金清算由清算银行完成，机构投资者和个人通过券商进行债券交易结算。交易所债券市场的债券品种和市场规模在 1999—2007 年期间持续增长，交易方式不断完善。2002 年，交易所对债券交易方式进行了改革，同年 3 月，上海证券交易所试行国债净价交易方式，提高了市场的流动性和活跃性；2004 年，推出了买断式国债回购交易；2005 年 9 月，国内首个企业资产证券化产品"联通收益计划"① 上市交易；2006 年，推出了可分离交易可转债②，市场登记、托管与结算业务规则尤其是国债回购业务规则进一步完善。此外，部分企业债券试行通过交易所网上公开发行，提高了发行的透明度，加强了发债主体的信息披露等。

（2）银行间债券市场。银行间债券市场由中国人民银行于 1997 年建立，依托全国银行间同业拆借中心前台交易系统和中央国债登记结算公司的后台托管结算系统来完成债券交易和结算，并通过中央银行或资金清算银行来划付资金最终完成交易的全过程，是以机构投资者为主、以协议方式交易的无形市场。自 2000 年以来，该市场的制度建设逐步完善，市场品种和规模不断扩大。2002 年 4 月，中国人民银行发布了《金融机构加入全国银行间债券市场有关事宜的公告》，并决定金融机构进入银行间债券市场由审批制改为备案制，实现了金融债的核准制，建立了短期融资券的备案管理制度。此外，市场参与者的队伍不断扩张到境外机构投资者

---

① 联通收益计划全称是中国联通 CDMA 网络租赁费收益计划，是以中国联通 CDMA 网络租赁收费权为基础资产发行的证券化产品。

② 可分离可交易可转债是指"认股权和债券分离交易的可转换债券"，它是债券和股票权证的混合品种，由可转债和股票权证组成，与可转换债券的区别在于债券与权证可分离交易，不设重设和赎回条款。

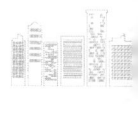

第六章　中国金融体系建设与资本市场发展

和企业等非金融机构，允许国际机构发行人民币债券[1]；交易品种不断丰富，先后推出外币金融债券、商业银行次级债券、证券公司短期融资券、工商企业短期融资券、商业银行普通债券、商业银行混合资本债券、债券远期交易、信贷资产支持证券等品种；允许企业债券进入银行间债券市场交易。此外，该市场的交易和登记结算系统等基础设施建设逐步完善，在2004年公开市场操作推出了券款对付[2]以及2005年实现了债券交易结算的直通式处理。

（3）银行柜台交易市场。商业银行柜台市场于2002年设立，是银行间债券市场的延伸，它利用银行营业网点的优势，设立营业柜台，主要面向包括个人投资者和中小企业的社会公众投资者从事国债零售业务。此后，国债交易网点也快速增加，个人投资者数量和交易结算量也有一定的增长。

但是，由于市场化的债券信用体系没有建立及债券市场的多头管理体制等原因，一段时间以来，公司债券市场发展滞后，影响了债券市场的发展。

（五）期货市场开始恢复性增长

1999年国务院发布的《期货交易管理暂行条例》及后续有关期货交易所、经纪公司、经纪公司高管资格和从业人员资格四个配套管理办法的实施，标志着期货市场法规体系初步建立，中国期货市场步入法制化和规范化运行发展的阶段。与此同时，对期货市场的清理整顿也基本完成和取得成效，一批不符合条件和违规的期货经纪公司被注销或停业整顿，使违法期货交易得到遏制。2000年12月，中国期货业协会在北京成立，成为全国期货行业的自律性组织，为非营利性的社会团体法人。2003年7月1日，由中国期货业协会颁布的《期货从业人员职业行为准则》开始正式实施，这是国内期货行业第一部行业性的从业人员行为自律规范。

2003年，期货市场全面推行期货交易保证金封闭运行，严格执行期货交易结算规则，防范和化解期货交易结算和交割风险。2004年起，中

---

[1]　俗称"熊猫债"。2005年10月，国际金融公司和亚洲开发银行在全国银行间债券市场分别发行人民币债券11.3亿元和10亿元。这是中国债券市场首次引入外资机构发行主体，是中国债券市场对外开放的重要举措和有益尝试。

[2]　券款对付是指结算双方同步办理债券交接和款项结算并互为约束条件的结算方式（DVP），又称货银兑付。

231

国陆续推出了棉花、燃料油、玉米、黄大豆2号、白糖、豆油、精对苯二甲酸（PTA）、锌、菜籽油、线性低密度聚乙烯（LL-DPE）和棕榈油等商品期货交易品种，黄金期货上市的准备工作也已基本完成。同期，《期货经纪公司治理指引》和《期货交易保证金封闭管理办法》实施，实行了以净资本为核心的期货公司风险监管指标体系，建立了新的期货保证金存管制度和投资者保障基金。2006年5月，中国期货保证金监控中心成立并逐步建立了期货保证金核对系统和投资者查询服务系统，以监控期货保证金的安全。期货市场的运行质量和规范化水平明显提高，与实体经济和现货市场的联系更加紧密。2006年9月，中国金融期货交易所在上海成立，准备推出金融衍生品。

截至2007年，中国期货市场共有16个交易品种，套期保值和价格发现功能逐步发挥效用；上海、大连、郑州三家商品期货交易所逐步统一交易规则，开展联网交易，降低交易成本。2007年3月，修订后的《期货交易管理条例》发布，将规范的内容由商品期货扩展到金融期货和期权交易，扩大了期货公司的业务范围，进一步强化了风险控制和监督管理。

（六）对外开放不断推进，全面履行加入世界贸易组织的有关承诺

自2000年12月中国加入世界贸易组织后，中国资本市场对外开放步伐明显加快。截至2006年年底，中国已全部履行了加入世界贸易组织时有关证券市场对外开放的承诺。对外开放推进了中国资本市场的市场化、国际化进程，促进了市场的成熟和发展壮大。

（1）合资证券期货经营机构的设立。为了切实履行中国加入世界贸易组织的承诺，中国证券市场的重点在于允许外国投资者依法参与设立证券公司和证券投资基金管理公司等证券经营机构。中国于2002年发布了《外资参股证券公司设立规则》和《外资参股基金管理公司设立规则》；同年，上交所、深交所也分别发布了《境外特别会员管理暂行规定》。截至2007年年底，中国共有7家中外合资证券公司、28家中外合资基金公司，其中，19家公司的外资股权已达到40%以上，有4家外资证券机构驻华代表处成为上交所、深交所特别会员，有39家和19家境外证券机构分别在上交所、深交所直接从事B股业务。此外，2006年银河期货经纪有限公司和荷兰银行合资成立了国内第一家合资期货公司，标志着外资机

第六章　中国金融体系建设与资本市场发展

构正式进入中国期货市场。

（2）合格境外机构投资者（Qualified Foreign Institutional Investor, QFII）与合格境内机构投资者（Qualified Domestic Institutional Investor, QDII）制度相继建立。在人民币资本项下未实现完全自由兑换的情况下，中国于2002年发布了《合格境外机构投资者境内证券投资管理暂行办法》，并实施允许经批准的境外机构投资者投资中国证券市场的QFII制度。截至2006年年底，已有52家境外机构获得QFII资格，其中49家获得总计99.95亿美元的投资额度，有13家银行（包括5家外资银行）获准开展QFII托管业务。QFII的持续发展，进一步扩大了我国证券市场机构投资者的队伍，有利于投资理念的转变，改善了基金行业的竞争格局，提升了行业整体水平，提高了中国资本市场的国际影响力。

中国于2006年5月实施允许经批准的境内机构投资境外证券市场的QDII制度，并于2007年7月颁布了《合格境内机构投资者境外证券投资管理试行办法》来规范QDII行为。截至2007年年底，有15家证券投资基金管理公司和5家证券公司获得QDII资格，总额度为245亿美元。QDII的引入，不仅有助于理顺外汇市场的供求关系，而且使中国的投资者有机会投资更广阔的国际资本市场。

（3）继续推进大型国有企业集团重组境外上市。1999年以来，国内大型企业境外上市融资额逐年上升，2006年高达3136.7亿元。H股、红筹股成为香港资本市场的重要组成部分。随着境外上市公司数量的增加，境内企业到境外发行和上市的模式也呈现出多样化的特点。

（4）外商投资股份公司境内发行上市和外资战略投资上市公司。中国在2001年11月允许符合条件的外商投资股份公司可申请在中国境内上市，在2002年11月允许向外商转让上市公司的国有股权和法人股权，与2006年2月允许外国投资者对已完成股权分置改革的上市公司进行战略性投资取得该公司A股股份。

（5）证券监管国际合作。中国证监会与境外证券期货监管机构、国际证监会组织（IOSCO）以及其他国际组织的交流与合作不断加强。截至2007年年底，中国证监会已与33个国家或地区的证券期货监管机构签署了37个双边合作备忘录。这些备忘录的签署，使中外监管机构可以交流监管信息，相互提供跨境调查协助，开展人员交流与研究合作。2006年6月，中国证监会主席尚福林当选国际证监会组织执委会副主席。

233

综上所述，在第三阶段，1999年《证券法》的实施及2006年《证券法》和《公司法》的修订，使中国资本市场在法制化建设方面迈出了重要的步伐；一批大案的及时查处对防范和化解市场风险、规范市场参与者行为起到了重要作用；国务院《关于推进资本市场改革开放和稳定发展的若干意见》的出台标志着中央政府对资本市场发展的高度重视；股权分置改革等一系列基础性制度建设使资本市场的运作更加符合市场化规律；合资证券经营机构的出现和合法境外机构投资者等制度的实施进一步推动了中国资本市场的对外开放和国际化进程。中国资本市场也在2006年出现了转折性的变化。

四、资本市场在中国的作用与未来

（一）信息技术革命与资本市场主导型金融体系

近年来，关于各国金融体系是否会"趋同"或者是否应该向美国模式"收敛"的话题逐渐成为政策部门和学术研究的关注点。在国外，对于信息技术革命对金融体系的影响是论述的重点，信息技术的开发与应用为金融结构的演变奠定了强大的技术基础。现代信息技术革命的特征：一是信息处理技术和通信技术的融合；二是信息处理和传播的速度加快、范围扩大（全球化）、成本降低；三是信息技术的日益普及。这些都对金融领域产生了巨大的影响。

（1）由于信息技术的影响，资本市场的功能得到极大的强化。随着信息技术的发展，信息处理能力得到极大的提高。同时，金融工程日益发展，金融资产的风险收益组合更容易被计算，对各种金融资产的特征进行组合与分解的证券化技术不断发展，扩大了可交易金融资产的范围。与此同时，交易成本的下降刺激了套利活动，增加了市场的交易规模。另外，电子交易的扩大，从总体上提高了金融交易的效率。因此，在资本市场竞争的压力下，传统银行的存贷款业务呈现持续下降的趋势。这一点在资本市场发达的英、美等国表现得尤其突出。

（2）降低了以银行为代表的传统金融中介机构市场准入的门槛。例如，在日本，2001年6月，日本网上银行和索尼网上银行相继开业。传统金融机构以外的企业，借助各种信用评级技术，克服了传统商业银行借助结算账户把握客户资金动向的优势，也参与了金融业的竞争。其结果是金融中介的功能被严重分散化。与此同时，信息技术革命也导致金融服务业的规模经济效应增大。大型商业银行之间以及银行与其他金融机构之间的并购和合作趋势加强。在这样的基础上，银行虽然能够借以获取一些垄断利润，但总体来看，金融中介功能分散带来的损失还是大于垄断利润的收获。新信息技术提高了金融市场的运行效率和金融机构间的密切程度，为金融机构拓展新业务提供了技术支持，也为金融和投资信息快速大范围的传播提供了条件，使更多的部门、机构、社会成员参与了金融市场的投资活动，从而推动了各国金融业间的竞争和一体化进程等。

（二）金融体系结构的变迁

现代金融理论常常假设金融市场是最好的金融运作形式，金融市场发达的体系比主要依靠银行的体系，处于更高的发展阶段。言下之意，像美国这样的金融体系是最好的。因此，认为金融体系必将向美国模式"收敛"，银行必将式微、衰落，甚至泯灭，而金融市场必将成为金融体系主体的观点，好像已成定论。

支持这种观点的根据主要是两个事实：一是有关银行融资与资本市场融资两者对比消长演变所显示的趋向；二是资本市场近 20 年来在所有国家（包括银行主导型国家）的迅速发展。

如果这样的趋势一直发展下去，结局必然是全世界各国的金融体系都"收敛"于美国的模式。问题是，会不会"一直"朝着这个方向"收敛"到底？这不仅要求对实际进程继续观察，同时还要有理论论证。如果做出了规范的逻辑论证，论证市场的确优于机构，那么"收敛"于美国模式的判断至少可以确认是一个理论假说。

的确有这样的推导：当市场处于"完善"状态，即对资源配置充分有效时，金融中介就没有任何存在的价值。但是，要使这样的判断成立，必须假定市场上的所有交易者都有能力自己构造投资组合。显然，在实际生活中是不可能出现这样的假设条件的。同时，伴随着金融市场交易范围的扩大，实际生活显现的趋向非个人直接参与市场交易的行为日益增多，而且个人直接参与市场交易的行为日益向借助于金融中介参与市场交易的行为转变。

自 20 世纪 70 年代以来，一些银行主导型金融体系的国家以不同的方式和层次出现了向以美国为代表的资本市场主导型金融体系转变的倾向。

20 世纪 80 年代初期，欧洲的大部分国家仍然是银行主导型金融结构。但是在 20 世纪的最后 20 年，欧洲国家的金融市场不断发展，上市公司不断增加，股票市场的市值也迅速增长，并且出现了新的股票市场（如德国的创业板市场）。最令人感兴趣的是，市场逐渐替代了原先由银行执行的一些传统金融功能。还有一些迹象表明对金融市场的态度正在改变。例如，一些德国公司已经公开宣布将坚持股东价值最大化原则。另外，相关法律制度也在变化，整个欧洲国家的信息披露标准都已经提高，并且制定了保护小股东权利的法律和反对内部人员交易的法律，并且大多数国家已经开始实施这些法律。种种变化说明，尽管银行主导型金融结构在欧洲仍然占据优势地位，但向市场主导型金融结构的转变倾向已经十分明显。

德国是银行主导型金融结构的典型国家，它向市场模式演进的趋势主要体现于银行在公司治理中职能的变化上。例如，银行家在监事会的代表权正在逐渐减弱。1993 年，在德国最大的 100 家公司中，私人银行持有 99 个监事会席位，相当于总数的 6%，与之相比，1986 年持有 114 席，约占总数的 8%。在代理投票权上也存在着类似的情况，对许多银行来说，代理投票权所必需的监护服务已经变得太昂贵，它们将采纳可行的方法来替代现行的办法。一些更小的银行，如法兰克福大众银行已经放弃了代理投票权。至于备受关注的银行在非银行机构中的参股问题，过去 10 年间的总体趋势是银行显著减少了这样的持股，对德意志银行来说更是如此。在过去几年中，德意志银行已经采取相当多的措施来减少它的一些大宗参股（如在 Daimler、Holzmann、Studzuker 和 Hotter 等公司的参股），多数其他私人银行采用了类似的方法剥离了它们的参股。根据 20 世纪 90 年代初的调查，德国十家最大的私人银行在上市的或私人有限非金融公司的参股占其总名义资本的比例，已经从 1976 年的 1.3% 降至 1986 年的 0.7%，再降至 1994 年的 0.4%，特别是那些可以产生重大影响的大宗持股都已经减少了。

另外，德国政府也在不断努力改善德国金融市场。20 世纪 80 年代中期，德国金融中心所提出的改革方案得到了政府、联邦银行和银行团体的支持。该方案的假设前提是，资本市场的缓慢发展是由德国在整体上技术缺乏、地方保护主义过度和股票交易分散化、缺乏股票市场交易的公开信息、因技术欠缺导致的高交易成本以及德国公众的风险回避心理等诸多因素所共同造成的。针对这些问题，德国展开了一系列旨在促进金融市场发

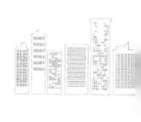

第六章　中国金融体系建设与资本市场发展

展的改革措施。例如，废除利息税（1984 年）、股票交易许可法（1987年），在证券交易中引入跌停和涨停限制（1989 年），建立金融期货市场（1989 年），废除证券交易税（1991 年），把德国证券交易所变成一个国有公司（1993 年），建立第二金融市场促销法（1994 年），以及采用国际会计准则（1995 年）等。进入 20 世纪 90 年代，德国的资本市场取得了巨大发展，上市公司的数量剧增，从 1980 年的 2147 家增加到 1995 年的3780 家，2001 年进一步增加到 11753 家；交易额也有较大的增长，1995年交易额为 17332 亿马克，而 2000 年则上升至 90403 亿马克。

　　从 20 世纪 80 年代开始，法国也进行了一系列的金融改革。在银行方面，制定了新的银行法，放松了对金融机构业务的限制，允许银行进入资本市场和保险市场，成为全能型银行，并在金融市场上处于主导地位。进行利率自由化改革并废除了贷款配给和大量贷款补贴。进行大规模的私有化，政府大量退出国有部门。这些改革都加剧了金融机构之间的竞争。在资本市场方面，引入新的计算机报价系统和交易网络，简化交易程序，放松对交易费用的管制；结束了券商的垄断地位，允许券商开展银行业务；引入新的金融工具，开设新的市场，如期货市场、期权市场、风险资本市场，等等。这些改革极大地促进了资本市场的发展，从 1986 年到 1992年，股票发行数量增长了 794%，交易量增长了 1022%，市值增长了 534%。

　　泡沫经济破灭后的严重经济衰退使日本政府认识到，只有对金融体系进行彻底的改革，才能最终摆脱衰退。于是，就有了日本金融体系从以银行为核心的银行主导型金融结构向以自由市场为主导的市场主导型金融结构的转变。1996 年 11 月 11 日，日本首相桥本龙太郎直接指示大藏省和法务省在 2001 年以前实施金融体系改革，目标是通过放宽对金融业的限制，扩大银行证券和保险业的经营范围，促进金融业的竞争与发展，推动资本交易自由化和个人金融资产的有效运用，扭转东京金融市场持续萎缩的状况，将日本的东京金融市场改革为基于市场机制的自由市场，透明的、值得信赖的公正市场和超越时代的全球化市场。改革的重中之重就是股票市场的改革，具体的措施主要包括：放松或废除对投资信托、基金和养老基金等资产运用业务的限制，解除对设立金融控股公司的禁令，促进银行、证券和保险业相互之间的业务交叉，放宽或撤销对金融商品设计、销售的限制，实行各种手续费标准自由化，进行会计制度改革，等等。随着相关

237

措施的实行，日本股票市场改革开始进入实际操作阶段，几乎证券市场的所有领域都将更为开放和自由，这同时也意味着日本的金融体系正在向以市场为主导的、开放的、自由竞争的金融体系转变。许多新兴的市场经济国家也采取特殊的措施来促进股票市场的发展，其中一些国家甚至企图通过限制银行信用的扩张来加强股权融资。例如，韩国在1974年引进了资本交易银行制度和信用控制体系，旨在鼓励大公司采取向公众出售股票的直接融资方式，从而降低向金融机构的借款额。另外，在转轨经济国家中同样也存在着这一趋势。在计划经济国家中，银行存款仅仅是官方向个人提供的一种储蓄/投资工具。在中央计划经济体制做出投资与生产决策的基础上，银行提供的信贷是企业部门唯一的外部融资源泉，银行自身不需要做出信贷配置决策，不需要对信贷风险进行评估。因此，在计划经济体制下，不存在股票市场的基础，尽管存在着银行，但是它们仅仅是政府的代理人。随着原计划经济国家进行宏观与微观经济改革以实现从计划经济向市场经济的转型，金融结构也发生了巨大的变化，主要表现为：建立了真正的银行体系，取代了原有的单一银行；建立或重新开放了股票市场。例如，爱沙尼亚、匈牙利、拉脱维亚、波兰和斯洛文尼亚通过初次发行少量的企业股票来发展股票交易所，大多数股票的交易量还相对较高；俄罗斯和乌克兰则同时通过私有化和股票初次发行来发展股票市场。尽管同发达国家相比，大多数转轨经济国家股票市场的发展仍然是很不充分的，除了那些最大的公司，股票市场对于许多公司来讲，还不是具有重要意义的融资渠道，然而股权融资的规模已经足以影响总投资的变化。同时，转轨经济国家也在努力完善各种制度，例如，使国内与国际会计标准和审计标准的差异减小，通过制定法律和加大法律执行力度来加强对债权人和投资者权利的保护，建立增强金融部门信心的独立的、强而有力的监管，等等，从而为向市场主导型金融结构转变奠定制度基础。

在银行主导型金融结构致力于向市场主导型金融结构转变的同时，市场主导型金融结构国家也在不断强化市场的作用。从美国来看，这一趋势的突出表现是新的金融体系框架的建立。20世纪30年代大危机以后，美国对危机反思的结果是"商业银行业务与投资银行业务的混合，引起了严重的利益冲突的欺诈行为"，这一结论的直接后果是1933年《格拉斯－斯蒂格尔法案》的颁布，从而确定了银行证券分离的金融业务模式。1956

年的《银行控股公司法》及其 1970 年的修正案继续贯彻了这一精神。但是 20 世纪 70 年代以来经济环境的变化和竞争的加剧对这一业务模式提出了挑战。在经过长久的争论之后，1999 年美国宣布废除《格拉斯－斯蒂格尔法案》，并出台了新的金融服务法案，从而标志着美国新的金融业务模式和新的金融体系框架的产生。《金融服务现代化法案》规定，银行、证券公司、保险公司以及从事金融服务的其他企业可以相互构建关联企业，美国金融业分业经营的壁垒至此被打破，混业经营取而代之。而混业经营的出现必然加快银行与市场的融合，推动金融市场的发展。

虽然在第一章和第三章我们都提及了"银行主导型金融体系仍是当今世界各国发展主流"，但这并不意味着国家的金融体系是单一地依靠以银行为主的金融机构，机械地遵循某一模式是不利于金融发展的，国家金融体系中资本市场的作用也愈发凸显。以融资方式为例，某一经济体内融资途径的单一会带来消极后果。如果一个国家的融资过分依赖于银行，风险就会增加。因为相对于资本市场而言，银行对企业监督的有效性有限。银行对企业放贷是两个组织之间的关系，这一过程控制在少数几个经办人手里，而且贷款是商业秘密，他人无法得知。企业如果经营不善常常会借新债还旧债，银行实际上面临着企业融资的道德风险：已经发生的贷款成为企业不断获得新融资的"资产人质"，银行为保证过去融资的归还而不得不向企业继续提供融资。这导致在很多情况下会形成一种自我强化机制，积聚巨大的风险。在工业化国家，企业的资金来源多样化，企业从银行获得的贷款和从资本市场所筹的资金比例差不多。但是，将银行作为主要融资方式的国家，增加直接融资特别是证券融资的比例，对资金配置市场化具有特别重要的意义。

任何一种融资方式都不能解决实际经济中发生的全部问题。银行在某些情况下难以为一些项目融资，创新便难以形成，降低了资本形成和财富创造的速度，所以存在银行失灵现象；证券市场存在过度反应，使得资产的价格难以反映资产的价值，对实际经济的晴雨表作用失灵，也存在证券市场失灵现象。银行具有的某些功能，是证券市场无法实现和替代的；证券市场具有的一些功能，银行也难以发挥和替代。因此，以银行为基础的金融体制和以证券市场为基础的金融体制是互补的，各种金融服务中介的共存，增加了金融服务的多样性，降低了经济所面临的风险。

美联储前主席格林斯潘（Alan Greenspan）把资本市场和商业银行看

成是互为"后备"的金融中介方式。格林斯潘指出,当一个经济体基本的金融中介方式失灵的时候,必须存在替代性的"后备"金融中介方式将该经济体的储蓄转化为投资。如果没有"后备"金融中介方式来满足社会资金融通需要,一旦金融中介或金融市场陷入危机,会拖累整个经济陷入危机。1998年,美国资本市场一度陷入瘫痪,但由于"后备"金融机构尤其是商业银行的存在,代替资本市场执行了储蓄向投资转化的功能,美国金融业并没有发生混乱。而1990年的情况正好相反,当时美国银行业陷入瘫痪,是资本市场填补了银行业的缺位,否则经济衰退会严重得多。1997年爆发的东南亚金融危机之所以导致这些国家和地区经济的持续衰退,是因为这些国家和地区缺乏一个有效的资本市场而严重依赖银行,由于没有"备用轮胎",致使这些国家的经济随着银行业的瘫痪而崩溃。因此,金融体系的多样化可以避免金融领域的问题扩展到整个经济领域。

(三) 资本市场在中国金融体系中的重要性

金融功能决定金融体系。在传统的金融体系中,金融功能分为两大类:第一个功能是提供支付清算。贸易活动发达之后,支付清算非常重要,一个发达的金融体系必须提供支付清算的功能以提高全社会经济的运行效率。实质上,商业银行形成之后这个功能便已经具备了。传统金融体系的第二个功能是媒介资源配置,这是因为市场中信息不对称、风险无法分散等原因,所以它需要一个中介来完成从储蓄到投资的转化。早期金融体系受技术的限制,只能在一个狭窄的地域发展,工业社会后发现原来的金融制度满足不了要求,所以现代股份制银行开始出现。上述两个功能是金融体系必须具备的。今天,金融功能升级了,上述两个功能仍然存在,但它们不是最核心的功能。最核心的功能应当是成长性最好的代表未来发展方向的功能。经济发展到今天,经济活动不但要具有支付清算及资源配置的简单媒介功能,而且更需要分散风险、对冲风险、管理风险的功能,以使整个经济体系能够安全运转。这是现代金融体系必须具有的一个新的功能。第二个新的功能是将经济增长的财富通过金融体系表达出来。只有经过证券化处理的金融市场,才有可能与整个经济增长保持动态的联动关系。

随着近年来股票市场和债券市场的快速发展,中国企业直接融资比例

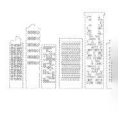

有了很大提高，但是与发达国家相比，中国直接融资比例还是比较低的。统计显示，2012年之前，中国企业直接融资比例不到15%，欧美发达国家企业直接融资比重已经达到60%甚至更高。中国直接融资比重过低直接导致企业资金来源单一，企业融资过度地依赖银行贷款，金融风险集中于银行体系内部。商业银行对高科技、高风险项目的融资要求一般难以及时、足量地予以满足，单一的融资渠道压抑了新兴产业的发展。对于民营企业而言，它们得到银行信贷的支持也非常有限，这严重制约着中小企业的发展，降低了全社会资金的利用效率。中国的债券融资相对于股权融资严重滞后，债券融资占直接融资的比重不到20%，导致中国上市公司的资本决策的空间有限，财务成本和财务风险不能有效降低。未来，中国应该重视金融市场特别是资本市场在实现经济增长和资源优化配置过程中的重要作用，在中国经济全面发展的过程中，金融市场应成为国民经济增长的发动机和助燃剂。

简言之，金融体系必须增加分散风险与管理财富这两个新的功能，但目前中国的金融体系还不具备这两种功能，因为我们的资本市场非常微弱。因此，我们所要选择的金融体系中应当包含一个充分发达的资本市场。

第四节　中国金融体系的定位选择和完善

一、银行主导型金融体系是基于中国国情和发展需要的历史选择

中国的金融体系具有典型的银行主导型特征，截至2014年年底，银行业总资产大约为172万亿元，占金融业总资产近90%（见表6-1），截至2012年，通过银行等金融中介进行的间接融资比重接近85%（见表6-2），这个比例不但远远高于美国、英国等市场主导型金融体系，而且在金砖四国中也是最高的，在各大国中仅低于德国。

国家金融体系定位

表 6 - 1　金融业资产简表（2014 年 12 月 31 日）

单位：万亿元

资产总额	项目
金融业	219.18
中央银行	33.82
银行业金融机构	172.34
证券业金融机构	2.86
保险业金融机构	10.16

注：证券业金融机构资产指不包含客户资产的证券公司总资产。

（资料来源：陈云贤著《中国金融发展探索》，中国金融出版社 2017 年版。）

表 6 - 2　2002—2012 年社会融资规模及直接融资比重

单位：亿元

年份	社会融资规模								直接融资比重（％）
	人民币贷款	外币贷款	委托贷款	信托贷款	未贴现的银行承兑汇票	企业债券	非金融企业境内股票融资	总额	
2002	18475	731	175	—	-695	367	628	20112	4.95
2003	27652	2285	601	—	2010	499	559	34113	3.10
2004	22673	1381	3118	—	-290	467	673	28629	3.98
2005	23544	1415	1961	—	24	2010	339	30008	7.83
2006	31523	1459	2695	825	1500	2310	1536	42696	9.01
2007	36323	3864	3371	1702	6701	2284	4333	59663	11.09
2008	49041	1947	4262	3144	1064	5523	3324	69802	12.67
2009	95942	9265	6780	4364	4606	12367	3350	139104	11.30
2010	79541	4855	8748	3865	23346	11063	5786	140194	12.02
2011	74715	5712	12962	2034	10271	13658	4377	128286	14.06
2012	82036	9164	12841	12847	10499	22551	2507	157632	15.90

（资料来源：陈云贤著《中国金融改革发展探索》，中国金融出版社 2017 年版。）

242

第六章　中国金融体系建设与资本市场发展

基于中国特殊的发展历程、阶段特征以及制度和文化背景，这种银行主导型金融体系具有历史渊源性、现实必要性和内在合理性，在今后相当长的一段时间内难以发生根本性动摇。这也意味着，从当前中国金融体制现状出发，构建稳定而高效的现代金融体系，要继续以银行体系为核心和出发点。

（一）银行主导型金融体系是中国现代金融体系发展演变的结果

从前文对中国金融体系发展历程的回顾不难看出，中国银行主导型金融体系的形成有着深厚的历史背景。经过40多年的发展，目前中国基本形成了以银行业为主导、其他金融机构和资本市场共同发展的金融结构体系，商业银行的主导地位非常突出且难以撼动，可以说，这种银行主导型金融体系是改革开放进程中金融体系演进的自然结果，具有深厚的历史背景、路径基础和内生动力。

（二）银行主导型金融体系是中国当前经济发展阶段的现实选择

对一个国家来说，有效的金融体系不仅取决于其自身功能是否完善和健全，而且取决于该国经济发展的阶段特点，并要与该国的社会政治、法律、文化制度环境等相适应。虽然市场主导型金融体系在金融效率、兼顾公平、多样性等方面具有独特的优势，但就中国国情特点和发展阶段而言，银行主导型金融体系更具适应性和匹配性。

1. 银行主导型金融体系有利于降低信息成本

目前，中国法律体系尚不健全，金融市场有待完善，金融运行中存在严重的信息不对称，且信息成本较高。按一般性理论，信息成本的大小主要取决于法律制度的完备性、市场交易规模与竞争程度这两个因素。法律制度越健全，市场竞争越充分，从市场收集信息的成本也就越低。反之，通过组织内部收集信息的成本越低。简言之，以市场为主导的金融体系更依赖市场和法律制度的完善。在中国法律制度和市场体系还不够完善的情形下，银行主导型金融体系具有明显的规模经济效应和范围经济效应，更容易解决投资过程的信息不对称问题。比如，银行投资的主要形式是贷款，企业在申请贷款时必须提供大量私人信息，这些信息是个别投资者所难以获得的，银行不仅在收集、处理信息方面付出成本相对较小，而且信

243

息的可信度较高。并且银行与企业间存在长期的合作关系和反复博弈现象，银行需通过多种方式进行资信调查和核验，贷款企业的违约成本很高，因而违约的可能性大大降低，这些都能够在一定程度上解决信息不对称带来的道德风险。

2. 银行主导型金融体系有利于储蓄向投资的转化

金融的一项基本功能就是储蓄向投资转化，如果转化顺畅，则资本供给不会出现很大的问题，那么经济发展就有保证。目前，中国尚处于雷蒙德·W. 戈德史密斯（Raymond W. Goldsmith）所描述的金融业发展第二阶段，银行在金融体系的主导地位非常明显，资本市场还不够发达，国内企业和居民财富主要体现为银行存款等资产。特别是中国居民收入水平差别很大，通过资本市场进行投资的方式还不够普及，在家庭资产结构中，银行存款占了极大比重，因此，只有通过银行金融机构以贷款等方式，才能有效地把储蓄转化为投资，把财富转化为资本。从现实的经济发展情况来看，多年以来，中国经济快速增长主要通过银行体系提供充分的资本供给，企业的成长也主要依靠银行信贷资金。今后在相当长的时期内，间接融资仍然是主要的融资渠道。

3. 银行主导型金融体系有利于在不同经济周期持续为经济建设输送巨量资金

中国现代化建设是人类历史上最为浩大的系统工程，需要源源不断的、稳定可靠的资金支持和推动。相较于庞大的银行体系，中国资本市场的资金流量、融资规模还不够大。更加重要的是，资本市场发展有明显的周期性，既有牛气冲天的牛市，也有萎靡不振的熊市。一旦进入熊市周期，整个资本市场的融资功能将被极大地消减弱化，不仅一级、二级市场，而且天使投资、风险投资、私募股权投资等市场融资和并购活动都会受到严重影响。银行金融体系显然更加稳定而且也可以促进经济平稳运行。即使在经济下行周期，以及资本市场持续不景气的阶段，也可以通过放宽信贷等方式，保证银行体系为经济建设和企业发展提供稳定的融资渠道。此外，中国地域广阔，沿海和内地、东部和西部、城市和农村，各个区域发展水平差距很大，在经济欠发达地区，难以充分利用资本市场促进发展。国内银行体系覆盖面广、根基深厚，特别是国有商业银行和股份制商业银行，可以在全国范围内调配资金资源，更好地促进欠发达地区发展。

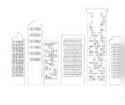

4. 中国资本市场成熟发展将是一个漫长的过程

中国资本市场起步较晚，虽然近年有了迅速发展，但仍然存在许多问题，从宏观层次看法律制度不完善，从市场层次看市场监管不合理，从市场参与者看企业内控机制不尽完善、投资者风险控制意识不强，等等，这些问题制约着中国资本市场发挥其应有的作用。特别是 2015 年 6 月爆发的股市风暴，使得人们不得不重新反思中国金融体系的方向性选择以及如何在中国建立银行与资本市场平衡发展的金融体系结构。

综上所述，银行主导型金融体系符合当前阶段中国国情及经济社会发展需求，具有必要性和合理性。展望未来，随着中国资本市场飞速发展，直接融资比例将明显提升，但是以银行为主导的大格局不会动摇。中国现代金融体系建设在较长时间内都应不断深化和完善银行主导格局，继续保持银行业的稳定发展，强化银行体系对经济社会建设的支撑，同时积极促进资本市场发展，而不是像日本那样在银行体系出现问题之后才开始关注资本市场建设。

二、中国现代金融体系建设的定位和建议

（一）中国现代金融体系定位选择

中国未来金融战略的核心内容是构建适合中国国情的现代金融体系。作为发展中国家，中国的金融体系不能照搬照抄任何一个国家，而是要根据本国实际情况、经济基础以及外部条件、制度环境等因素综合抉择，必须适应国家跨越式发展和加快转型升级的要求，与社会主义市场经济同步深化发展。由此，中国金融体系的未来方向仍然是向现代银行主导的金融体系发展，总体定位是建立一个以银行机构为主导、资本市场为重要引领、各类金融机构发挥积极作用，多元化、多层次、多功能的现代金融体系。

1. 要坚持银行体系的主导地位

中国经济近年来一直快速增长，但仍处于发展的初级阶段以及经济转型过程中，国有大中型企业和民营中小型企业并存、高收入家庭和低收入家庭并存等局面将会持续很长时间，银行主导型的金融体系比较适合国家在这个阶段的加快发展。尤其是中国银行和资本市场的发展阶段和成熟程度不同，银行的发展相对比较成熟，资本市场的发展时间还不长，市场能

够起到的作用还比较有限，通过市场进行投融资还不能在全国大范围普及。以银行为主导、资本市场为补充，为不同类型、不同规模、不同需求的市场主体和居民个人配置资源、分担风险，是极有必要的。

2. 要加快发展资本市场

资本市场是促进创新创业、发展新兴产业、提升国家未来竞争力的根本动力与保障。美国之所以一直以来执世界科技创新之牛耳，在新兴产业及高风险产业发展具有得天独厚的优势，与其发达的资本市场和完善的直接投融资体系是息息相关的。我们在整体上，要改变直接、间接融资比例失衡的局面，大力扶持资本市场的发展，显著提高直接融资比重；在局部上，要加快培育各类市场主体和非银金融机构，将国有大型银行份额控制在一个合理的水平区间，有效降低系统性金融风险；在市场建设上，要正确处理政府和市场的关系，完善法律和监管体制，建设公正、透明、高效的资本市场。

3. 要大力发展各类金融机构，促进金融结构体系的全面均衡发展

对于一个功能全面、充满活力的金融体系来说，金融机构与金融市场都是不可或缺的。中国金融结构优化的方向之一，就是建立一个金融机构与金融市场均衡发展的金融结构体系。"均衡发展"并不是指金融机构与金融市场在数量上的绝对平均，而是指二者在功能上的动态均衡。基于中国经济、金融发展基础和现实国情，在确保银行体系稳健发展的同时，要大力发展业态多元、功能健全、覆盖面广的金融机构体系，使其具备足够的规模和深度广度，形成良好的金融组织生态，成为银行体系的重要补充，提升整个金融体系投融资弹性和资源配置效率，降低银行体系的风险承载量，提高中国金融安全系数。

（二）"十四五"期间我国金融结构性变化预测

按照目前中国经济增长的新目标，在"十四五"期间，中国经济有望按照6%以上的增速增长。据初步核算，2020年中国全年国内生产总值（GDP）为1015986亿元人民币[①]，那么最快到2025年，中美之间经济总量可基本相当。党的十八大提出，到2020年中国要实现国内生产总值和城乡居民收入翻番。假设在"十四五"期间中国国内生产总值平减指数平

---

① 参见《光明日报》，2021年3月1日第10版。

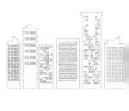

第六章 中国金融体系建设与资本市场发展

均为 4% 左右，在此基础上，我们进一步测算了未来十年部分金融指标的发展情况。中国的 M2① 的计划增速是基于国内生产总值及物价水平确定的，预计我国未来的货币政策保持中性，即 M2 增速与国内生产总值和国内生产总值平减指数之和相同。这表明，到 2025 年前后，中国的 M2 绝对值将从 2020 年的 218.7 万亿元提高到 350 万亿元左右，年均增长 10% 左右。

综合我国目前经济金融内生、外生变量的发展趋势，并参照美国、日本等国家金融资产结构的演变规律，分析认为，在"十四五"规划期间，我国金融资产结构将发生较大变化，银行金融资产比重下降但仍占重要地位，股票、债券、基金等金融资产的比重将大大提升。

（三）相关建议

中国未来金融发展大格局将立足于服务实体经济这个总纲，向间接融资和直接融资齐头并进的发展路径纵深发展。在金融总体运行平稳但存在局部金融风险的情况下，进一步深化银行改革的成果，牢牢抓住银行业总体稳定这块"压舱石"，同时积极促进资本市场的发展。其中，商业银行的发展方式、业务模式和管理机制转型，构建多层次债券市场和完善多层次股票市场体系，加快现代保险服务业改革，深化政策性金融体系改革，探索基于负面清单管理的金融监管模式，等等，都是金融改革法制的重要内容。

1. 继续深化银行的市场主体功能

一是不断完善中国现代化商业银行体系，包括经营的综合化、发展的国际化、竞争的差异化、服务的多样化等。例如，允许商业银行通过投资新设或控股证券、基金、保险、信托公司等金融机构，进一步加快经营业务的综合化，不断完善运营和监管能力。二是加快传统银行业务转型。必须尽快拓展中间业务品种，提升中间业务利润在整个利润额中的比重。特别是加快发展零售业务，更好地为提升城乡居民生活水平服务。注重发展与资本市场有关的中间业务，如企业并购、项目融资、资金结算与清算、基金资产管理等业务。三是大力发展各类民营银行。逐步放宽民营银行准入标准和业务领域，通过多种途径促进民营银行健康发展。吸收更多民间

---

① M2：广义货币供应量，反映货币供应量的重要指标。

247

资本入股现有的中小银行特别是城市商业银行，将城市中小银行发展成为名副其实的民营银行。四是积极发展地方性中小金融机构。加快农村金融体制改革步伐，增强农村信用社的功能，发展各类地方性中小银行及非银行金融机构，使其成为促进地方经济发展的重要金融支持力量。

2. 全面发展和完善多层次资本市场

一是继续稳步扩大股票市场的规模。在继续促进国有大企业上市的同时，让更多民营企业进入资本市场。积极发展创业板、场外交易市场、众筹等延伸资本市场。二是拓展债券市场和衍生品市场。鼓励企业利用各种债务工具进行融资，获取低成本资金。在风险可控的前提下稳健发展金融衍生品，推动创新型期货市场的创设和发展。三是加强资本市场和货币市场的联动管理。未来的中国金融市场中，资本市场和货币市场资金是连通的，长短期资金相互转化并在不同的市场间相互流动。发达的货币市场可以为资本市场提供稳定充裕的资金来源，从资本市场退出的资金也能在货币市场重新进行风险配置。资本市场和货币市场的联动一方面源自金融机构的综合化经营，另一方面源自市场的整合，包括银行间债券市场和交易所债券市场的逐步统一，以及各类参与主体的逐步统一。

3. 积极推动银证合作、投贷联动

一是推动银行业和证券业的合作。主要体现在发掘各自的业务优势，形成具有市场生命力的创新型产品。例如，加强银行业和证券业在资金清算业务、融资业务、理财业务和创新业务方面的合作，通过增加政府债券、金融债券和企业债券的持有量，使目前商业银行普遍存在的贷款型资产结构得到改善，以提高资产的流动性，并提高盈利能力。二是推进投贷联动新模式。贷、债、股等投资联动机制的本质，是具有不同风险偏好和收益要求的金融机构，围绕不同成长阶段的企业的差异化投融资需求，在信息、渠道、产品、客户等不同层面展开深度合作，运用丰富的金融工具，满足企业多元化需求，打造一站式的金融服务。在风险投资机构评估、股权投资的基础上，推动商业银行以债权形式为企业提供融资支持，形成股权投资和银行信贷之间的联动融资模式。探索创设投贷联动的新型金融主体，如科技创新银行，通过有效的风险隔离，实现贷款与股权投资的一体化。

4. 不断加强金融监管体系和金融法制建设

一是加快中国监管体制改革，逐步实现从机构型监管向功能型监管、

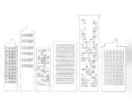

从中央统一监管向中央和地方分层监管、从严格分业监管向综合监管与分业监管结合转变。二是改进监管方式和手段、扩充监管内容和范围。从事后监管逐步转移到事前防范，实现事前和事后的双向监督管理。推动监管手段向电子化、网络化转移，运用现代科技对金融运行实施动态、实时、持续的监管。加强对新业务、表外业务和网络金融等的监管，设法化解潜在风险，维护金融稳定。三是进一步完善金融法律法规体系。根据金融业发展现状，国际金融监管新趋势等，进一步加强金融立法，对中国现行的金融法律法规进行修改与完善。严格依法行政，着力完善金融执法体系。

◆·思考讨论题·◆

1. 试述中国现代金融体系建设的三个阶段。

2. 试述中国商业银行的发展历史。

3. 试述中国资本市场的发展历程，并谈谈对中国股票市场发展的看法。

4. 搜集并结合相关数据，分析中国的金融中介和资本市场的格局和变化，以及导致这些变化的原因。

5. 试谈论中国的金融体系及对其未来发展的看法。

参考文献

[1] 艾伦，盖尔.比较金融系统［M］.王晋斌，朱春燕，等，译.北京：中国人民大学出版社，2002.

[2] 白钦先，刘刚，郭翠荣.各国金融体制比较［M］.北京：中国金融出版社，2008.

[3] 陈云贤.财政金融理论与实践探索：陈云贤文集［M］.北京：中国金融出版社，1999.

[4] 陈云贤.风险—收益决策分析［M］.北京：新华出版社，2001.

[5] 陈云贤.国家金融学［M］.北京：北京大学出版社，2018.

[6] 陈云贤.经济新引擎：兼论有为政府与有效市场［M］.北京：外语教学与研究出版社，2019.

[7] 陈云贤，孔维成，郑涛.证券公司风险管理与经济资本计量研究［M］.北京：中国金融出版社，2013.

[8] 陈云贤.美国体系考察研究［M］.北京：中国金融出版社，2001.

[9] 陈云贤.投资银行论［M］.北京：北京大学出版社，1995.

[10] 陈云贤.中国金融八论［M］.北京：中国金融出版社，2018.

[11] 陈云贤.中国金融改革发展探索［M］.北京：中国金融出版社，2017.

[12] 何广文.德国金融制度研究［M］.北京：中国劳动社会保障出版社，2000.

[13] 胡海峰，胡吉亚.现代投资银行学［M］.北京：北京师范大学出版社，2014.

[14] 黄达.金融学［M］.北京：中国人民大学出版社，2013.

[15] 黄飞鸣.商业银行管理学［M］.上海：复旦大学出版社，2017.

[16] 金德环.投资银行学：第3版［M］.上海：格致出版社，上海人民出版社，2018.

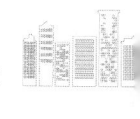

[17] 赖溟溟.金融结构变迁与持续的经济增长：基于银行主导型和市场主导型金融体系视角的分析［M］.北京：中国金融出版社，2011.

[18] 李量.现代金融结构导论［M］.北京：经济科学出版社，2001.

[19] 李木祥，钟子明，冯宗茂.中国金融结构与经济发展［M］.北京：中国金融出版社，2004.

[20] 李志辉.商业银行管理学：第3版［M］.北京：中国金融出版社，2015.

[21] 马庆泉，吴清.中国证券史·第二卷（1999—2007年）［M］.北京：中国金融出版社，2009.

[22] 马庆泉，吴清.中国证券史·第一卷（1978—1998年）［M］.北京：中国金融出版社，2009.

[23] 王志军.欧美金融发展史［M］.天津：南开大学出版社，2013.

[24] 吴晓求.变革与崛起探寻中国金融崛起之路［M］.北京：中国金融出版社，2011.

[25] 吴晓求.梦想之路：吴晓求资本市场研究文集［M］.北京：中国金融出版社，2007.

[26] 谢清河.金融结构与金融效率［M］.北京：经济管理出版社，2008.

[27] 中国证券监督管理委员会.中国资本市场发展报告［M］.北京：中国金融出版社，2008.

后　记

当今金融学的教学或者研究，大多聚焦在微观金融领域，对国家金融的概念还比较陌生，缺乏相关内容的教材。陈云贤教授多年前就开始研究"国家金融学"的相关理论，结合他在金融领域的实践及政府监管经验，深入探讨国家金融迫切需要解决的相关问题，因此，陈云贤教授主持编著了"国家金融学"系列教材。作为《国家金融体系定位》一书的编著者，我希望能为"国家金融学"的教学提供参考，为学生的学习提供依据。

本书的编撰从 2020 年年初开始，历时一年多，其间遇到不少困难，幸而一一克服，得以成稿。本书的完成离不开陈云贤教授的鼓励、支持和帮助，陈教授不仅提供了个人编著的大量的相关书籍，还参与了本书不少篇章的部分修撰工作，因此，本书的部分内容和思想借鉴于陈云贤教授已出版的书籍。另外，我们在书中也注明了所参考的文献资料，在此向相关作者表示感谢，但仍恐有遗漏之处，如有发现，敬请与我们联系，以便后续修订。

本书在资料收集和整理方面，得到了我的学术硕士研究生陈鋈霏同学的大力协助，在此表示由衷的感谢！同时，也特别感谢中山大学出版社的编辑王睿等老师反复多次的认真细致的编辑和校对工作！

赵慧敏

2021 年 5 月 10 日于广州